Hartwig Hausdorf

Experiment: Erde

Die Zukunft, die schon gestern war

Knaur

Dieses Buch ist eine vom Autor vollständig überarbeitete, aktualisierte und ergänzte Fassung, die auf dem Titel »Wenn Götter Gott spielen« basiert (erschienen 1997 bei Albert Langen/Georg Müller Verlag, München).

Besuchen Sie uns im Internet:
www.droemer-weltbild.de

Vollständige Taschenbuchausgabe 2001

Redaktion dieser Ausgabe: Ilse Wagner
Umschlaggestaltung: ZERO Werbeagentur, München
Umschlagabbildung: Photonica, Hamburg
Satz: Ventura Publisher im Verlag
Druck und Bindung: Nørhaven A/S
Printed in Denmark
ISBN 3-426-77346-5

5 4 3 2 1

Inhalt

»Blessed are the blood relations,
of the young ones, who have died,
who had not the time or patience,
to carry on their earthly ride.«
Joan Baez

Dieses Buch ist
Dr. Johannes Fiebag (1956–1999)
gewidmet.
In memoriam

Vorwort

»Und Gott sah an alles,
was er gemacht hatte,
und siehe,
es war sehr gut.«
1. Buch Mose, 1,31

»Da reute es den Herrn,
dass er den Menschen
geschaffen hatte, und es
bekümmerte ihn tief.«
1. Buch Mose, 6,6

Es ist schon einige Jahre her, da lief im Deutschen Fernsehen – damals hatten wir noch nicht die Qual der Wahl zwischen mehr als dreißig Programmen – der utopische Zweiteiler »Welt am Draht«. Die Filme fesselten seinerzeit einen Großteil der Fernsehnation, obwohl es für jene Zeit noch verdammt starker Tobak war, was der Regisseur seinem Publikum zu Beginn der Siebzigerjahre vorsetzte.

Die Story begann in einer Forschungseinrichtung, in der es den herausragendsten Computer-Spezialisten des Landes gelungen war, ein Programm zu entwickeln, in welchem eine gesamte Welt simu-

liert wurde, mit allem Drum und Dran, auch was unsere Existenz ausmacht – mit dem feinen Unterschied jedoch, dass alles nur virtueller Natur war, von findigen Programmierern in Form von Bits und Bytes kreiert und demzufolge von deren Ideen abhängig. Eine eigene, kleine »Welt am Draht«.
Doch dieses Experiment schlug unvorhergesehene Wege ein. Bald mussten die Spezialisten an ihren Computerschirmen feststellen, dass ihre virtuellen Schützlinge so etwas wie eine eigene Persönlichkeit entwickelt hatten, sie bewusst und über die eingegebenen Programme hinaus zu agieren begannen. Der so oft beschworene *Deus ex machina – der Geist aus der Maschine* – war unversehens zur Realität geworden und selbstverständlich auch zum Objekt forschender Neugier und der Kontaktaufnahme zwischen den beiden Existenzebenen. Dies alles wurde in dem Zweiteiler auf derart fesselnde Weise umgesetzt, dass mir die Erinnerung daran höchst lebendig geblieben ist.
Und eine noch weit schockierendere Erkenntnis erwartete die Protagonisten des utopischen Thrillers: Sie mussten plötzlich feststellen, dass auch ihre Welt, ihre so unumstößlich real gehaltene Existenz nichts anderes war als eine Computersimulation – das Werk einer Elite, die eine Ebene darüber gleichsam eifrig Byte an Byte reihte.
Von da an ging's drunter und drüber, denn ein gesamtes, bis dahin für sakrosankt angesehenes Weltbild war von einem Moment zum anderen in seinen Grundfesten erschüttert. Der Handlungsfaden wurde damals mit der geschickten Idee gerettet, einen der Helden des Films in Kontakt mit der darüber liegenden Existenzebene treten zu lassen – ihm zu guter Letzt sogar den Übergang in selbige zu ermöglichen, denn das Harmoniebedürfnis des TV-Konsumenten verlangt bekanntlich nach einem Happy End.
Warum habe ich Ihnen diese Geschichte aus unserer televisionären Vergangenheit, in der sich unsere Aufmerksamkeit noch nicht auf maximal fünfzehn Minuten Handlung zwischen zwei Werbeblöcken beschränkt hatte, hier erzählt?

Wir befinden uns heute nämlich in genau derselben Situation, wie es die Helden von »Welt am Draht« vor beinahe dreißig Jahren in der Handlung des Thrillers waren. Mit jedem Fortschritt, mit jeder neuen Errungenschaft, werden Gedankengänge nachvollziehbar, die zu Zeiten des spannenden Zweiteilers noch unisono ins Reich einer üppig blühenden Fantasie verwiesen wurden:

- ✰ Raumsonden – bislang noch unbemannt – schicken sich an, die Grenzen unseres Sonnensystems zu verlassen. Doch in der Geschichte unserer Menschheit, und darüber hinaus unseres Planeten, gibt es immer zahlreichere Hinweise darauf, dass auch interstellare Weltraumfahrt bereits vor undenklichen Zeiten von fremden Intelligenzen betrieben wurde.
- ✰ Unsere Gentechniker stehen unmittelbar davor, den gesamten genetischen Code, bestehend aus Millionen von in chemischen Verbindungen verschlüsselten Einzelinformationen, vollständig zu knacken. Sie erzielten bereits unglaubliche Erfolge beim Klonen von Lebewesen, »designen« neue Lebensformen und erstreiten sich vor den Patentgerichten dieser Welt den Gebrauchsmusterschutz für gentechnisch manipulierte Pflanzen, Tiere und vielleicht schon bald auch Menschen.
  Unzählige Mythen und Darstellungen aus grauer Vorzeit sprechen von bizarren Mischwesen, geschaffen von den »Göttern«. Ich bin mir sicher, dass unsere modernen Gentechniker solche Überlieferungen *nicht* ins Reich der Fabel verbannen.
- ✰ Ein brandneuer Zweig unserer Technik, die so genannte *Nanotechnologie*, beschäftigt sich mit der Realisierung mikrominiaturisierter Bau- und Steuerelemente, ja ganzer funktioneller Einheiten, deren Gesamtgröße im Bereich von Bruchteilen eines Millimeters liegt. Die Einsatzgebiete sollen mannigfaltig sein: So plant man bereits den Bau von Mikro-Sonden für den medizinischen Bereich, um beispielsweise im Inneren von Gefäßen Blutgerinnsel zu entfernen, wo klassische Operationsmethoden an ihre Grenzen stoßen. Die ersten Prototypen werden schon gebaut.

Science-Fiction lässt grüßen? Mitnichten! Und den Spruch, es sei alles schon einmal da gewesen unter unserer Sonne, kann man auch hier uneingeschränkt stehen lassen. So stieß man zu Beginn der Neunzigerjahre im Osten Russlands, genauer gesagt, am Rande des Uralgebirges, auf Hunderttausende von aus Wolfram und Molybdän bestehende Artefakte eindeutig technischer Herkunft, deren Größe sich meist im Submillimeterbereich bewegt. Das absolut Fantastische an jenen Funden aber ist, dass geologisch-metallurgische Expertisen mehrerer Instiute ihnen ein Alter von wenigstens 100 000 Jahren zugestehen!

Ich konnte für dieses Buch auf meinen Reisen rund um unsere Welt eine Vielzahl neuer Fakten sammeln – spektakuläre Funde und Begebenheiten, die erahnen lassen, dass wir unsere Existenz anderen Ursachen zu verdanken haben als jenen bis zur Unerträglichkeit strapazierten Zufällen, auf die alle Entwicklung gemäß der Darwinschen Lehrmeinung noch immer kritiklos zurückgeführt wird. Tatsächlich aber war alles ganz anders.

Beginnend vor Abermillionen Jahren, als unser Blauer Planet am heraufdämmernden Morgen seiner Existenz stand, zieht sich ein roter Faden durch die gesamte Erdgeschichte bis in unsere Tage. Er verbindet die Teile eines unglaublich lange – bis heute – währenden Experiments. Begonnen von Intelligenzen, so unfassbar weit entwickelt, dass unser klägliches Vorstellungsvermögen bereits im Ansatz kapitulieren muss.

Ist diesem »Experiment Erde« Erfolg oder Misserfolg beschieden? Um die Frage einer Klärung näher zu bringen, lade ich Sie ein zur Reise in eine Vergangenheit, in der unsere Zukunft schon einmal stattgefunden hat. Mögen wir von ihr lernen, bevor es für uns zu spät ist …

1 Science-Fiction an der Höhlenwand

»UFO-Graffiti« vor 12 000 Jahren

Unsere unbekannten Vorfahren aus dem Magdalénien – dies ist eine jüngere Periode der Altsteinzeit, die von den Archäologen zwischen 20 000 und 10 000 v. Chr. datiert wird – müssen gute Beobachter und darüber hinaus begnadete Künstler gewesen sein. Mit Sicherheit jedoch nicht jene grobschlächtigen und grunzenden, in Tierfelle gehüllten Wilden, die wir noch immer am liebsten in ihnen sehen. Von der Stilrichtung her dem Realismus zugetan, schufen sie in zahlreichen Höhlen der französischen Départements Dordogne und Ariège sowie der spanischen Provinz Santander Wandgemälde von atemberaubender Schönheit und unglaublicher Perfektion.

1940 wurde die heute berühmteste dieser Grotten entdeckt: Lascaux bei Montignac im Département Dordogne. Sie birgt weit über 1000 Felsmalereien und Gravierungen, faszinierend und lebensecht in der Darstellung, farbenprächtig und naturalistisch in ihrer Ausführung. Die prähistorischen Meister, die sie schufen, müssen ihr Handwerk perfekt verstanden haben. Der Betrachter, der in die Tiefe dieser Höhle steigt – die im Kampf gegen zerstörende Umwelteinflüsse mittlerweile durch drei große Metalltüren geschützt ist und elektrisch entlüftet wird –, hält vor Staunen den Atem an. Schnaubende Stiere blicken ihm von den rauen Felswänden entgegen, zottige Bisons, galoppierende Wildpferde, flüchtende Hirsche und scheue Steinböcke. Zögernden Schrittes betritt er den »Saal der

Stiere«. Was ihm hier an ziegelroten, ockergelben und braunschwarzen Farben von den Wänden entgegenleuchtet, ist von einer solchen Wildheit und Natürlichkeit, dass ihm die Worte fehlen, dies alles halbwegs plastisch wiederzugeben.

Kein Zweifel: Diese Künstler wussten, was sie schufen, sie setzten ihre hervorragende Beobachtungsgabe naturgetreu in exzellente Bilder um.

Gleichsam berühmt wurden die 200 Meter in den Fels hineinreichenden Wohnhöhlen von Altamira, in der spanischen Provinz Santander gelegen. Diese Zuflucht steinzeitlicher Menschen wurde bereits im Jahre 1879 entdeckt. Als aber im darauf folgenden Jahr Don Marcellino de Sautuola vor dem internationalen Archäologenkongress in Lissabon seine Entdeckung der Höhlenmalereien bekannt gab, beschuldigten ihn die anwesenden Wissenschaftler einer plumpen Fälschung. Auch sein Argument, dass kein einziger zeitgenössischer spanischer Maler im Stande wäre, längst ausgestorbene Tiergattungen auf solch realistische Weise darzustellen, verschaffte ihm kein Gehör vor dem akademischen Gremium. Darum rückte Altamira erst viele Jahre später, nach den Ausgrabungen in den südfranzösischen Höhlen, in den Blickpunkt der interessierten Öffentlichkeit.

Auf einer etwa 9 mal 18 Meter großen Höhlendecke waren in den Farben Braun, Rot, Gelb und Schwarz wundervolle Kunstwerke gemalt – uralt und doch so frisch wirkend, als hätte der Künstler gerade eben erst seine Palette aus der Hand gelegt.

Da waren 17 Bisons in natürlicher Haltung, scharrend, brüllend, am Boden liegend und von Speeren getroffen verendend. Daneben befanden sich Bilder von Wildschweinen, von einem Wildpferd, einem Reh und einem Wolf. Die Darstellung eines Wisents – ein Urrind, das heute bis auf Reste fast vollkommen ausgerottet ist – überzeugt durch eine so lebensechte Ausführung, dass der Betrachter wohl keineswegs verwundert wäre, wenn das steinzeitliche Ungetüm plötzlich aus dem Stand heraus zu einem kühnen Sprung ansetzen würde!

Flugobjekte am Steinzeithimmel

Aber es waren nicht nur die jagdbaren Wildtiere ihrer Umgebung, die uns die steinzeitlichen Jäger an den Wänden ihrer Höhlendomizile hinterließen – als eine Art Jagdzauber, wie die meisten Archäologen vermuten. Irgendetwas, das am Himmel vor sich ging, musste gleichfalls ihre Aufmerksamkeit erregt haben. Und dieses ominöse »Etwas« muss in den Augen jener prähistorischen Realisten ebenso bedeutend gewesen sein, dass sie es als Höhlenzeichnung ihrer Nachwelt hinterließen.
Die vorzeitlichen Menschen beobachteten Dinge am Himmel, deren Formen in frappierender Weise den Erscheinungen gleichen, die wir heute als UFOs bezeichnen, als unidentifizierte fliegende Objekte.
Bleiben wir noch kurz in der gerade beschriebenen Höhle von Altamira. In dieser bei der Ortschaft Santillana im Norden der Iberischen Halbinsel gelegenen Höhle fand man diverse Zeichnungen von teller- oder ellipsenförmigen Objekten, die an die bei heutigen UFOs verbreiteten Formen erinnern. Bei einem dieser Objekte ist daneben sogar eine kleine Gestalt abgebildet (s. Abb. 1, Fig. 1). Ein neugieriger Urmensch oder einer der »von oben, aus dem Himmel gekommenen Götter«?
Von den Archäologen werden die Zeichnungen in diesen Höhlen auf durchschnittlich 12 000 Jahre datiert. Wohlgemerkt jene, auf deren Echtheit man sich nach langem Hin und Her und den üblichen Fälschungsvorwürfen einigen konnte. Aber die diskusförmigen Gebilde werden unter den Tisch gekehrt, glattweg totgeschwiegen. Denn der Gedanke, die vorzeitlichen Felsbildkünstler könnten ebenso realistisch, wie sie die Tiere ihrer vertrauten Umgebung darstellten, auch technisch interpretierbare Objekte verewigt haben, erscheint auf den ersten Blick sehr spekulativ und bereitet jenen, welche die Möglichkeit von »Götterbesuchen« in unserer Vergangenheit vehement ablehnen, natürlich heftigste Magenschmerzen.

Ist diese kühne Idee tatsächlich so weit hergeholt, wie das im ersten Moment scheinen mag? Oder wurden unsere steinzeitlichen Vorfahren de facto mit etwas konfrontiert, das ohne jede Vorwarnung »von oben« in deren Welt einbrach?
In der nordspanischen Provinz Santander, im Golf von Biscaya, befinden sich – weit weniger bekannt als Altamira – die Höhlen von La Cullavera bei Ramales sowie La Pasiega bei Puente Viesgo. Auch an diesen Orten finden sich Gravuren jener »typischen« UFO-Formen. Deren Entstehen wird zwischen 13 000 und 10 500 v. Chr. datiert. Allerdings hört man auch im Kontext mit diesen beiden Fundorten nie etwas von den aus dem Rahmen fallenden Gravuren. Gezeigt und beschrieben werden immer nur jene Dinge, die problemlos in unser Weltbild passen.
Ähnliches, ja fast Gleichartiges auch auf der französischen Seite der Pyrenäen. Auf eine Entstehungszeit um 12 000 v. Chr. schätzt man Darstellungen UFO-ähnlicher Objekte in den Höhlen von Naux im Département Ariège. Besonders pikant an diesen Malereien ist, dass sie so angelegt wurden, als zeigten sie die unbekannten Objekte in vollem Flug, mitten aus der Bewegung heraus (s. Abb. 1, Fig. 4). Ein UFO-ähnliches Gebilde mit einer Kuppel, das sich im Steigflug zu befinden scheint, zeigt auch eine Höhlenzeichnung, die auf dem mexikanischen Teil der kalifornischen Halbinsel, der Baja California, entdeckt wurde. Welche sensationelle Botschaft wurde – hier wie dort – den Felsen anvertraut?
In den Grotten von »Les trois frères« bei Montesquieu (Ariége) finden wir seltsame dachförmige Symbole, von denen eines sogar eine kleine Treppe zu besitzen scheint. Und in Ussat im selben Département wieder scheibenförmige Zeichnungen sowie eine Konstruktion, die den französischen UFO-Forscher Aimé Michel an die Mondfähre des amerikanischen »Apollo«-Programms erinnert. Eine dieser Abbildungen ist von einer menschenähnlichen Gestalt begleitet[1] (s. Abb. 1, Fig. 8).
Auch ich habe mir über diese Zeichnungen den Kopf zerbrochen: Sie muten irgendwie technisch an!

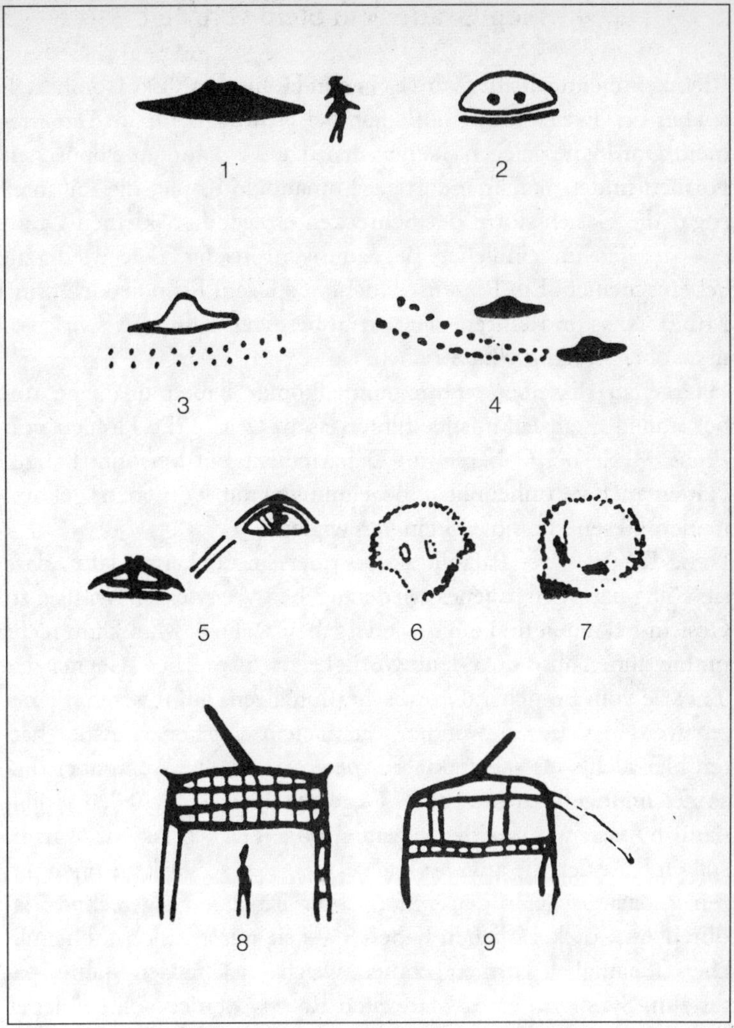

Abb. 1: Science-Fiction in Stein? Diese seltsamen Höhlenzeichnungen, die uns spontan an das UFO-Rätsel unserer Tage erinnern, stammen aus: 1, 2 Altamira, Spanien, 3, 4, 5 Naux, Département Ariège, 6 Les Combareilles und 7 Rouffignac, beide Dépt. Dordogne, 8, 9 Ussat, Dépt. Ariège, (3–9 Frankreich).

Die »kleinen Grauen« in Stein verewigt

Richtig unheimlich aber wird es in den Höhlen von Les Combareilles bei Les Eyzies und Rouffignac bei Fleurac, beide im Département Dordogne gelegen. Neben den schon bekannten elliptischen Formen findet man fremdartige, humanoide Köpfe, die mitunter sogar die Gesichtsform der Schrecken erregenden »kleinen Grauen« aus den unheimlichen Begegnungen unserer Tage wiederzugeben scheinen. Ein Riesenschädel mit spitzem Kinn, jedoch ohne Mund, Nase und Ohren, die Augen bestehen dafür aus schrägen, nach oben verlängerten Strichen.

Haargenau dieselben »Humanoidenköpfe« haben uns jene unbekannten Steinzeitkünstler hinterlassen, welche die Höhlen von Peche Merle bei Cabarets im Département Lot bewohnt haben. Hatten auch sie unheimliche Begegnungen mit »von oben« gekommenen Wesen, die sie in Stein verewigten?

Diese Künstler des Paläolithikums aber sind bekannt dafür, dass sie völlig naturgetreu jenes wiederzugeben vermochten, was sie zu Gesicht bekamen und auch wiedergeben wollten. Man kann nicht umhin, ihnen absolute Glaubwürdigkeit zuzusprechen. Gegner der Theorie vom Besuch außerirdischer Intelligenz auf unserem Planeten werden sicher einwenden, die altsteinzeitlichen Künstler hätten hier nichts als »abstrakte Formen« dargestellt. Wenn aber diese Zeichnungen partout nichts Gegenständliches darstellen sollen, dann müssen wir uns die folgende Frage gefallen lassen: Warum sollten Künstler, die auf *allen anderen* Gebieten so stark an einen puren Realismus gebunden waren, ihrer Fantasie ausgerechnet dadurch Ausdruck verliehen haben, dass sie mit geradezu unheimlicher Genauigkeit Formen schufen, welche viele tausend Jahre später zum Synonym eines weltweiten Rätsels werden sollten? Jenes der unbekannten Flugobjekte aus unseren Tagen nämlich!

In absolut perfekter Stilisierung tauchen die häufigsten Formen von UFOs auf, wie sie uns von zeitgenössischen Fotos, aber auch durch Rekonstruktionen nach glaubwürdigen Zeugenaussagen vertraut

geworden sind. Noch eine Tatsache ist in diesem Zusammenhang erwähnenswert: Einige dieser »unmöglichen« Zeichnungen befinden sich vorzugsweise an den Decken der Höhlen, in jeder denkbaren Position, oft in kleinen Gruppen bis zu vier Objekten. Charakteristisch ist auch, dass der Teil der Höhlendecken, der für diese Dinger reserviert ist, von ihnen allein ausgefüllt wird, unbeeinträchtigt von anderen Zeichnungen und Gravuren. Bei den angrenzenden Flächen ist das völlig anders: Dort wimmelt es von zusammengedrängten, oft sogar übereinander liegenden Tierdarstellungen.[1]
Es hat den Anschein, als hätten die Künstler aus dem Magdalénien die Bedeutung jener unbekannten Objekte hervorheben und darauf aufmerksam machen wollen, dass sie ganz anders waren als alles, was den Bewohnern dieses Gebietes bekannt und auch vertraut gewesen ist.
Mir ist durchaus bewusst, dass sich hier ein weites Feld für mehr oder weniger gewagte Spekulationen auftut. Üblicherweise werden diese »UFO-Graffiti« von den Archäologen als »magische Kult- oder Sexualsymbole« der Cro-Magnon-Menschen interpretiert. Dies erinnert mich ganz frappierend an die unbeholfene Erklärung, welche man mir in der Akademie der Wissenschaften in der chinesischen Hauptstadt Beijing für die Abstammung der Form der chinesischen Pyramiden gab. Es sei das umgestülpte alte Kornmaß »Dao« gewesen, das als Formgeber für die in so großer Anzahl im Reich der Mitte herumstehenden, himmelweisenden Bauwerke herhalten musste. So erklärten es mit vollem Ernst die gelehrten Herren, und ich will ihnen noch nicht einmal eine bewusste Täuschungsabsicht unterstellen, viel eher einen gewissen Mangel an Realitätsnähe.[2]
Natürlich kann man es auch gewaltig übertreiben mit solchen an den Haaren herbeigezogenen Erklärungsversuchen. Und was die angeblichen »Sexualsymbole« der Cro-Magnon-Menschen betrifft, würde Sigmund Freud sich noch im Grabe herumdrehen und heftigst protestieren ob solch grober Fehlinterpretationen!
Merkwürdig im Zusammenhang mit den hier besprochenen

»UFO-Formen« ist allerdings, dass man auch in anderen Teilen dieser Welt ganz ähnliche Abbildungen findet. Beispielsweise auf der legendenumwobenen Mondinsel im bolivianischen Teil des Titicaca-Sees. Die »Taweyas« der Hopi-Indianer werden als magische, fliegende Schilde charakterisiert, mit denen regelrechte Luftschlachten ausgefochten wurden. Und auch die alten Römer kannten Entsprechendes. Sie betrachteten die »Ancile«, die »heiligen Schilde«, als Symbole gesichteter Himmelsfahrzeuge.[3] Abbildungen diskusförmiger Objekte fanden sich auch auf Höhlenmalereien, die in Brasilien entdeckt wurden. Zuweilen sind sie in unmittelbarer Nähe von Abbildungen der Sonne, des Mondes und anderer Gestirne dargestellt. [4, 5]
Könnte es sich letztendlich nicht doch um das Ideogramm der Fahrzeuge jener aus den Tiefen des Alls gekommenen Besucher handeln, die unserem Bild von unbekannten Flugobjekten ausgesprochen nahe kommen?

Ein »Musterzoo« von der Erde?

Kehren wir noch einmal zurück in die steinzeitlichen Höhlen Frankreichs und begeben uns an die Cote d'Azur. Unter der Weltstadt Nizza, nur einen Katzensprung von der mondänen »Promenade des Anglais» entfernt, praktisch unter den Fundamenten unserer Zivilisation, befinden sich die Höhlen von Lazaret. Zu Anfang des 20. Jahrhunderts wären sie um ein Haar in die Luft gesprengt worden, als man den Plan gefasst hatte, an ihrer Stelle die Umkleidekabinen eines Seebades zu errichten. Dass man dort bereits reiche prähistorische Funde gemacht hatte, störte die Planer in jenen Tagen herzlich wenig, und so begann man mit dem zerstörerischen Werk. Bei den ersten Sprengungen kamen jedoch Elefantenknochen zum Vorschein – Elefanten sind an den europäischen Mittelmeerküsten schon seit Hunderttausenden Jahren ausgestorben! So legte man die Pläne für den Ausbau dieses Seebades gottlob beiseite.

In den Fünfziger- und Sechzigerjahren kamen weitere Fossilien zum Vorschein, als ein pensionierter Marine-Offizier zusammen mit ein paar freiwilligen Helfern ausgiebige Grabungen unternahm. Darunter befand sich der Stirnknochen eines humanoiden Geschöpfes, das vor schätzungsweise 150 000 Jahren dort gelebt haben musste. Die gut erhaltenen Abdrücke der Blutgefäße im Gehirn des freigelegten Schädelfragments deuten auf nicht unerhebliche geistige Fähigkeiten hin, wie auch die Geräte, die man in unmittelbarer Nähe der Knochen entdeckt hat und die einen verhältnismäßig hohen Stand der Technik verraten.

Dieser »Mensch von Lazaret« war seinerzeit bereits im Stande, Stecheisen, Dolche und keulenartige Waffen herzustellen, deren Gewichtsverteilung er intelligent berechnet haben musste. Unter allen Artefakten war das verblüffendste Stück ein geschickt gespaltener Griff aus Hirschknochen, an dessen Innenseite mehrere aus den Schulterblättern gewonnene Klingen aufgereiht sind. Das Ganze ist wohl der Vorläufer der »Tandemklinge«, des praktischen und gründlichen Nassrasierers von heute.

Wer mag dieser Mann gewesen sein, der zu einer Zeit, als am nordafrikanischen Strand des Mittelmeeres noch der Pithekanthropus grunzte, sogar das Bedürfnis nach einer gepflegten, glatten Rasur verspürte? Ein gestrandeter »Besucher« von einem fremden Planeten oder ein Bewohner unserer Erde, dem aus den Tiefen des Universums gekommene Kosmonauten die ersten Grundlagen der Zivilisation gebracht hatten?

Beide Annahmen sind natürlich kühne Spekulation, wenn auch denkbare, und vielleicht trifft letztlich keine dieser Möglichkeiten zu. Aber die Funde, die man knappe 20 Kilometer von den Höhlen von Lazaret entfernt gemacht hat, geben reichlich Grund zu der Annahme, dass »irgendjemand« auf der Suche nach Mustern unserer irdischen Fauna gewesen ist. In der Höhle von Vallonet bei Roquebrune-Cap-Martin (Département Alpes-Maritimes) förderten Forscher des *Centre National des Recherches Scientifiques* (CNRS) Spuren menschlichen Lebens aus der Quartärzeit (der jüngsten, bis in die Gegenwart reichenden Periode der erdgeschichtlichen Neuzeit; Dauer etwa 1 Million Jahre) zu Tage. Dieser Ort ist darüber hinaus ein richtiger »Friedhof« exotischer Tiere.[6]

Man kann davon ausgehen, dass Elefanten, Rhinozerosse, Löwen, Meerkatzen und sogar Wale wohl kaum von selbst in diese gerade 25 Quadratmeter große Höhle gekommen sind, um sich dort letztendlich zum Sterben niederzulegen. Die romantische Legende vom Tierfriedhof, wie sie von den großen Forschungsreisenden gern den unerschlossenen Gegenden Zentralafrikas zugeschrieben worden sind, zieht hier nicht. »Irgendjemand« muss die Viecher von wer weiß woher an diesen sinistren Ort befördert haben. Womit und zu welchem Zweck?

Waren es vorgeschichtliche Menschen – oder jemand anderer? Stellen wir uns doch einmal das Szenario vor, welches Forscher auf einem fremden, von Lebensformen nur so wimmelnden Planeten erwarten würden. Eine der Hauptaufgaben der Biologen »unserer« Astronautentruppe wäre es, Musterexemplare der lokalen Fauna einzufangen und eine repräsentative Sammlung von allerlei Getier des besuchten Planeten anzulegen. In ihrer ungezügelten Wissbegierde ließen es sich unsere Expeditionsteilnehmer sicher nicht nehmen, die gefangenen Exemplare eingehend zu untersuchen, letztlich aber zu töten und zu sezieren. Aber – würde *nur* nach Tieren gesucht?

Einige Spuren in der Höhle von Vallonet weisen darauf hin, dass auch menschliche Wesen auf irgendeine Weise an dieser Sammlung beteiligt gewesen sind. Als Sammler wahrscheinlich nicht. Schon eher als – Sammelobjekte. Es wird unheimlich …

Kleiner, schwarzer Mann mit Flugzeug

Kehren wir von dieser wenig anheimelnden Vorstellung außerirdischer Experimentierfreude am lebenden Objekt zurück zu den nicht weniger fantastischen, dennoch greifbaren Hinterlassenschaften an Fels- und Höhlenwänden.

In der östlichen Ecke des Großherzogtums Luxemburg, nur einen Steinwurf von der deutschen Grenze bei Echternach, befindet sich das landschaftlich noch zur südlichen Eifel gehörende »Müllertal«. Mit seinen bizarren Sandsteinfelsen aus der Liasformation (einer Periode der Jurazeit vor etwa 180–160 Millionen Jahren) ist es ein beliebter Anziehungspunkt für Amateurarchäologen und Hobbygeologen. Auch Felszeichnungen aus mutmaßlich prähistorischer Zeit sind hier zu finden.

Westlich der »Schwarzen Enz« liegt hier am Ausläufer eines felsigen Höhenzuges die aus dem Mittelalter stammende »Heringerburg«. Ihre Überreste sind spärlich, da sie neben Felsblöcken nur noch aus einigen wenigen Mauerresten besteht. Etwa einen knappen halben Kilometer nord nordöstlich davon sind Wall und Graben einer einstigen Fliehburg zu sehen. Jener Graben wiederum wird an seinem östlichen Eingang von zwei Felsengruppen eingesäumt, an deren linker Ecke sich eine leicht überhängende Felswand befindet.

In etwa 1,5 Meter Höhe über dem Erdboden ist dort eine seltsame Felszeichnung eingraviert. Mit einer Höhe von exakt 20,5 und einer Breite von 14,5 Zentimetern erinnert sie an eine Kreuzung zwischen einem Pfeil und einem Flugzeug. Das dargestellte Objekt weist mit der Spitze zum Himmel, besitzt eine »Rumpfstärke« von 1,5 und eine »Tragflächenbreite« von 2 Zentimetern. Bei einer Einkerbtiefe von bis zu 0,8 Zentimetern ist es sehr sorgfältig und auch relativ gleichmäßig in den Felsen eingraviert.

In der Nähe dieser Zeichnung fand man im Jahre 1909 mehrere in die Jungsteinzeit datierte Relikte menschlicher Besiedlung, ebenso solche, die man in die Bronzezeit verlegte. Unter anderem waren dies ein Dolmen mit einem vorgeblich überlebensgroßen Skelett darin sowie ein pyramidenförmiger Steinblock mit dem Abbild eines Kopfes darauf. Und wenige hundert Meter südwestlich von dieser Stelle fand man auf einer 5 Meter hohen Felswand das Flachrelief eines »schwarzen Mannes«, welcher mit seiner Größe von 1,1 Metern (!) als Gottheit aus vorrömischer Zeit angesehen wird.

Der Altertumsforscher Dr. Ernest Schneider beschrieb und fotografierte diese ominöse Figur erstmals für sein im Jahr 1939 erschienenes Buch »Archäologische Felsenkunde des Luxemburger Landes.« Dr. Schneider hielt die Zeichnung für sehr alt, und er räumte der Möglichkeit, dass sie aus einer späteren Periode der Altsteinzeit stammen könnte, eine durchaus reelle Wahrscheinlichkeit ein. Dies würde auch die Schlussfolgerung einschließen, dass die vorab erwähnte flugzeugähnliche Gravur ein entsprechend hohes Alter aufweist.

Gerade 5 Kilometer von der oben genannten »Heringerburg« entfernt liegt die kleine Ortschaft Berdorf. In der Nähe jenes Dorfes wiederum befindet sich an einer senkrechten Höhlenwand eine Felszeichnung, die eine geradezu unheimliche Ähnlichkeit mit einem der innovativsten Produkte unseres zeitgenössischen Flugzeugbaus aufweist.

Diese wahrscheinlich sehr alte Felsgravur sieht dem hochmodernen Strahltriebflugzeug F 117-A – besser bekannt auch als *Stealth-Bomber* – der amerikanischen Luftwaffe zum Verwechseln ähnlich. Was in diesem Zusammenhang zu gewagten Spekulationen verleiten mag.[7]

Gibt es Hinweise in den lokalen Überlieferungen? In der Tat erzählte man sich in alten Zeiten vom »Heringer Teufel«, welcher hier einst sein Unwesen trieb. Einem »Bock«, der durch die Luft flog und dabei unablässig Feuer spie. War dies alles nur Geschwafel, das sich unsere Altvordern an kalten Winterabenden am wärmenden Kaminfeuer erzählten, als das Fernsehen noch nicht erfunden war?

In meinem ersten Buch »Die weiße Pyramide« zitierte ich fernöstliche Überlieferungen: »In der chinesischen Mythologie brachte der metallen glänzende, Feuer speiende Drachen die Urkaiser aus dem Himmel zur Erde herab.«[8]

Beruht vielleicht die Überlieferung der fortwährend Feuer speienden und durch die Lüfte fliegenden »Heringer Teufel« ebenfalls auf der Erinnerung an seltsame Objekte, die dort vor Urzeiten ängstlich am Himmel beobachtet worden sind?

»Schälchen und Ringe«

So etwa zwischen 4000 und 1400 v. Chr. – nach einigermaßen zuverlässigen Schätzungen der Archäologen – kratzten die Bewohner der Britischen Inseln Formen in die Felsen, die heute als »Schälchen und Ringe« in die Fachliteratur eingegangen sind. Manche Forscher halten sie für das älteste und verbreitetste Felskunstmotiv auf britischem Boden.[9, 10] Entdeckt wurden derartige Gravuren zumeist an frei stehenden Findlingen und im Gelände liegenden Geröllblöcken, vereinzelt trifft man sie aber auch an Felswänden an.
Überwiegend handelt es sich um gleichmäßig runde Einkerbungen, die von einem oder mehreren konzentrischen Ringen umgeben sind. Manche dieser Muster ähneln auch den Wählscheiben

Abb. 2: Was stellen die seltsamen »Schälchen und Ringe« dar, wie hier auf einem Felsen bei Ormaig in Schottland?

von Telefonapparaten älterer Bauart, oder, falls man seiner Fantasie ein wenig freien Lauf lässt, der Darstellung einer Scheibe vom Typ »UFO«. Jedenfalls von unten oder von oben betrachtet.
Man findet diese speziellen Petroglyphen in Irland (Derrynablaha/Kerry) und in England (Ilkley Moore/Yorkshire), wie auch in anderen Teilen Europas. Die größte Verbreitung findet dieses »Schälchen-und-Ringe«-Motiv in Schottland, dort vor allem in der im Nordwesten gelegenen Grafschaft Argyll. Ein ausgezeichnetes Beispiel einer Häufung dieser Steinritzungen befindet sich in *Achnabreck*, in der besagten schottischen Grafschaft. An mehreren Partien frei liegenden Felsgesteins in der Umgebung der *Achnabreck Farm* fand man die wahrscheinlich größte Anzahl dieser Steinzeichnungen an einer einzelnen Fundstelle auf den Britischen Inseln. Diese von lichtem Nadelwald umgebenen Steinplatten – mit einem herrlichen Ausblick über das nahe gelegene Tal von Kilmartin – sind mit »Schälchen und Ringen« geradewegs übersät.
Manche Einzelmotive tragen sogar so etwas wie einen »Schweif«, der den Betrachter unwillkürlich an einen Kometen erinnert. Oder aber an jene UFO-ähnlichen Darstellungen in den zu Anfang dieses Kapitels erwähnten Höhlen von Naux im Département Ariège (Frankreich), welche die unbekannten fliegenden Objekte in voller Bewegung darzustellen scheinen.
Eine weitere, außergewöhnlich reichhaltige Fundstelle in jenem Teil Nordwest-Schottlands liegt bei *Ormaig* am Loch Craignish, nicht weit vom oben erwähnten Kilmartin-Tal entfernt. Es war im Jahre 1971, als man eine glatte, rötliche Felsplatte entdeckte und, als man sie von der darüber liegenden Grasnarbe befreite, wundervoll erhaltene »Schälchen und Ringe« zum Vorschein kamen.
Ich bin mir bewusst, dass ich mich mit meiner kühnen Spekulation nicht gerade auf dem Terrain der klassischen Archäologie bewege. In der Regel misst man dem Motiv keinen allzu großen Symbolwert bei; es handle sich demnach um »einfache geometrische Spielereien« unserer steinzeitlichen Vorfahren. Und dies soll alles gewesen sein?

Einen Schritt weiter geht da Alexander Thom, Professor für Ingenieurwissenschaften an der Universität von Oxford. Diesem fiel bei der Untersuchung steinzeitlicher Menhir-Setzungen – »Alignements« – auf, dass diesen mathematische wie auch astronomische Prinzipien zu Grunde liegen. Thom ist der Überzeugung, dass solche Grundlagen auch bei der Anordnung von »Schälchen und Ringen« eine Rolle spielten. Er spekuliert: »Die Menhire scheinen irgendwelchen astronomischen Zwecken gedient zu haben. Womöglich rühren die ›Schälchen‹ von vorgeschichtlichen Himmelsbeobachtungs-Instrumenten her, die man in diese Eintiefungen einsetzte oder die durch ihre ständige Platzierung an denselben Punkten diese Eintiefungen überhaupt erst hervorriefen. Wahrscheinlich war die Astronomie für die damaligen Menschen von großer Bedeutung (!). Vielleicht dürfen wir deshalb von ihr die entscheidenden Aufschlüsse über *Schälchen und Ringe* erwarten.«[10] Und wenn es doch *etwas ganz anderes* war?

Mysteriöse Steinverglasungen

Falls mir bei dem Vergleich mit den »UFO-Graffiti« aus den französischen Höhlen nicht nur die Fantasie durchgegangen ist, wäre zu fragen, ob es denn noch weitere Anhaltspunkte dafür gibt, dass auch in diesem Teil der Welt einst Dinge stattgefunden haben, welche auf einen Besuch fremder Wesen zurückzuführen sind.
Walter-Jörg Langbein, ein befreundeter Buchautor, der dasselbe Terrain »beackert«, berichtet von unerklärlichen Steinverglasungen. Es sind dies Veränderungen, die mit »normalen« Bränden oder vulkanischen Aktivitäten schwerlich zu erklären sind. Als bestes Beispiel hierfür gilt der *Tap O'Noth*, der wie die meisten der gerade erwähnten »Schälchen und Ringe« gleichfalls im Nordwesten Schottlands gelegen ist. Dieser Berg ist 560 Meter hoch, aber das Merkwürdigste an ihm ist seine Spitze – obgleich diese Bezeichnung im vorliegenden Fall alles andere als zutreffend ist. Eine ovale

Fläche von etwa 28 mal 45 Metern muss einstmals unvorstellbaren Temperaturen ausgesetzt gewesen sein, denn die Gesteinspartien sind ineinander verschmolzen, ja regelrecht verglast.[11] Hierfür müssen die Steine einer Hitze ausgesetzt gewesen sein, die *weit über 1000 Grad Celsius* betragen hat, um diesen Effekt zu erreichen.
Gibt es eine befriedigende Erklärung? Eine Theorie besagt, auf dem Gipfel des Tap O'Noth habe sich einmal eine Siedlung mit einer aus Holz und Steinen errichteten Abwehrmauer befunden. Als diese Mauer dann abbrannte, hätten die dabei entstandenen Temperaturen jene für uns so unerklärlichen Steinverglasungen bewirkt. Gesetzt den Fall, es hätte sich tatsächlich so abgespielt: Warum finden wir derartige Verschmelzungen nicht auch bei mittelalterlichen Burganlagen, die durch Feuersbrünste zerstört wurden? Versuchsweise wurden entsprechende, aus Holz und Steinen bestehende Mauern errichtet und angezündet, um diese Theorie zu überprüfen. Doch die Steinverglasungen waren nicht bereit, sich ihr Geheimnis auf diese Weise entreißen zu lassen: Keines dieser Experimente ließ auch nur ansatzweise Verglasungen entstehen, wie sie auf dem Gipfel des Tap O'Noth oder an vielen anderen Stellen unserer Erde zu finden sind.
Es wurde gleichfalls die Theorie geäußert, die damaligen Bewohner dieser Region hätten bereits verglastes Gestein aus erloschenen Vulkanen herbeigeholt. Aber zu welchem Zweck? Auch dieser Erklärungsversuch steht auf recht wackligen Füßen, denn oftmals findet man auf dem Berg Steinbrocken, die nur auf einer Seite verglast sind. Und auch ganz anders aussehen als solche Gesteine, bei denen der Verglasungseffekt auf einen Vulkanausbruch zurückzuführen ist.
Was an »natürlichen« Erklärungen jetzt noch übrig bliebe, wären Gesteinsverschmelzungen durch Blitzschlag. Dies kommt tatsächlich vor, und der Geologe nennt die derart entstandenen Schmelzgesteine *Fulgurite*. Sie treten auch bevorzugt und logischerweise auf Berggipfeln auf. Doch sind sie in aller Regel röhrenförmig und weisen nur selten einen Durchmesser von mehr als 2 Zentimetern auf.

Darüber hinaus bilden sich Fulgurite ausschließlich aus Sandsteinen – für härtere Gesteinsarten reicht die Energie eines Blitzschlags schlicht und ergreifend nicht aus, um sie zum Schmelzen oder gar zum Verglasen zu bringen.
Die Steinverglasungen auf dem Tap O'Noth sind jedoch aus unterschiedlichen Ursprungsgesteinen hervorgegangen. Ihre Entstehung ist und bleibt ein Geheimnis.
Welches Ereignis, welch ungeheure Kraft ließ dann diese mysteriösen Verglasungen entstehen, wenn es die gerade erwähnten Ursachen nach sorgsamer Abwägung nicht sein konnten? Waren es etwa unbekannte »Götterwaffen« oder einfach »nur« die Antriebsenergie eines auf dem Berg landenden Flugkörpers, die das Gestein buchstäblich zum Kochen brachte, wie Autor Walter-Jörg Langbein in den Bereich des Möglichen stellt?[11]
Waren auch in diesem Teil Europas die »Götter« aus dem All einst Realität? So wie in jenem kleinen Tal in Norditalien, in dem uns einige Felszeichnungen sogar vom Aussehen jener von den Sternen gekommenen Wesen künden.

Rettet die Felsbilder im Val Camonica!

Meine Ausführungen über steinzeitliche »UFO-Graffiti« wären sicher unvollständig, würde ich ein Gebiet in den norditalienischen Alpen unerwähnt lassen, in dem bis jetzt schon ungefähr 250 000 bis 300 000 Felszeichnungen freigelegt worden sind. Bereits Peter Kolosimo[6] und Erich von Däniken[12] berichteten über das *Val Camonica*, welches sich von Edolo entlang dem Oglio-Fluss in südlicher Richtung bis zum Lago d'Iseo erstreckt. Die Petroglyphen, um die es hier geht, liegen hauptsächlich in der Umgebung des Städtchens *Cap di Ponte* an Felshängen und riesigen, im Erdboden steckenden Findlingen.
Erstmalig wurden die Felszeichnungen im Jahre 1914 von Gualtiero Laeng im »Guida d'Italia« erwähnt, was zur Folge hatte, dass

sich eine Reihe von Archäologen zu Nachforschungen in das Tal begab. Der erste Versuch einer chronologischen Erfassung wie auch einer Analyse der verschiedenen Darstellungen wurde von Emmanuel Anati unternommen. Er gründete 1964 das »Centro Camuno di Studi Preistorici« und konnte insgesamt vier Stilepochen unterscheiden. Die Perioden I–III reichen von der ausgehenden Altsteinzeit, vor etwa 10 000 Jahren, bis in die Bronzezeit, wogegen die jüngsten Zeichnungen in die Eisenzeit (etwa 800 v. Chr.) datiert werden.[13]

Obgleich vor wenigen Jahren in der Gemarkung *Naquane*, genau gegenüber von Capo di Ponte, der »Parco Nazionale d'Incisioni Rupestri« eingerichtet wurde, und trotz der Nähe zu den Wintersportgebieten Südtirols und des angrenzenden Trentino, scheint dort die Zeit stehen geblieben zu sein. Ich bekam den seltsamen Anachronismus, der im Val Camonica herrscht, selbst zu spüren: Als ich nämlich die Rechnung für Kost und Logis im einzigen Hotel am Ort begleichen wollte, weigerte sich die Dame an der Rezeption standhaft, meine an Stelle der knapp gewordenen Lire angebotenen Deutschen Mark zu nehmen. Es war Sonntag, die einzige Bank am Ort hatte geschlossen, und im Nachhinein bin ich mir gar nicht mehr so sicher, ob ich dort wirklich hätte Geld tauschen können. Mit unendlicher Mühe und Überredungskunst konnte ich meine Schuld schließlich mit einem Euroscheck begleichen, der nachgerade unter Protest akzeptiert wurde. In dieser Region hat der Tourismus noch nicht Fuß gefasst. Vielleicht ist das auch besser so!

Unter jenen in die Hunderttausende gehenden Petroglyphen im Val Camonica fallen einige auf, die nicht so recht in das gängige Schema steinzeitlicher Felsbildkunst passen wollen, welche das tägliche Leben und die Vorstellungswelt der Altvordern dargestellt haben soll. Denn da findet man immer wieder inmitten »normaler« Darstellungen höchst fremdartige Figuren: »Göttergestalten«, die recht absonderliche Attribute tragen. Eine geradezu frappierende Ähnlichkeit dieser ominösen Gestalten mit modernen Raumfahrern sticht unübersehbar ins Auge.

Die verblüffendsten Ritzzeichnungen, mit den auffälligsten Ähnlichkeiten zu den Astronauten unserer Tage – die Einheimischen bezeichnen sie denn auch ungeniert als »astronauti« – befanden sich jedoch nicht auf dem Gelände des erwähnten Nationalparks. Sie

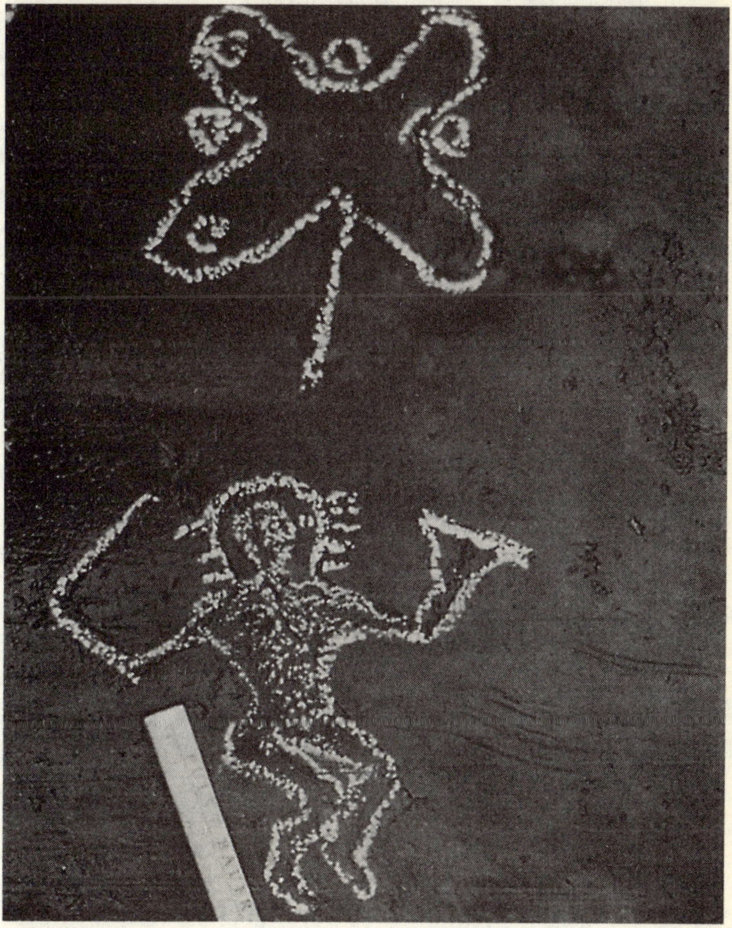

Abb. 3: Frappierende Ähnlichkeit mit den Astronauten unserer Tage: Felszeichnung im Val Camonica.

sind etwas südlich des umfriedeten Gebietes zu finden, und zwar im Gebiet Zurla, das zur Gemarkung *Foppe di Nadro* gehört.
Etwa einen halben Kilometer südöstlich des kleinen Museums, das inmitten des Parks errichtet wurde, endet der »Parco Nazionale« an einem (niedergetrampelten) Stacheldraht. Überquert man dann eine sich auf privatem Grund befindliche, dahinter liegende Wiese und folgt einem von den dort reichlich gedeihenden Esskastanienbäumen eingesäumten Pfad, so stößt man nach 200 Metern plötzlich wieder auf große, freigelegte Felsplatten, vor denen sogar Informationstafeln aufgestellt sind. Außerhalb der Parkanlage, wohlgemerkt. Ist es nur Zufall, das die Felsen mit den »pikantesten» Ritzzeichnungen *nicht* in den »Parco Nazionale d'Incisioni Rupestri« aufgenommen wurden? Oder will man den (ohnehin sich nur spärlich dorthin verirrenden) Besuchern mit Absicht nicht zeigen, was mit unserem konventionellen Weltbild kollidiert?
Zwar nehmen sich die bewussten Zeichnungen in natura recht bescheiden aus – messen sie doch gerade einmal 20 bis 30 Zentimeter im Quadrat –, doch scheinen sie genug Zündstoff in sich zu bergen, um unserem Geschichtsbild ein unangenehmer Dorn im Auge zu sein. Obwohl durch Umwelteinflüsse beschädigt und, so nicht bald etwas dagegen unternommen wird, in längstens 30 Jahren vollkommen zerstört und nicht mehr zu erkennen, haben sie nichts von ihrem spektakulären Charakter eingebüßt. Auf der populärsten Darstellung stehen sich beispielsweise zwei Gestalten gegenüber, mit voluminösen Helmen auf ihren Köpfen, von denen kurze Strahlen auszugehen scheinen. Bloße Fantasmagorien steinzeitlicher Felsbildkratzer? Oder Lichtreflexe der sich an einem Raumfahrerhelm brechenden Sonnenstrahlen?
Die Archäologen bezeichnen die beiden Figuren als »Duellanten« – zwei Eingeborene, die zu Ehren der Götter ein rituelles Duell aufführen. Gut und schön, dann ist es vielleicht ein *Cargo-Kult* gewesen: die frühen Bewohner des Val Camonica versuchten, die »Götter«, die deren Vorfahren beobachtet hatten, nachzuahmen. Derartige Kulte kennen wir auch aus unserem Jahrhundert zur Ge-

nüge, sie entstanden nämlich immer dann, wenn eine einfachere Gesellschaft plötzlich mit einer fortgeschritteneren Kultur konfrontiert wurde.[13, 14]

Man kann es drehen und wenden, wie man will: Was bleibt, sind diese heutigen Astronautenhelmen so überraschend ähnlichen Kopfbedeckungen der auf den Felsen abgebildeten Figuren!

Ein anderes Bild zeigt über dem Kopf eines Mannes mit jenem obligaten »Strahlenhelm« ein propellerförmiges Objekt. Dem Betrachter vermittelt es den Eindruck eines Fluggeräts. Die offizielle archäologische Interpretation spricht dagegen von einem »Kraft-« oder »Bewegungssymbol«. Was in etwa auf dasselbe hinauslaufen könnte. Und auf einem Felsen bei Seradina, ein wenig nördlich von Capo di Ponte und gleichfalls außerhalb des Nationalparks gelegen, befindet sich eine Formation von gleich dreien dieser behelmten Rätselwesen.

Noch rätselhafter als die behelmten Gestalten sind allerdings die Sprünge in der Logik mancher Erklärungen. Gestehen diese den Schöpfern der Felsbilder bei Tieren und Jagdszenen noch einen naturgetreuen Realismus zu, so faselt man bei jenen astronautenähnlichen Wesen plötzlich von »Fantasiegestalten«, »Geisterwesen« oder »symbolbehafteten Ritualdarstellungen«. Es *kann* halt eben nicht sein, was nicht sein *darf* …

Hütten oder Flugobjekte?

Immer wieder fielen mir auch sonderbare Objekte auf, die in großer Zahl auf den freigelegten Felsen zu betrachten sind. Im Allgemeinen als Darstellungen von »Hütten« bezeichnet, ähneln sie jedoch, ohne die Fantasie allzu großen Strapazen aussetzen zu müssen, auch Darstellungen von gelandeten Flugobjekten. Besonders in der auf Abb. 4 dargestellten »Jagdszene«.

Alle Steinzeichnungen im Val Camonica haben an einem großen Problem zu knacken, und das hat nichts mit unterschiedlichsten Interpretationsmöglichkeiten zu tun: Rettung tut dringend Not! Jahrtausende hindurch waren sie durch das darüber liegende Erdreich geschützt gewesen, erst seit ihrer Freilegung sind diese Petroglyphen der Erosion durch Wind und Wetter schutzlos ausgesetzt. Und die geht recht schnell zu Werke, denn die Felsplatten bestehen überwiegend aus Kalkstein und Kalkschiefer, ziemlich weichen Gesteinsarten also. Was dereinst ihr Einkerben erleichterte, macht den Zeichnungen in unseren Tagen den Garaus!

Abb. 4: Was stellt diese seltsame »Jagdszene« aus dem Val Camonica dar? Mit nicht allzu viel Fantasie könnte man die Gebilde auf der rechten Seite als gelandete Flugobjekte interpretieren.

Meine Wiener Freunde Peter Krassa und Reinhard Habeck schrieben zu diesem Problem vor wenigen Jahren:
»Inzwischen überlegt man in wissenschaftlichen Kreisen, das reichhaltige steinzeitliche ›Bilderbuch‹ mit einer durchsichtigen Kunststoffschicht abzudecken, um dieses kostbare Zeugnis aus unserer Vergangenheit auch den kommenden Generationen zu erhalten.«[15]
Aber geschehen ist bisher leider nichts. Und angesichts des Zustandes der »Incisioni rupestri«, auf die im Gebiet von Capo di Ponte trotz der relativ wenigen Besucher zahlreiche Wegweiser und Tafeln hinweisen, muss man bedauerlicherweise damit rechnen, dass die Mehrzahl der Petroglyphen in spätestens 25 Jahren nicht mehr zu erkennen sind.

Überflüssig zu sagen, dass es ein herber Verlust wäre. Und keinesfalls ein Ruhmesblatt für unsere ohnehin angeknackste abendländische Kultur, würde man das reichhaltige Vermächtnis dieser geheimnisumwitterten Kultur aus dem Val Camonica so sang- und klanglos sterben lassen.
Noch ist es nicht zu spät!
Zum Abschluss dieses Kapitels möchte ich Sie noch in ein Gebiet entführen, in dem bereits vor Tausenden von Jahren eine Hochkultur blühte. In dem, ähnlich jenem kleinen Tal in Norditalien, die Zeit stehen geblieben scheint. Und mehr noch: Aufgrund der im Moment extrem unsicheren politischen Situation findet kaum ein Besucher den Weg dorthin.

Raketenstart in Meroë

Die Rede ist vom *Sudan,* diesem permanent von inneren Unruhen erschütterten nordostafrikanischen Staat, durch den sich der Nil auf seinem Weg von der Quelle im Hochland Äthiopiens bis zu seinem Mündungsdelta in Nordägypten schlängelt.
Etwa 350 Kilometer nördlich der Hauptstadt Khartum liegt, flussabwärts unterhalb des vierten von sechs eindrucksvollen Katarakten (durch rückschreitende Flusserosion erzeugte Folge von Stromschnellen, d. Verf.), die antike Ruinenstätte von *Meroë.* Ehemals der Mittelpunkt des alten nubischen Reiches von Kusch, haben dort Pyramiden und Königsgräber die Jahrtausende überdauert. Dazu aus der Zeit nach der römischen Eroberung auch ein dem Gott Jupiter Ammon geweihter Tempel sowie ein römisches Badehaus.
Den erregendsten Fund jedoch machte man auf den Grundmauern eines Gebäudes, welches ein astronomisches Observatorium gewesen zu sein scheint. Es ist eine Darstellung, die trotz ihres Alters auf beängstigende Weise modern wirkt. Ein paar Wesen machen sich an einem detailgetreu skizzierten Objekt zu schaffen, das man nicht

Abb. 5: Auf unheimliche Weise vertraut: Wie ein moderner Raketenstart wirkt diese gespenstische Szene. Eine Jahrtausende alte Zeichnung auf den Mauern von Meroë, im heutigen Staat Sudan gelegen.

anders bezeichnen kann als eine startbereite Rakete. An deren hinterem Ende ist deutlich das Leitwerk zu erkennen, und seitlich aus ihrer Spitze herausragende Stäbe könnten Antennen darstellen, oder im Original irgendeine Messfunktion versehen haben. Der einem Rad ähnliche Gegenstand unter dieser »Rakete von Meroë«

könnte – ähnlich wie bei heutigen Artilleriegeschützen – als Vorrichtung interpretiert werden, um den Flugkörper in den berechneten Abschusswinkel zu bringen.

Die Archäologen vermögen uns für diese unheimlich »vertraut« wirkende Zeichnung keine halbwegs befriedigende Erklärung zu geben, und so ist auch hier der Spekulation Tür und Tor geöffnet.

Hatten unsere Vorfahren denn nichts anderes zu tun, als Abbildungen in den Stein zu kratzen, die uns über die Raumfahrttechnologie einer uns überlegenen Zivilisation spekulieren lassen?

2 Die Insel der 1000 Rätsel

Ein Basislager für »Götter«?

Im Zeitalter der unbegrenzten Mobilität sind es gerade einmal zwei Flugstunden, bis man die knapp hundert Kilometer südlich von Sizilien gelegene Mittelmeerinsel Malta erreicht. Ganz besonders der Hinflug lässt es angeraten sein, bereits beim Check-in auf einem Fensterplatz im Flugzeug zu bestehen. Der Landeanflug ist es wert: Denn die malerische Xlendi Bay auf der Nachbarinsel Gozo mit ihrem schillernd grünen Wasser, die winzigen Eilande Comino und Cominotto und schließlich der kurz vor der Landung auf Luqa Airport auftauchende Naturhafen von Valletta bieten von oben wahrhaft atemberaubende Ausblicke. Eine gelungene Synthese aus dem Türkisblau des Wassers und dem Gelb des Sandsteins, aus dem dort alles besteht.

Er ist eine eigene kleine Welt für sich, dieser malerische Archipel, dessen größte Insel an ihrer längsten Stelle gerade siebenundzwanzig Kilometer, in ihrer Breite sogar nur – allerhöchstens – fünfzehn Kilometer misst. Bescheidene siebenundsechzig Quadratkilometer Fläche misst die grünere Schwesterinsel Gozo, und wie ein »Kümmelkorn«, so die wörtliche Übersetzung des Namens, liegt die winzige Insel Comino in der Meerenge, die Malta und Gozo voneinander trennt.

Viele Mythen und Legenden ranken sich um diese Inselgruppe. Die bekannteste dreht sich um die Grotte der Kalypso auf Gozo. Der örtlichen Überlieferung zufolge lebte in der kleinen Höhle oberhalb der Ramla Bay der griechische Sagenheld Odysseus sieben Jahre lang als Gefangener – und Liebhaber – der Nymphe Kalypso. Odysseus hatte nach dem Trojanischen Krieg schon eine drei Jahre währende Irrfahrt hinter sich, als er ganz allein, auf einer Planke seines von Göttervater Zeus durch einen Blitz vernichteten Schiffes treibend, an den Gestaden Gozos antrieb. Die liebestolle Nymphe – nomen est omen! – hätte den Sagenhelden am liebsten nie wieder gehen lassen, musste sich letztlich aber dem Willen der Götter beugen. Odysseus zimmerte sich ein Floß und stach in Richtung auf seine Heimatinsel Ithaka in See. Auf dem Weg dorthin ließ Meeresgott Poseidon seinem Groll auf den Sterblichen freien Lauf und zertrümmerte das Floß. Ein anderer Gott schenkte Odysseus aber einen Schleier, der ihm die Kraft verlieh, schwimmend das Ufer der Insel Korfu zu erreichen. Nachdem er dem dortigen König die auf seiner *Odyssee* erlebten Abenteuer berichtet hatte, brachten dessen Seeleute ihn sicher nach Ithaka zurück.[16]

Soweit die Sage. Nicht ins Reich der Mythen und Überlieferungen gehört die Tatsache, dass auf Malta einige hervorragende Weine gedeihen: »Sauternes« und »Marsovin«, schwer und süß, sowie der »Verdala«, ein zu allen Anlässen passender Tafelwein. Während meiner bisherigen Reisen auf die maltesischen Inseln lernte ich diese edlen Tropfen schätzen, vor allem als willkommener Ausgleich, wenn bei der Küche wieder einmal allzu sehr der britische Einfluss durchgeschlagen hatte. Malta besaß nämlich bis zu seiner endgültigen Unabhängigkeit im Jahre 1974 den Status einer britischen Kronkolonie, und war zuletzt quasi selbstständiger Staat als konstitutionelle Monarchie unter britischer Krone und Mitglied des Commonwealth.

Es gibt zwar – dies als Geheimtip – eine Hand voll passabler Badebuchten mit feinem, weißem Sandstrand auf Malta, ungleich bedeutungsvoller jedoch ist das kulturelle Erbe der Inselrepublik. Kein anderes europäisches Land hat uns auf solch kleinem Raum so viele rätselhafte Relikte aus prähistorischer Zeit hinterlassen. Malta ist eine Insel der 1000 Rätsel, eine veritable Fundgrube für

Hinweise darauf, dass unsere Vorgeschichte einen ganz anderen Verlauf nahm, als es uns die Geschichtsbücher glauben machen wollen.

Puzzle für schwangere Riesen

Die frühen Bewohner Maltas müssen recht eifrige Verehrer ihrer Gottheiten gewesen sein. Die Anzahl der megalithischen Tempelanlagen auf den Inseln wäre ansonsten mit Sicherheit nicht so bedeutend. Als eindrucksvollste Anlage – geht man hier von den Dimensionen der dabei verbauten Megalithen aus – ist *Ggantija* (ausgesprochen: »Schgantija«) auf Gozo zu nennen. Der Name bedeutet so viel wie »die Riesen« , denn hier sind überdimensionale Steinblöcke ineinander verschachtelt worden. Der mit Abstand größte der in Ggantija verbauten Monolithen misst stolze 7,81 Meter in der Breite. Wer war jemals in der Lage, solch ein Ungetüm von der Stelle zu bewegen?
Dass es sich um eine buchstäblich »steinalte« Anlage handeln muss, machen die starken Verwitterungen deutlich. Was berichtet die Überlieferung über Ggantija? Es heißt, eine hochschwangere Riesin habe den Tempel erbaut. Nachdem das Werk vollendet war, gebar sie im Schutz der Mauern einen »Riesensohn«, welcher die ersten Jahre seines Lebens in besagtem Tempel verbrachte.[17]
Wäre der – zugegeben kühne – Gedanke tatsächlich so weit hergeholt, die Ureinwohner Maltas hätten eine Hightech-Baumaschine beobachtet, mit dem unbekannte Wesen einen Schutzraum für deren Gerätschaften errichteten? Nach getaner Arbeit entstieg jener riesenhaften Maschine, vergleichbar mit unseren heute im Straßen- und Bergbau eingesetzten Bulldozer-Giganten, ein Individuum, welches das Ding bedient hatte und in der darauf folgenden Zeit auch die Anlage zu betreuen hatte.
Oder müssen wir den Begriff »Riesen« wörtlich nehmen? Immer wieder finden sich in uralten Überlieferungen Anspielungen auf

Abb. 6: Eine schwangere Riesin, so berichtet die Mythologie, hat die Tempelanlage von Ggantija erbaut, um im Schutz der Mauern einen Sohn zu gebären. Der größte hier verbaute Monolith misst 7,81 Meter in der Länge.

diese legendären Gestalten. Selbst die Bibel lässt jene riesenhaften Wesen nicht links liegen: »Zu der Zeit, und auch später noch, als die *Gottessöhne* zu den Töchtern der Menschen eingingen und sie ihnen Kinder gebaren, wurden daraus die Riesen auf Erden. Das sind die Helden der Vorzeit, die hochberühmten.« (1. Buch Mose 6,4)[18]

Die Ruinen von Hagar Qim (sprich: »Hadschar'im«) stehen den von Ggantija kaum nach. Dort misst eine gigantische Steinplatte volle 7 Meter Länge, 3,12 Meter in der Breite sowie 0,64 Meter in der Dicke. Das Gewicht dürfte deutlich über 20 Tonnen betragen! Hatten hier wieder Riesen ihre überdimensionalen Hände im Spiel? Oder sollten wir eine Technik voraussetzen, deren Möglichkeiten weit über die der damaligen Bewohner Maltas hinausreichte? Eine Technik, nicht von dieser Welt?

Im Zusammenhang mit den megalithischen Anlagen Maltas möchte ich hier ein rätselhaftes Faktum erwähnen, das nach meinem Wissen noch in keinem archäologischen Werk erwähnt ist. Bei einer Reihe von Tempeln, wie etwa Skorba und Ta'Hagrat, die für die Öffentlichkeit nicht zugänglich sind, vermochte ich an genau gegenüber liegenden Monolithen stets eine Kompassdeklination von exakt 90 Winkelgraden messen. Dies erinnert stark an teilweise dramatische Abweichungen, wie ich sie in Tiahuanaco und Puma

Abb. 7: Bei vielen Tempeln Maltas – wie hier in Skorba – konnte ich starke Kompassabweichungen zwischen gegenüber liegenden Monolithen messen. Was wussten die alten Völker über geophysikalische Phänomene?

Punku im Hochland von Bolivien messen konnte und in einem späteren Kapitel dieses Buches dokumentiere. Wussten unsere Vorfahren bereits weit mehr über magnetische und geophysikalische Phänomene, als ihnen gemeinhin zugestanden wird? Natürlich erhebt sich in diesem Kontext auch die Frage, *von wem* sie das Wissen überliefert bekamen, das sie in ihren Tempelanlagen, für uns noch heute messbar, umsetzten.
Noch eine Bemerkung zu den für uns fremdartig klingenden maltesischen Namen wie »Ggantija«, »Hagar Qim« oder »Ta'Hagrat«, respektive deren Aussprache. Das Maltesische ist ein semitischer Dialekt, der sich ausschließlich dort erhalten hat. Gleichzeitig stellt es die einzige dieser Sprachen dar, die in lateinischer Schrift geschrieben wird. Hört man den Maltesern zu, so glaubt man eher, sich in den Souks von Tunis oder im Bazar von Kairo zu befinden.

Das Hypogäum: Abstieg in die Unterwelt

Maltas mit Abstand größtes megalithisches Rätsel liegt tief unter der Erde verborgen.
In dem unübersichtlichen Konglomerat aus zusammengewachsenen Ortschaften, das sich rings um die Hauptstadt Valletta gebildet hat, liegt bei Paola der Ort Hal Saflieni, und dort machte man im Jahre 1902 einen epochalen Fund.
Bauarbeiter, die für das Fundament eines Neubaus den Boden aushoben, stießen unvermittelt auf ein System von ungewöhnlich gleichmäßig gestalteten und hervorragend erhaltenen Räumlichkeiten, die tief unter die Erde führten. Die Bauherren waren von dieser Entdeckung allerdings weniger begeistert, sahen sie doch bereits ihre Termine durch langwierige archäologische Ausgrabungen und staatliche Auflagen gefährdet. So setzten sie ihre Tagelöhner unter massiven Druck, damit diese ihre unerwartete Entdeckung geheim hielten und die Bauarbeiten fortsetzten, als sei nichts geschehen.

Das Haus wurde zwar gebaut, und es steht noch heute in dieser schmalen Seitenstraße von Hal Saflieni, doch die Existenz des *Hypogäums* (zu Deutsch »unterirdischer Raum«, von grch. *hypo* = unter und *gaia* = die Erde) ließ sich auf die Dauer nicht geheim halten. Bis zu dessen Schließung in den Achtzigerjahren – man befürchtete die Zersetzung von Deckenmalereien in einem Seitentrakt durch Ausdünstungen der Besucher – galt es als *die* prähistorische Hauptattraktion der Insel.

Das zur Zeit der Niederschrift dieses Kapitels noch immer für die Öffentlichkeit gesperrte Hypogäum vermochte ich erst nach drei erfolglosen Anläufen – 1990, 1993 und 1994 – im Frühjahr 1999 dank einer Sondergenehmigung der maltesischen Regierung zu betreten. Welche erregenden Geheimnisse liegen unter der Erde verborgen?

Der Eingang – durch das 1902 erbaute Haus – liegt ebenerdig. Durch den Bau wurde übrigens das oberste, mit dem Bodenniveau abschließende Stockwerk unwiederbringlich zerstört. Des Weiteren führen drei verbliebene Etagen gut 12 Meter tief unter die Erde, über eine neugebaute Wendeltreppe zu erreichen, wie ich anlässlich meines Besuches im April 1999 feststellen konnte. Das ganze System der übereinander liegenden Räume ist perfekt aus dem gewachsenen Fels herausgearbeitet. Da gibt es Ein- und Durchgänge, Kammern und Nischen in unterschiedlicher Größe. Dazwischen ragen gemeißelte Säulen nach oben, die die Kuppel der Haupthalle stützen. Alle Elemente sind tadellos gearbeitet. Man erkennt scharfe Kanten, mächtige Steinbalken, fugenlos aus dem steinernen Boden ragende Monolithen. Alles wirkt wie »aus dem Vollen geschnitzt«.

Womit – und vor allem zu welchem Zweck? Vorweg gesagt: Über Aufgabe und Bestimmung des Hypogäums sind sich die Archäologen noch immer nicht einig.

Bei der perfekten Bearbeitung des Gesteins erscheint es unglaubwürdig, dass die Arbeiten mit groben Steinwerkzeugen durchgeführt worden sein sollen. Die Archäologen datieren das Hypogäum auf ein Alter zwischen 5500 und 6500 Jahre und nehmen an, dass es sich um eine »Orakelstätte« der steinzeitlichen Einwohner Maltas gehandelt habe. Eine Orakelstätte deshalb, da die Anlage über eine perfekte Akustik verfügt. Flüstert man in eine in die Wand eingelassene Höhlung, wird die Stimme um ein Vielfaches verstärkt. Ich habe es selbst ausprobiert: Das Ganze funktioniert umso besser, je tiefer die Tonlage der Stimme ist. Wer wusste schon vor Jahrtausenden so gut über akustische Techniken Bescheid? Es ist eine regelrechte »HiFi-Anlage«, die da vor Urzeiten ins Gestein gebohrt wurde – und die ganz offensichtlich vom Anfang der Planungen an vorgesehen war.[19] Es ist schier unglaublich, aber wahr: Steinzeitmenschen, so sagt man, müssen die Arbeiten geplant und verrichtet haben. Steinzeitmenschen jedoch, heißt es im selben Atemzug, können kaum über das dafür notwendige Know-how verfügt haben. Und wenn es nun *ganz andere* waren, die das Hypogäum vor unbekannten Zeiten erbaut haben, und spätere neolithische Bewohner Maltas die Anlage nur irgendwann übernommen haben, nachdem die ursprünglichen Besitzer verschwunden waren?

Aircondition für Skelette

Sieben Stufen führen vom mittleren Geschoss, in dem die perfekte Akustikanlage installiert ist, in das untere Stockwerk. Die letzte Stufe endet, wenn man nicht rechtzeitig einen großen Schritt zur Seite tut, in einer tiefen Grube, der Ersten in einer ganzen Reihe. Sie sind alle durch hohe Wände voneinander getrennt und bilden ein schmales, noch tieferes Stockwerk, das in der letzten dieser Gruben nochmals vier nahezu runde, kleinere Höhlen aufweist, die nur durch enge Schlupflöcher zu erreichen sind.
Wie beim gesamten Hypogäum konnten Sinn und Zweck der untersten Anlage auch nicht gedeutet werden. Dafür machte man, tief unter der Erde, eine grausige Entdeckung: Unter meterhohem Knochenstaub fand man eine immense Anzahl menschlicher Ske-

lette! Der »Vater der maltesischen Archäologie«, Dr. Themistocles Zammit, schätzte, dass dort unten die Reste von 6000 bis 7000 Leichen liegen.[20]

Diente das Hypogäum als »heiliger Begräbnisplatz« – oder in noch früheren Zeiten als Experimentierstätte für jene »Götter« aus dem All, die verantwortlich für das »Experiment Erde« zeichneten? Es ist eine unbestrittene Tatsache, dass sich die Malteser stets scheuten, das Hypogäum zu betreten. Mit Sicherheit liegt ein Tabu darauf, und Furcht kann oft sehr viel stärker als Neugier sein.

Ich sagte es bereits: Die geheimnisvolle Stätte ist seit den Achtzigerjahren für Touristen gesperrt, wenn auch bereits Vorbereitungen für eine Wiedereröffnung im Gange sind. Vorher war der Ort eine Attraktion par excellence für die Destination Malta. Bei allem Verständnis für die Absicht, diese großartige Anlage zu erhalten und eingedenk des Wissens um den sonst bei unterirdischen Bauten der Insel so großzügig gewährtem Zugang: Zwingend notwendig wäre diese Maßnahme nicht. Das Hypogäum verfügt nämlich – und dies ist ein weiteres technisches »Wunder«, das nicht mit Hilfe von steinzeitlichem Know-how zu erklären ist – über eine erstklassige Aircondition. Ob nur wenige Besucher in der Höhlenanlage sind oder 50 Menschen über die enge Treppe nach unten steigen – die Temperaturen ändern sich kaum, obwohl unter südlicher Sonne schwitzende Touristen leibhaftige Radiatoren darstellen, die binnen kürzester Zeit Räume unangenehm aufzuheizen vermögen.

»UNESCO – Weltkulturerbe der Menschheit«

Wie man es auch dreht und wendet – nichts passt hier schlüssig zusammen, nichts ergibt einen Sinn. Nach unserem derzeitigen Stand des Wissens war es überhaupt nicht machbar, die technischen Meisterleistungen des Hypogäums mit den Möglichkeiten neolithischer Technik zu vollbringen.

Dass diesbezügliche Fragen und Folgerungen für die orthodoxe

Abb. 8: Maltas mysteriösestes Bauwerk: das im Jahr 1902 entdeckte Hypogäum von Hal Saflieni. Unter dem Label »UNESO – Weltkulturerbe der Menschheit« wird es zu einer vollcomputerisierten Touristenattraktion ausgebaut.

Wissenschaft ein Dorn im Auge sein könnten, geht mir seit meinem Besuch im Hypogäum im April 1999 nicht mehr aus dem Sinn. Es ist nämlich zu befürchten, dass für die geplante Wiedereröffnung unter dem Etikett »UNESCO – Weltkulturerbe der Menschheit« den interessierten Besuchern vorenthalten wird, welche fantastischen Rätsel aus grauer Vorzeit ihrer Lösung harren.

Denn im Fall des Hypogäums von Malta reift ein Hightech-Spektakel heran, das seinesgleichen sucht. Noch müssen kilometerweise Kabel verlegt werden, doch wenn alles fertig ist, so erklärte man mir, wolle man maximal 150 bis 200 Besuchern pro Tag den Zutritt zu einer halbstündigen, computeranimierten und -gesteuerten Führung erlauben. Für seinen bestimmt großzügig bemessenen Eintritt bekommt der Gast zunächst ein etwa viertelstündiges Video vorgeführt – in fünf Sprachen an der Videowand im Erdgeschoss des durchweg renovierten Hauses. Danach geht es über die Wendeltreppe nach unten – jedoch nur in das erste von drei Stockwerken, denn die tiefer gelegenen sind dann nicht mehr zugänglich. Laufstege aus Edelstahl werden installiert, und eine ausgeklügelte Statik verhindert jede Belastung des Untergrundes. Ein geradezu perfide ausgedachtes Beleuchtungssystem mit sekundengenau berechneten, an- und ausgehenden Spots soll jedes längere Verweilen des Besuchers an einer Stelle verhindern. Man hat gar keine andere Wahl, als der wandernden Beleuchtung zu folgen.

Abb. 9: Ein Bild aus vergangenen Tagen, das das Hypogäum in seiner ganzen Faszination als uralten Kraftort zeigt.

Lückenlose Videoüberwachung und ein Sensorsystem mit Sprinkleranlage tun ein Übriges, um diesem uralten Ort seine letzte, ihm eigene mystische Ausstrahlung zu rauben. Ich war deshalb froh, noch vor der Fertigstellung des Hightech-Spektakels Gelegenheit gehabt zu haben, tief unten im Schoß der Erde jene ungelösten Rätsel auf mich wirken zu lassen, die den ureigenen Reiz des Hypogäums von Hal Saflieni ausmachen, trotz der Baustellen-Atmosphäre, die vorwegnahm, zu welchen »Meisterleistungen« *unsere* Kultur fähig ist …

Schienen, die nie welche waren

Nicht nur unter, auch *auf* der Erde bietet Malta ein Rätsel, bei dem nichts logisch erscheint oder gar mit unserem gesicherten Wissen in Einklang zu bringen ist.

Früher oder später stolpert jeder Malta-Urlauber über sie: Jene meist paarweise verlaufenden, sich häufig kreuzenden und an manchen Stellen sogar geradewegs ins Meer führenden Rillen, die in den Reiseführern beiläufig als »cart ruts« bezeichnet werden – als Karrenspuren. Aber *genau dies* können sie *auf keinen Fall* gewesen sein.

Viele dieser ehemals die gesamte Insel überziehenden Linien verschwanden in den letzten Jahren unter den als Ackerland rekultivierten Flächen, weitaus mehr fielen dem Bauboom auf Malta zum Opfer. Schade um diese faszinierenden und geheimnisvollen Relikte einer unbekannten Vorzeit, die heute nur noch an wenigen Stellen zu bewundern sind. Bei San Pawl Tat-Targa vereinigen sich vier dieser »Geleise«-Paare zu einem einzigen, obwohl sie einander mit vollkommen unterschiedlichen Spurweiten begegnen. Mitten in der Stadt San Gwann wurde ein etwa 5000 Quadratmeter großes Grundstück nicht bebaut; und nach vorheriger Terminvereinbarung kann man in dem umzäunten Gelände ganz besonders prächtige Linien bewundern. Der bekannteste Fundort aber ist heute als »Clapham Junctions« ausgeschildert – benannt nach dem

Abb. 10: Sehr imposante »cart ruts« findet man auch inmitten der Stadt San Gwann.

Londoner Bahnhof gleichen Namens. Von der Bushaltestelle der früheren Hauptstadt Rabat ist es zu Fuß gut eine Stunde, und zwar auf der Straße, die zu den Dingli-Klippen führt. Vorbei am Verdala-Palast und den Buskett-Gärten über eine kleine Brücke und weiter einen gewundenen Weg links den Berg hinauf, dann befindet man sich am Ziel.

Dass es auch einfacher geht, davon zeugen Busladungen von Touristen, die in der Hauptsaison über die Linien stapfen und dabei mehr oder weniger aufmerksam den gelehrten Ausführungen ihrer einheimischen Guides lauschen.

Nach ihrem Aussehen und ihrer Anlage wegen werden die »cart ruts« vornehmlich als Transportwege bezeichnet, und – eigentlich eher willkürlich – in die Bronzezeit (etwa von 1800–1000 v. Chr.) datiert. Was die Transportwege betrifft – eigentlich eine recht plausibel klingende Erklärung, würde sie nicht in jedem Fall an der Undurchführbarkeit scheitern.

Karrenspuren können es, wie ich einleitend festgestellt habe, nicht sein. Wie unsinnig dieser Gedanke ist, zeigt sich bereits an der Tiefe und der Ausformung der Rillen. Da diese oft bis zu 70 Zentimeter beträgt und die Rillen nach unten schmaler werden, sind die Probleme bereits vorprogrammiert. Das Rad müsste in diesem Fall einen Durchmesser von mindestens 1,40 Meter aufweisen und im Querschnitt zudem konisch ausgeformt sein. Das hieße im Klartext, dass dieses hypothetische Rad ausgerechnet an der Lauffläche am schmälsten wäre. Was jedoch ausgesprochen unpraktisch beim Transport schwerer Lasten ist, muss jenes Rad doch überproportional viel Druck bei gleichzeitig verminderter Arbeitsfläche verkraften. Aber schmale Laufflächen oder nicht: spätestens in der ersten Kurve ginge sowieso überhaupt nichts mehr, da die Räder blockieren würden!

Noch komplizierter wird es, wenn ein Paar dieser ominösen Doppelrillen in seinem Verlauf die Spurweite ändert. Dann heißt es bereits auf der Geraden »rien ne va plus« für die unglaubwürdige Theorie der »Karrenspuren«.

Abb. 11: Bis zu 70 Zentimeter in der Tiefe messen die »cart ruts«, wobei ihr Profil nach unten hin enger wird.

Könnten *Lastenschlitten*, deren Kufen sich mit der Zeit in das Kalkgestein eingekerbt haben, des Rätsels Lösung sein? Wohl kaum. Denn für Schlittenkufen gilt in verstärktem Maße, was bereits die Karrentheorie kläglich scheitern ließ. Die Kufen wären noch viel starrer als die (hypothetischen) Räder der Karren und wären erst recht im Gewirr unterschiedlicher Spurbreiten und Kurven hängen geblieben.

Waren es Kugellager, die sich in den Rillen bewegten und auf denen man Lasten transportierte? Man fand auf Malta in der Tat zahlreiche Kugeln, von 7 bis 60 Zentimetern Durchmesser. Setzten die alten Insulaner Kugeln in die Rillen, auf denen sie schwere Güter von der Stelle bewegten? Unterschiedliche Spurbreiten wären dann kein Problem mehr, ebenso wenig wie scharfe Kurven oder Kreuzungen.

Leider wieder daneben getippt. Auf Malta gibt es einzig Kalk- und Sandgestein, verhältnismäßig weiches Material also, aus dem auch die erwähnten Steinkugeln bestehen. Bereits Gewichte von wenigen hundert Kilogramm würden sie plattdrücken und zerbröseln. Um diese Annahme vollends ad absurdum zu führen, will ich noch darauf hinweisen, dass Kugeln stets gewölbte Eindrücke zu hinterlassen pflegen, niemals jedoch spitz zulaufende Vertiefungen.[19] Es müssten schon Kugeln von höchst seltsamer Formgebung gewesen sein, hätten sie in die maltesischen Rätselspuren gepasst.

Es ist schier zum Verzweifeln! Haben wir noch einen weiteren Lösungsvorschlag zur Hand?

Kratzspuren …

Noch eine Idee: Hängte man irgendwelchen Lasttieren Astgabeln um, deren beide Spitzen über den Boden kratzten und auf diese Weise für die Entstehung der Spuren sorgten? Mit dieser Theorie, so meinten ein paar ganz besonders schlaue Köpfe, wären gleich zwei Fliegen mit einer Klappe erschlagen. Abgesehen von der Erklärung für die »cart ruts« hätte man auch gleichzeitig noch ein passen-

des Denkmodell für den Transport des Baumaterials für die großen Tempelanlagen: eine »Straße der Monolithen« gewissermaßen.
So viele Haken, wie diese Hypothese aufweist, vermag nicht einmal der maltesische Wildhase zu schlagen, bevor er als köstliche Spezialität *Fenek* im Kochtopf landet! Ungeachtet der Konsistenz des Holzes, das derartige Lasten aushalten könnte, erhebt sich zudem die Frage, welche Tierart derlei Gewicht tragen sollte. Zwergelefanten etwa, deren Skelette von den Paläontologen in *Ghar Dalam*, der »Höhle der Finsternis«, ausgegraben wurden? Dieser einst im gesamten nordafrikanischen Raum verbreiteten Tierart gesteht die Altertumsforschung gerne 260 000 bis 360 000 Jahre zu – und das ist locker das Hundertfache von dem, was sie den Doppelrillen zugesteht.
Es ist schon ein rechtes Kreuz mit dem Ast beziehungsweise mit der Astgabel. Und überhaupt hätten sich, zwischen den hypothetischen Kratzspuren der eisenharten Astgabeln auch noch die Trittspuren der geschundenen Zugtiere in den Kalkstein einkerben müssen. Ein Manko übrigens, unter dem auch alle vorerwähnten Erklärungsversuche leiden.
Und zu allem Unglück führen die »Geleise« auch noch unübersehbar an den Tempeln vorbei und an einigen Stellen sogar geradewegs ins Meer. Taucher sind ihnen gefolgt und haben sie noch in 42 Metern Tiefe nachgewiesen.[17]
Hier beginnt denn auch der nächste Teufelskreis. Entstanden die rätselbeladenen Rillen, *bevor* der Wasserspiegel des Mittelmeeres anstieg, dann sind sie um vieles älter, als man bislang vermutete. Von unbedeutenden Schwankungen abgesehen, hielt der mediterrane Wasserstand nämlich seit über 10 000 Jahren dieselbe Höhe – seit dem Ende der letzten Eiszeit, um genau zu sein. Wurden die Rillen aber gezogen, nachdem die Wasser stiegen, so kommt man nicht umhin, die Frage zu stellen: Welche unbekannte Kraft prägte die »cart ruts« in den Boden Maltas?
Was spielte sich vor unbekannten Zeiten auf diesem kärglichen Eiland ab?

… oder uralter Betonguss?

Während einiger Malta-Reisen stapfte ich immer wieder, sinnierend über den einen oder anderen »Erklärungsversuch«, durch die verschiedenen Areale, auf denen die mysteriösen Linien bis heute überdauert haben. Doch warum sollte es ausgerechnet mir besser ergehen als all jenen, die sich schon vor mir die Köpfe zerbrochen haben – auch ich bewegte mich mit meinen Überlegungen stetig im Kreis.

Bis zu jenem Tag im April 1999, als ich, gemeinsam mit einer Gruppe meiner Leser, ein umzäuntes Grundstück mit besonders schönen »cart ruts« mitten im Herzen der Stadt San Gwann unter die Lupe nehmen durfte. Einer meiner Mitreisenden machte mich bei dieser Gelegenheit auf eine Rille aufmerksam, bei deren Anblick klar werden *muss*, dass wirklich nicht irgendwie geartete Kratz-, Schleif- oder Karrenspuren als Erklärung in Frage kommen können.

In dieser Rille – ich habe sie auf S. 60 dieses Buches abgebildet – ist ein großes Stück jenes Materials »stehen geblieben«, aus dem der ganze Untergrund besteht und aus dem die Spuren herausgearbeitet sind. Es ist *kein* zufällig in die Rille gefallener Stein, sondern er ist völlig eins mit der Wandung – und dürfte in dieser Form gar nicht existieren, wären die »cart ruts« auf eine der vorerwähnten Arten ins Gestein eingekerbt worden. Das Ganze lässt sich eher mit einem Werkstück vergleichen, das gerade aus der Gussform genommen und nicht entgratet wurde. So wage ich hier, die Frage in den Raum zu stellen, ob es sich bei Maltas Rätsellinien nicht vielleicht um einen uralten, stark verwitterten *Betonguss* handelt.

Angesichts der anderen sich im Umlauf befindlichen Theorien erscheint mir der Gedanke an die Überreste eines einstigen Betongusses auch nicht abwegiger.

Während meiner wiederholten Studien vor Ort sind mir einige Funde aufgefallen, die meine Neugier erregten. Oftmals befinden sich in unmittelbarer Nähe zu den Doppelrillen aus dem felsigen

Boden geschnittene Höhlungen, die einem militärischen Unterstand ähnlich sehen. Einem kleinen Luftschutzbunker also. Im Falle einer dieser Vertiefungen bei den »Clapham Junctions« wurde mir erklärt, dass es sich um »phönizische Gräber« handeln würde, doch dafür will ich mich nicht verbürgen. Gräber wurden nämlich zu allen Zeiten so angelegt, dass die darin zu bestattenden Leichen in ihrer Totenruhe vor wilden Tieren oder plündernden Grabräubern geschützt waren. Und nicht offen daliegen wie jene Vertiefungen, aus denen sogar junge Feigenbäumchen herauswachsen – übrigens eine recht respektlose Vorstellung von Wert und Würde alter Grabstätten.

Weitaus faszinierender ist die Anlage eines dieser Unterstände, nur einige Fußbreit neben einer Doppelrille bei San Pawl Tat-Targa gelegen. Der Einstieg ist fünfeckig ausgeführt, und parallel zu einer der Seiten sind im Abstand von etwa einem halben Meter zwei absolut identische, kreisrunde Bohrungen im Fels. Das Ganze macht einen eindeutig technischen Eindruck: Man ist versucht zu spekulieren, dass in die Kernbohrungen einst dicke Stangen eingelassen waren, an denen das Scharnier gelagert war, das zum Öffnen und Schließen einer groß dimensionierten Abdeckplatte diente. Angesichts solcher Funde frage ich mich, welche triftigen Gründe die alten Malteser wohl gehabt haben mögen, sich in den schützenden Untergrund zu begeben. Oder waren es andere Individuen, die sich eine Zeit lang auf der Insel aufgehalten haben?

Keine Scheu vor kühnen Gedanken!

Das bringt mich ganz spontan auf eine verwegene Idee – denn es macht Spaß und reinigt das Gehirn, der Fantasie ab und zu freien Lauf zu lassen und ein Szenario zu kreieren, das ganz und gar nicht in unser herkömmliches Denken passt.

Nehmen wir an, viele Jahrtausende vor unserer Zeitrechnung hätte sich eine Gruppe aus dem Weltraum stammender Intelligenzen auf

Abb. 12: Wie bei einem nicht entgrateten Werkstück ist bei dieser Rille ein großes Stück des Untergrundmaterials stehen geblieben – der beste Beweis, dass Kratz- oder Schleifspuren nicht als Erklärung für die Entstehung der rätselhaften Rillen in Frage kommen können.

der kargen Felseninsel zwischen Sizilien und der nordafrikanischen Küste eingerichtet. Was genau ihre Aufgabe gewesen sein mag, das lässt sich heute natürlich nicht mehr rekonstruieren. Nehmen wir an, ihre Ziele hätten in einem Zusammenhang mit dem »Projekt Erde« gestanden.

Auf einer nivellierten Fläche – ob aus natürlich gewachsenem Fels oder vorbereitetem Betonguss, ist hier nur von zweitrangiger Bedeutung – prägten die Fremden mittels einer ihnen zur Verfügung stehenden Hochtechnologie seltsame, tiefe Doppelrillen in den Untergrund. Da wir auch über deren Sinn und Zweck allenfalls spekulieren können, nehmen wir der Einfachheit halber an, es seien Schächte für Stromkabel gewesen.

In nicht allzugroßer Höhe über dem Operationsgebiet schwebt eines der Landefahrzeuge der Außerirdischen. Einige Mitglieder der Truppe markieren auf dem Boden den geplanten Verlauf der Kabelführung. Nach einer Weile suchen sie die in den Fels geschnittenen Schutzräume auf. Der Projektleiter gibt von seinem etwas abseits stehenden Kommandostand, von dem aus dieser sowohl das Landungsschiff als auch die Situation am Boden überblickt, über Mobilfunk ein paar knappe Kommandos, dann begibt auch er sich in eine geschützte Position.

Im Inneren des schwebenden Flugobjekts heulen plötzlich Gene-

Abb. 13: Was hat es mit den bunkerähnlichen Höhlungen in der Nähe der »cart ruts« auf sich? Besonders auffällig sind hier die beiden kreisrunden Bohrungen im Fels. Das alles erweckt einen eindeutig technischen Eindruck!

ratoren auf, dann erhellt ein gleißender Blitz die gespenstische Szenerie. Als nach ein paar Augenblicken Entwarnung gegeben wird, verlassen Bodenmannschaft und Projektleiter den schützendes Unterstand, und erneut beginnen die Markierungsarbeiten. Ein weiteres Mal schneidet der Laser seltsame Rillen in den harten Untergrund.

Nachdem alle Schächte wie geplant angelegt sind, wird damit begonnen, die hierfür vorgesehenen Stromleitungen zu verlegen. Exakt nach vorgegebenem »Schaltplan« werden kilometerweise Kabel verlegt und die Anlage installiert. Zum Schluss werden alle fertig bestückten Führungsschächte ausgeschäumt, um das Gebiet wieder begehbar zu machen. Möglicherweise will man auch tarnen, was man da geschaffen hat, es darf aus der Luft nichts auf die Existenz der Einrichtung hindeuten.

Auch über den Einsatzzweck der Anlage lässt sich hier nur spekulieren. Handelte es sich, in ihrer Ausdehnung über die gesamte Insel, um eine Art von gigantischer Antenne? Oder installierten Außerirdische eine automatisch arbeitende Relaisstation, welche die Navigation und Einweisung einfliegender Objekte koordinieren sollte? Eine Art Instrumenten-Landesystem (ILS), wie dies in der heutigen Flieger-Terminologie bezeichnet wird.

Zugegeben: Der hier angebotene Denkanstoß – mehr soll es im Moment auch nicht sein – klingt in höchstem Maße fantastisch, Genaues wissen wir nicht. Und um die stummen Zeugen einer unfassbaren Vergangenheit, nur zwei Flugstunden von uns entfernt, endlich enträtseln zu können, liegt noch viel Forschungsarbeit vor uns, für deren Durchführung Scheuklappen jeglicher Art abzulegen sind.

Möglicherweise wird sich dieser Denkanstoß eines Tages auch als falsch erweisen. Aber solange auch die anderen Erklärungsversuche so gravierende Schwachpunkte, Unstimmigkeiten und offensichtliche Unmöglichkeiten aufweisen, solange die Artefakte Malta zu einer »Insel der 1000 Rätsel« machen, halte ich es für durchaus legitim, auch einmal etwas gewagter zu spekulieren. Malta als ein-

stiges Basislager, als technischer Stützpunkt der »Astronautengötter« der Vorzeit?
Eine fantastische Vorstellung. Aber warum eigentlich nicht?

»Vogelmännchen mit Antenne«

Hinweise auf eine Vergangenheit, die wahrscheinlich fantastischer verlaufen ist als es uns die Schulweisheit lehrt, finden wir massenhaft – und brauchen uns häufig nicht einmal sehr weit aus unseren heimischen Gefilden entfernen.
Nicht allzu weit von meinem Domizil, und zwar einige Kilometer außerhalb von Salzburg, trennt der von der jungen Salzach durchtoste Pass Lueg das Hagengebirge vom Tennengebirge. Im Hagengebirge entdeckte bereits 1976 eine vom österreichischen Höhlenverband organisierte Expedition eine große Anzahl von Fels- und Höhlenmalereien aus zum Teil prähistorischer Zeit. Und auch hier fanden sich ungewöhnliche Zeichnungen – Gestalten mit Gebilden auf dem Kopf, die man mit Helmen, Antennen und ähnlichen eindeutig technisch anmutenden Accessoires vergleichen könnte. Die Presse vermerkte seinerzeit: »Lebhafte Diskussionen hat unter den Forschern das Bild eines Männchen in vogelartiger Verkleidung und einer Art Antenne am Kopf ausgelöst.«[21]
Anfang September 1999 befand ich mich mit einem Fernsehteam eines österreichischen Senders vor Ort. Bepackt mit Kamera und kompletter Ausrüstung ging es über ebenso steile wie rutschige Stiege – 100 Meter unter uns tobte eine vom Hochwasser entfesselte Salzach – zu einigen Stellen, an denen die Zeichnungen allmählich verwittern. Immerhin ist man seit einigen Jahren bemüht, Latexabdrücke von den Petroglyphen abzunehmen, die man im Burgmuseum des zu Füßen des Passes Lueg gelegenen Ortes Golling besichtigen kann.
Der für dieses Museum zuständige Kustos, Regierungsrat Dr. Erich Urbanek, war bei den Dreharbeiten vor Ort dabei. Als der Fern-

sehbeitrag dann im Oktober 1999 gesendet wurde, freute ich mich ganz besonders über Dr. Urbaneks spontane Antwort auf die ihm gestellte Frage, ob er denn meinen Theorien über mögliche Besucher außerirdischer Intelligenzen Glaubwürdigkeit abgewinnen könne: »Das ist durchaus möglich. Auch ich glaube an Leben auf anderen Sternen.«

Nur wer die Vergangenheit versteht, hat eine Chance, die Zukunft zu meistern.

Abb. 14: Felszeichnung aus dem Hagengebirge (Latex-Abdruck) mit antennenähnlichen Auswüchsen am Kopf.

3 Hightech-Mediziner am Werk

Steinzeitliche Präzisions-Chirurgie

Nicht viele unter uns sind über unbequeme Fakten aus längst vergangenen Zeiten informiert, die von der offiziellen Wissenschaft in aller Regel nicht gern erwähnt werden. Denn sie lassen sich – selbst mit viel Nachsicht und noch mehr gutem Willen – nicht mit dem »gesicherten« Wissen in Einklang bringen, welches wir von unserer Vergangenheit zu besitzen glauben.

Und noch weitaus weniger mit jenen Erkenntnissen, die wir von den medizinischen Kenntnissen unserer Vorfahren haben. Unbequeme Fakten sind es darum, weil sie beständig am Fundament unseres alten Weltbildes rütteln. Einige davon sind allenfalls mit medizinischem Know-how unserer Tage zu erklären.

Die Rede ist von spektakulären ärztlichen Wunderleistungen, die vor Jahrtausenden erbracht wurden und dabei unbestreitbar den Eindruck erwecken, als habe einer unserer heutigen Chirurgen dabei das Skalpell geführt. Da gibt es Anzeichen ausgefeilter Präzisions-Chirurgie aus einer Epoche, da unsere Vorfahren sich nach landläufiger Schulweisheit bestenfalls mit dem Faustkeil die Schädel hätten einschlagen können. Das haben sie weiland vielleicht auch zur Genüge praktiziert. Aber offensichtlich gab es – *und genau das* ist das Verrückte an der Sache! – ein paar Spezialisten, welche die eingeschlagenen Schädel wieder in Ordnung bringen konnten. Und auch sonst noch ein paar gute Tricks in Sachen Medizin parat gehabt haben.

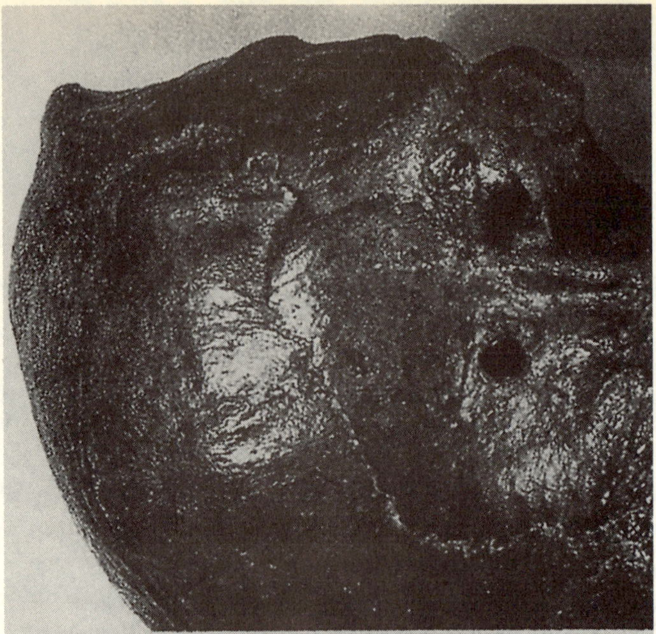

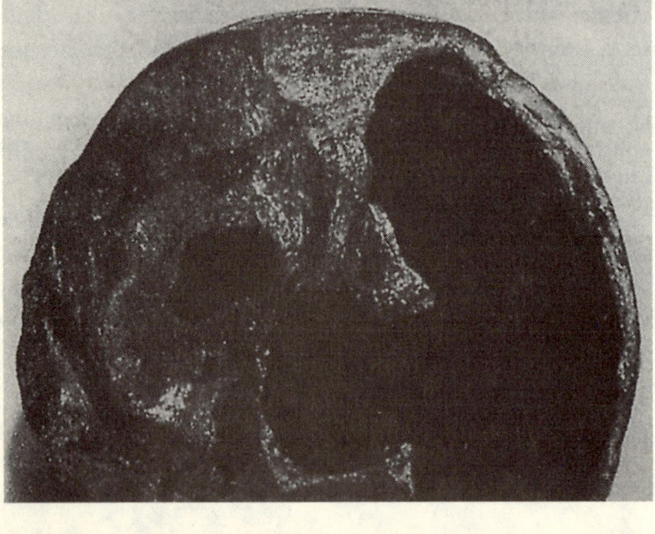

Ob damalige wie heutige ärztliche Kunst dem nachfolgend beschriebenen Opfer auch geholfen hätten, wage ich allerdings zu bezweifeln. Im Naturgeschichtlichen Museum von London befindet sich der Schädel eines Neandertalers, der im Jahr 1921 bei Broken Hill im früheren Rhodesien (dem heutigen Simbabwe) ausgegraben wurde. Besagter Schädel weist auf der linken Seite ein glattes, rundes Loch auf, dessen Konturen auffällig gleichmäßig und scharf abgegrenzt sind. Diesem Loch direkt gegenüber ist der Schädel regelrecht zerschmettert, dort klafft eine ungleich größere Lücke im Knochen.

Das Ganze sieht wirklich nicht wie eine Verletzung aus, die von einem Speer oder einem Pfeil herrühren könnte. Für denselben Effekt – ein scharf umrissener Eintritt in Verbindung mit einer deutlich größeren Austrittsöffnung – gibt es meines Wissens nur *eine* zufrieden stellende Erklärung: ein Hochgeschwindigkeits-Projektil, wie es heute einzig von einer modernen Feuerwaffe verschossen wird! Allein dieses wäre im Stande, Verletzungen solcher Art hervorzubringen. Bei ihrem Eintritt hinterlässt die Kugel ein Loch im Knochen, das recht genau ihrem Kaliber entspricht. Hierbei verliert sie jedoch einen Großteil ihrer kinetischen Energie. Beim Auftreffen auf die gegenüber liegende Schädelpartie pilzt sie auf und reißt ein Loch von der mehrfachen Größe der Einschussöffnung.

Ein Berliner Gerichtsmediziner äußerte zu diesem Fall seine Überzeugung, dass die beiden eigenartigen und ohne Zweifel miteinander in Zusammenhang stehenden Öffnungen genauso aussehen wie typische Schussverletzungen, mit denen er und seine Kollegen nicht selten zu tun haben. Der Haken an der Sache ist allerdings der Fundort des Schädels: Die rätselhaften Überreste wurden in einer

Abb. 15: Neandertaler-Schädel mit Schussverletzungen: oben der dem Kaliber entsprechende Einschuss, im unteren Bildteil das viel größere Austrittsloch.

Tiefe von 18 Metern entdeckt. Und da der Schädel der Rasse der Neandertaler zugerechnet wird, kann es sich kaum um ein zeitgenössisches Opfer handeln, dessen sterbliche Reste – um beispielsweise ein Verbrechen zu vertuschen – tief in der Erde vergraben wurden.[22]
Wer kommt jedoch dann als Verursacher einer Schussverletzung bei einem Steinzeitmenschen in Frage?
Lässt dieser Schädelfund schon vermuten, dass die beschriebenen Verletzungen mit weit moderneren Waffen als den damals gebräuchlichen zugefügt wurden, lassen andere Artefakte noch ungleich fantastischere Rückschlüsse zu. Da geht es um medizinische Eingriffe, die zu damaligen Zeiten kaum durchführbar, ja eigentlich völlig undenkbar gewesen sind. Jedenfalls, wenn wir von unserem bislang gültigen Weltbild ausgehen.

Loch im Kopf

An zahlreichen steinzeitlichen Fundorten menschlicher Überreste konnten Prähistoriker rund um die Welt immer wieder dieselbe verblüffende Feststellung machen: Da wurde ohne Zweifel wiederholt am offenen Schädel operiert. Und in den meisten Fällen verliefen diese so genannten *Trepanationen* auch erfolgreich, wie die Spuren von Heilungsprozessen an den Knochenrändern unwiderlegbar beweisen. Die Patienten mussten die Eingriffe um etliche Jahre überlebt haben, denn an den Rändern bildete sich neue Knochensubstanz.
Äußerst rätselhaft und in der Geschichte der Chirurgie einmalig ist, wie jeder Mediziner bestätigen kann, dass einer der ältesten am Menschen vorgenommenen operativen Eingriffe, nämlich die Schädelöffnung, zugleich auch einer der kompliziertesten ist.[23]
Aber was ist mit der allgemein gültigen Vorstellung, dass sich komplexere Dinge stets aus einfacheren entwickeln, wo hier gleich mit einer der schwierigsten Operationstechniken begonnen wurde? Da

stimmt irgendetwas nicht, und ich bin sicher, dass wir, um zu einer Lösung dieses Rätsels vorzudringen, die ausgetretenen Pfade unseres Denkens verlassen müssen.

Unser Wissen um diese unerklärlichen Indizien chirurgischer Technik der Frühgeschichte ist erst etwas mehr als ein Jahrhundert alt. Im Jahre 1873 fand der französische Landarzt Prunières im Tal der Lozère im gleichnamigen südfranzösischen Département ein Dutzend angebohrter Schädel aus der Steinzeit. Als er seine Funde ein Jahr später der französischen Gelehrtenvereinigung »Association française pour l'avancement des sciences« in Lille vorlegte, reagierten die damit konfrontierten Wissenschaftler mit Überraschung und Ungläubigkeit.

Da solche Entdeckungen nicht einmal mit reichlich gutem Willen in das klassische Bild unserer Vorzeit passen mochten, beruhigte sich die Fachwelt aufs Erste mit der Annahme, dass jene Trepanationen nicht aus therapeutischen Gründen am lebendigen Menschen durchgeführt worden waren. Sondern erst nach dem Tod zu »magischen« oder zu »kultischen« Zwecken.

Die bei genauerer Untersuchung gemachte Feststellung, dass bei der Mehrzahl der gefundenen Schädel eine deutlich erkennbare Knochenneubildung erfolgt war, warf diese »Kult-Hypothese« schnell wieder über den Haufen.

Am häufigsten trepanierte man das Scheitelbein. Das hierbei eröffnete Loch bildete meist eine Ellipse, manchmal auch einen mehr oder weniger regelmäßigen Kreis. Die Öffnungen messen im Durchschnitt 4 mal 4 Zentimeter (mit Abweichungen nach oben oder unten), seltener sind größere Durchbrüche. Diesen Operationen gingen nicht selten Frakturen mit nachfolgendem Bluterguss voraus, der auf das Gehirn drückte und daher vom Chirurgen umgehend beseitigt werden musste. Aber auch zur Entfernung von Geschwülsten wurde trepaniert.

Die Archäologen datieren die ersten Schädelöffnungen recht vorsichtig in die ausgehende Altsteinzeit, vor etwa 10 000 Jahren. Die Werkzeuge, die damals zum Einsatz kamen, müssen präzise angefertigte Messer, Bohrer und Sägen gewesen sein, die den Operateuren ein sehr routiniertes Öffnen der Schädeldecke ermöglichten. Ein in der 12 000 Jahre alten Nekropole von Taforalt gefundener Schädel gilt im Moment als ältestes Beispiel prähistorischer Gehirnchirurgie. Das Fundstück zeigt alle Merkmale einer gelungenen Operation, die der Patient auf längere Sicht überlebt hat. Die äußerst sauber und exakt ausgeschnittenen Knochenränder vernarbten ohne sichtbare Anzeichen von Komplikationen. Ohne Zweifel war der Chirurg ein vollkommener Meister seines Faches. Neuere Funde legen sogar den Schluss nahe, dass die Steinzeitmenschen – wenn *sie* es überhaupt waren! – exzellente Instrumente besaßen, deren Schnitt oft besser war als jene der metallenen Klingen heutiger Skalpelle.

Abb. 16: Dieser steinzeitliche Patient hat den gefährlichen Eingriff der Trepanation überlebt, denn an den Wundrändern erfolgte eine Neubildung der Knochensubstanz.

Ich gebe zu, dass ich hiermit so meine Schwierigkeiten habe. Mir will die Vorstellung einfach nicht in den Kopf, dass da ein paar grunzende, lendenbeschurzte Steinzeitler mit Klingen aus Feuerstein oder Obsidian um einen ihrer Gefährten herumsitzen, um an ihm eine der kompliziertesten Operationen vorzunehmen, die Chirurgen unserer Tage ausführen. Was diese Eingriffe so ungeheuer diffizil macht, ist die Notwendigkeit, dabei auf keinen Fall die Hirnhaut zu verletzen. Sie stellt die wichtigste Infektionsbarriere für das menschliche Gehirn dar.

In seiner Doktorarbeit analysierte der deutsche Arzt Dr. Peter Hein die Häufigkeit und die Verbreitung der Trepanation in der Vor- und Frühgeschichte Europas. Dabei untersuchte er 334 Schädel und kam zu dem verblüffenden Ergebnis, dass mindestens 73 Prozent dieser vorgeschichtlichen Gehirnpatienten den komplizierten Eingriff überlebt hatten.[24]

Es mag ja sein, dass ein paar dieser Operationen von Eingeborenen vorgenommen worden sein mögen, die von *irgendjemand* auf diese Technik angelernt wurden. Im afrikanischen Busch werden noch heute vereinzelt – ich komme später noch genauer darauf zurück – Schädelöffnungen vorgenommen. Mit einfachsten Instrumenten und ohne die Anforderungen, die ein moderner Operationsbetrieb an Sterilität, Anästhesie und vor allem an eine klinisch notwendige Nachbehandlung stellt. Für unsere Vorstellungen ärztlicher Versorgung schlicht undenkbar!

Aber *wer* um alles in der Welt führte vor Tausenden von Jahren, bei den exaktesten Trepanationen, das Skalpell?

Perfekte Unfallchirurgie

Wiederholt habe ich in meinen vorangegangenen Büchern die Vermutung geäußert, es könnte sich bei diversen fortgeschrittenen, für die damaligen Zeiten ungewöhnlichen medizinischen und chirurgischen Kenntnissen und Fertigkeiten sozusagen um das Knowhow außerirdischer Besucher handeln. Im Falle des alten Reichs der Mitte habe ich dies ausführlich am Beispiel der Akupunktur dargestellt, die zu erklären die moderne westliche Medizin noch immer außer Stande ist.[8] Oder anhand der fantastischen Grabfunde von Ma Wang Dui. Dort sind mehr als 2200 Jahre alte Bücher über die Heilkunst zum Vorschein gekommen, die unser Wissen um die Medizin und Operationstechniken im alten China völlig revolutionieren.[2]

Ist es also denkbar, dass unsere außerirdischen Besucher und Lehrmeister nicht nur selbst Zeugnisse ihrer hoch entwickelten Chirurgie hinterließen, sondern gleichfalls einige bevorzugte Individuen darin unterwiesen? Weil »sie« um die »Unfallhäufigkeit« jener aggressiven, keulenschwingenden Spezies wussten, kamen sie nicht umhin, einigen verständigeren Exemplaren probate medizinische Kenntnisse an die Hand zu geben.

Wie könnte es denn, bitte schön, sonst gewesen sein? Da haben wir – plötzlich und in zahlreichen Frühkulturen gleichzeitig – komplizierte chirurgische Eingriffe *en masse*, aber keine »Versuchskaninchen«, an denen man vorher hätte üben und seine Fertigkeiten perfektionieren können! Plötzlich, etwa um 10 000 v. Chr., war nach vorwiegend übereinstimmender Datierung durch die Altertumsforschung praktisch ohne Vorankündigung das notwendige Know-how vollständig vorhanden.

Und letztlich sollten sich die Menschen als gelehrige Schüler erweisen, denn in der Jungsteinzeit, die etwa von 8000–2000 v. Chr. angesetzt wird, erfuhr die Schädelchirurgie einen ungeheuren Fortschritt.

In der Nähe des Sevan-Sees in Armenien wurden Skelette der Churriter gefunden; dies war ein Volk, das um das zweite vorchristliche Jahrtausend dort lebte. Ein weiblicher Schädel hatte ein durch eine äußere Verletzung entstandenes Loch, welches ungefähr 6 Millimeter im Durchmesser maß. Chirurgen führten ein kleines Implantat aus Tierknochen ein, das sie an dieser Stelle fixierten. Die ungewöhnliche Operation rettete der Frau ganz offensichtlich das Leben, und das knöcherne Implantat wuchs sogar einige Millimeter in den Schädel hinein. An einem anderen Churriter-Schädel diagnostizierte man eine großflächige Wunde, die durch einen stumpfen Schlag auf den Kopf verursacht worden war. Die unbe-

kannten Operateure hatten einen Teil der zertrümmerten Schädeldecke rund um die Verletzung herausgemeißelt, um die Knochensplitter aus dem Gehirn zu entfernen. Auch dieser Patient überlebte den Eingriff, wie sich anhand der Knochenneubildung einwandfrei feststellen ließ.[22]
Der armenische Archäologe Professor Andronik Jagharian sah sich durch Funde wie die eben beschriebenen zu der Behauptung veranlasst, dass die damaligen Ärzte unseren heutigen Chirurgen zumindest *technisch* überlegen gewesen sein müssen!

Das lebendige Erbe der Götter

Ich deutete es bereits an: Im afrikanischen Urwald, genauer gesagt im Hochland Westkenias, sind diese medizinischen Kenntnisse noch heute lebendig, werden noch immer Schädelöffnungen vorgenommen. Bei dem dort ansässigen Stamm der *Kisii* genießt der *Omobari Omotwe,* der Kopfchirurg, nach wir vor hohes Ansehen. Und das, obwohl seine Operationsmethoden von Staats wegen streng untersagt worden sind.
Seine Fertigkeiten übernimmt der Omobari Omotwe zumeist von seinem Vater, der den Heranwachsenden in seine Geheimnisse einführt und ihn zu seinem Nachfolger macht. Jeder Kopfchirurg hat sein Wissen vom Vater oder dem nächsten männlichen Verwandten übernommen. Wie weit diese Stafette ins Grau der Zeiten zurückreicht, lässt sich nicht mehr verfolgen. Es muss jedoch eine sehr, sehr lange Zeit sein …
Sensationelle Bilder und Berichte brachte 1991 ein Fernsehteam des Zweiten Deutschen Fernsehens (ZDF) aus dieser Gegend Afrikas mit, in der das Erbe der Götter noch sehr lebendig ist. Es erwies sich als alles andere denn ungefährlich, in besagter Region, die immer wieder Schauplatz von Stammesfehden zwischen verschiedenen Volksgruppen ist, auf die Suche nach einem heute noch tätigen Buschchirurgen zu gehen. Der zudem auch noch bereit war, sich bei

seiner blutigen Arbeit über die Schulter sehen zu lassen. Und natürlich verging noch eine ganze Weile, bis ein geeigneter Patient für solch eine spektakuläre Operation gefunden werden konnte.
Am Morgen des 13. Juni 1991 war es dann endlich so weit. Die 28-jährige Pauline Onkundi war zwei Nächte zuvor von Viehdieben überfallen und dabei mit einer *Panga* (einer Art Sichel, welche als Werkzeug und Waffe zugleich dient) am Kopf verwundet worden. Seit diesem Angriff litt sie unter schweren Kopfschmerzen, fühlte sich ständig benommen, immer einer Ohnmacht nahe. Geduldig saß sie auf einer Bastmatte vor der Hütte des Operateurs, während um sie herum die notwendigen Vorbereitungen für den nicht alltäglichen Eingriff abliefen.
Der Sohn des Buschchirurgen assistierte dem Vater und sammelte vorneweg Pflanzen zur Wundbehandlung. Es waren Omoyaboya-Blätter, die wundreinigend wirken und deren behaarte Unterseite als Tupfer dienen, sowie Riraramgera-Blätter, die eine Blut stillende Wirkung besitzen. Danach schliff er einige selbst gefertigte, an der Spitze leicht gebogene Messer auf einem großen Stein und wusch sie im trüben Wasser eines nahe gelegenen, abgestandenen Tümpels ab. Zusammen mit einer nicht gerade neuen Rasierklinge, einer Metallfeile und einem kleinen Meißel legte er diese horrible Kollektion auf einem Bananenblatt bereit. Vollkommen unglaublich, dass mit diesem angerosteten Sammelsurium einem lebenden Menschen des 20. Jahrhunderts der Schädel geöffnet werden sollte!
Währenddessen wartete die Patientin gelassen und äußerlich völlig ruhig auf ihrer Bastmatte. Ihr wurden weder Drogen noch Alkohol verabreicht, sie sollte wohlweislich bei vollem Bewusstsein bleiben. Dann kam der Kopfchirurg, der *Omobari Omotwe,* aus seiner Hütte.
Der ganze, nun folgende Eingriff spielte sich im Freien, unter den Augen aller Dorfbewohner ab.
Mit einem Messer schnitt er in die klaffende Kopfwunde, bis er auf den blanken Knochen stieß, und erweiterte sie in Längsrichtung nach beiden Seiten. Das hervorquellende Blut tupfte sein Sohn im-

mer wieder mit den Omoyaboya-Blättern ab. Mit seinen Fingern versuchte der Chirurg, den freiliegenden Schädelknochen nach der vermuteten Fraktur abzutasten. Leise stöhnte die Frau, ließ sich aber sonst keinen Schmerz anmerken. Als er keine Anzeichen für einen Bruch fand, konnte er die Operation nach ungefähr einer Stunde beenden. Glück gehabt: Die ganze Aktion konnte auf einen diagnostischen Eingriff beschränkt werden. Im Schädelinneren lag keine größere Verletzung vor, und der Knochen musste weder eingeschabt noch aufgesägt oder gar ein Stück vom Schädeldach entfernt werden.

Ein letztes Mal reinigte der *Omobari Omotwe* die Wunde, tupfte das Blut ab und band schließlich ein Leinentuch über die frische Wunde. Dann konnte die Patienten, die sich die ganze Zeit nicht bewegt hatte, aufstehen, und wurde in ihre Hütte geführt.[25]

Zehn Jahre zuvor, 1981, hatte der deutsche Arzt Dr. Rolf Meschig eine beinahe identische, ebenfalls diagnostische Trepanation bei einer jungen Frau dokumentiert. Zu jener Zeit war die Schwiegertochter des Operateurs von Viehdieben überfallen worden. Die damals 25-jährige Frau hatte sich nach dem Eingriff schnell erholt und fühlte sich bereits am zweiten Tag danach schmerzfrei.[26]

Anatomie eines Rätsels

Kehren wir zurück zu den schier unglaublichen Schädeloperationen in der Frühgeschichte der Menschheit. Ein richtig gehendes »Zentrum« für diese Eingriffe befand sich auf dem südamerikanischen Kontinent. So hat man aus altperuanischen Gräbern eine fast unübersehbare Anzahl trepanierter Schädel, darüber hinaus aber auch chirurgische Instrumente geborgen. Ein ganzes Arsenal kam dort ans Licht des Tages: Obsidianklingen, die einen präziseren Schnitt erlauben als so manches heutige Skalpell, Schabeinstrumente mit halbrunder Klinge, Stichel, Nadeln sowie Klammern zum Fixieren der Wundränder.

Anhand solcher Funde lässt sich der operative Ablauf der geradezu »in Serie« betriebenen Schädelöffnungen genau nachvollziehen. Sehr schnell zeigt sich, dass damals perfekte Chirurgie betrieben wurde. Eine der angewandten Methoden war der so genannte *Überkreuzungsschnitt*, der sowohl dreieckig, rechteckig wie auch quadratisch durchgeführt wurde (siehe auch Abb. 17). Die Ärzte wandten aber auch, besonders bei eingedrückten Frakturen, den *Bogenschnitt* an. Diese Operationsart wird charakterisiert durch das Ineinandergreifenlassen kurzer Bogenlinien, bis sich nach der Durchtrennung der *Lamina externa*, dem äußeren Blatt des Schädeldaches, eine sichere Schiene für das Trepanationsinstrument ergab. Wenn dann auch noch die *Diploe*, die zwischen den beiden Tafeln des Schädeldaches liegende schwammige Knochensubstanz, durchschnitten war, folgte das Aufbrechen des umschnittenen Schädelfragments und das Glätten der Knochenränder zu einem schrägen Abfall.

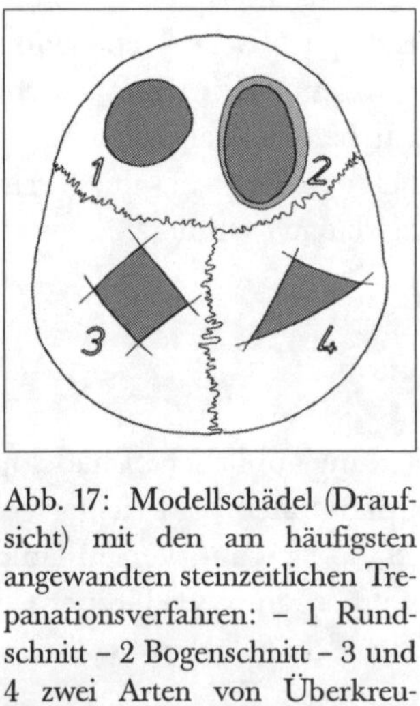

Abb. 17: Modellschädel (Draufsicht) mit den am häufigsten angewandten steinzeitlichen Trepanationsverfahren: – 1 Rundschnitt – 2 Bogenschnitt – 3 und 4 zwei Arten von Überkreuzungsschnitten. In einem trepanierten Schädel fanden sich sogar feine Metallfäden: Implantate in einem steinzeitlichen Entführungsopfer?

Im Jahre 1925 fand der peruanische Archäologe Julio Tello auf der Wüstenhalbinsel Paracas, etwa 250 Kilometer südlich von Lima gelegen, eine große Anzahl auf diese Weise geöffneter Schädel. Unter 400 Fällen konnte man mindestens von 25 sicheren Heilungen ausgehen. An manchen Schädeln konnten bis zu sieben (!) Operationen nachgewiesen werden, davon waren fünf vollständig ausgeheilte Eingriffe nicht selten. Was ei-

gentlich nur *für* den außergewöhnlich hohen Stand des medizinischen Wissens und der angewandten Technik spricht.[27]
Dasselbe dürfte ebenso uneingeschränkt auch für das verwendete Instrumentarium gelten. 1963 führte der peruanische Chirurg Dr. Francisco Grana eine komplizierte Schädeloperation an einem Unfallverletzten aus. Hierbei verwendete er jene vorgeschichtlichen Trepanationsinstrumente, wie sie in seinem Land aufgefunden worden waren. Sie bestanden aus einer Gold-Silber-Legierung und wurden auf ein Alter von mindestens 3000 Jahren datiert. Die Operation glückte, und es kam zu einer völligen Heilung des Patienten.[28]

Beängstigende Parallele: Implantate aus uralter Zeit

Das alte Peru hat in dieser Hinsicht noch weitere, sensationelle Funde zu bieten. Im Jahre 1863 fand der amerikanische Diplomat E. G. Squier in Cuzco, der alten Inka-Hauptstadt im Hochland der Anden, einen menschlichen Schädel, dessen Alter mit etwa 4000 Jahren angegeben wurde. Aus der Schädelplatte war zu Lebzeiten ein rechteckiges Knochenstück operativ entfernt worden.
Squier gab diesen Schädel dem französischen Anthropologen Paul Broca (1824–1880), der dafür bekannt wurde, dass er als Erster das Sprachvermögen in einer Windung des Vorderhirnes lokalisierte. Diese Stelle wird nach ihm *Brocasche Windung* genannt. Der Anthropologe fand in dem hohlen Schädel neben den Anzeichen einer Knocheninfektion, die der Hauptgrund für jenen chirurgischen Eingriff gewesen sein mag, auch noch sechs haarfeine Drähte![29]
Und hier wird es äußerst unheimlich! Denn der Fund erinnert auf beängstigende Weise an das in unseren Tagen immer mehr um sich greifende *Entführungs-Syndrom* (»Abductions«). In diesem Zusammenhang wird auch von behandelnden Ärzten immer häufiger von

nachweisbaren Implantaten gesprochen, die den Opfern jener unheimlichen Begegnungen der vierten Art im Verlauf einer Operation eingepflanzt worden sein sollen. Protagonisten dieser angsterregenden Vorgänge sollen in den meisten der Fälle kleine, graue Entitäten sein, die mit dem UFO- und Entführungsphänomenen in Verbindung gebracht werden. In seinen Büchern zu diesem Thema schildert der leider viel zu früh verstorbene Wissenschaftler Dr. Johannes Fiebag zahlreiche Fälle, in denen den Entführten unter großen Schmerzen durch die Nase haarfeine, sondenähnliche Implantate eingeführt wurden.[30, 31]

Einer der Betroffenen fasste sein traumatisches Erlebnis in folgende Worte: »Meine früheste Erinnerung in meinem Leben ist auch gleichzeitig meine erste Angst. Ich muss ein oder zwei Jahre alt gewesen sein (...). Ich nehme an, dass ich im Bett meiner Mutter gelegen habe, und ich war allein. Ich spürte, wie etwas in meine Nase eindrang. Es ging irgendwie immer höher, und ich hatte große Angst.«[31]

UFO-Entführungen und Experimente damals wie heute? Das Phänomen lässt eine unglaubliche Kontinuität durch all die Jahrtausende erkennen!

Auch der amerikanische Professor John E. Mack, Inhaber eines Lehrstuhls an der renommierten Harvard University, untersucht in seinem Aufsehen erregenden Werk »Entführt von Außerirdischen« eine große Anzahl ähnlich gearteter Fälle. Bei Mack setzte buchstäblich ein Sinneswandel ein. Denn als ihm in den Achtzigerjahren erstmals von den Erfahrungen der »Abductees«, wie man die Entführungsopfer im angloamerikanischen Sprachgebrauch bezeichnet, nähere Details zugänglich wurden, war sein erster Gedanke, dass er es mit Halluzinationen, pathologischen Lügnern und verdrängten traumatischen Erlebnissen im sexuellen Bereich zu tun hatte. Zu bizarr, zu unglaublich erschienen ihm die Berichte. Doch je mehr er sich in diese erregende Materie hineinarbeitete, umso mehr wuchs auch in ihm die Überzeugung, es mit einem gleichsam realen wie albtraumhaften Phänomen zu tun zu haben. Was ihm

nicht unbedingt die Sympathie seiner Professorenkollegen in Amerikas weithin renommierter Kaderschule einbrachte.[32]
Nicht nur in den Vereinigten Staaten sollen inzwischen eine Reihe von Röntgenaufnahmen existieren, auf denen solche Implantate zu erkennen sind. Da es sich jedoch in den einzelnen Fällen um absolut heikle, in den intimsten Persönlichkeitsbereich hineinreichende Aspekte handelt, ist hier äußerstes Fingerspitzengefühl gefordert. Die in jeder Hinsicht zur Geltung kommende ärztliche Schweigepflicht tut hier ein Übriges, und es wird mit Sicherheit noch etwas Zeit vergehen, bis genauere Informationen – und vielleicht sogar die entsprechenden *Corpora Delicti* – der allgemeinen Forschung zugänglich sind.
Welches schreckliche Geheimnis hat der Steinzeitmensch, in dessen Schädel die haarfeinen Drähte entdeckt wurden, mit in sein Grab genommen?
Kehren wir zum Schluss also noch einmal zu den unglaublichen Leistungen »steinzeitlicher« Präzisions-Chirurgie zurück. Oder was wir bisher für die Leistungen unserer prähistorischen Vorfahren gehalten, mangels Deckung mit unserem Weltbild jedoch lieber verdrängt haben.

Herzverpflanzungen vor 50 000 Jahren?

So spektakulär die bis hier genannten Fakten rund um das Thema vorzeitliche Chirurgie auch sind, es kommt noch fantastischer!
In der Geschichte der modernen Medizin gilt der südafrikanische Herzchirurg Dr. Christian Barnaard als erster Arzt, der einem Patienten das Herz eines anderen Menschen einpflanzte. Dieser Meilenstein der Chirurgie gelang dem Mediziner 1967 im »Groote-Schuur-Hospital« in Kapstadt.
Dem damals 51-jährigen Louis Washkansky wurde in einer Mammutoperation das Herz eines Unfallopfers eingesetzt. Der Patient überlebte den bahnbrechenden Eingriff gerade einmal um knappe

zwei Wochen, dann setzte eine verhängnisvolle Immunreaktion seines geschwächten Körpers allen Hoffnungen ein Ende: Das Spenderherz wurde als körperfremdes Gewebe abgestoßen.
Heute werden den Transplantationspatienten starke Präparate verabreicht, die den Nachteil einer Schwächung des Immunsystems in sich bergen.
Zwei Jahre später unternahm der sowjetische Professor Leonidow Marmadschaidschan von der Universität Aschchabad (der Hauptstadt der heutigen Republik Turkmenistan) gemeinsam mit Kollegen der Universität Leningrad eine Forschungsreise in den zur damaligen UdSSR gehörenden Teil Zentralasiens. In einer Höhle fanden sie einen Bestattungsort aus der Frühgeschichte der Menschheit. Aus einem Massengrab förderten die Expeditionsteilnehmer 30 vollkommen erhaltene Skelette zu Tage.
Nach der Rückkehr an die Universität Aschchabad wurden die menschlichen Überreste einer Datierung nach der *Radio-Karbon-Methode* (C14-Methode) unterzogen, welche ein Mindestalter von 20 000 Jahren ergab. Später durchgeführte, genauere Messungen kamen zu dem Ergebnis, dass die Skelette sogar bis zu 100 000 Jahre alt sein können. Neben dem hohen Alter gab es noch weitere, rätselhafte Fakten, die den Wissenschaftlern eine harte Nuss zu knacken gaben. Acht der in den Höhlen gefundenen Skelette wiesen Spuren von starken Knochenverletzungen auf, die von Kämpfen mit Raubtieren herzurühren schienen. Einige Knochen trugen Spuren von Krallen, andere wiederum zeigten deutliche Anzeichen von tiefen, gewaltigen Bissen.
Einige wenige Skelette aber ließen merkwürdige Operationsspuren am Brustkorb erkennen. Und an einem wiederum musste eine Resektion mehrerer Rippenpartien stattgefunden haben, was nur einen schockierenden Schluss zulässt: dass durch jenen Einschnitt in den *Thorax* das Herz für einen chirurgischen Eingriff freigelegt worden war!
Auf der linken Brustseite waren die Rippen genau in Höhe des Herzens mit einem scharfen Instrument sauber durchschnitten und

entfernt worden. Die genaue Untersuchung der Operationsfläche hat zur Erkenntnis geführt, dass nach Resektion der Rippen ein Einschnitt vorgenommen worden war, der später noch erweitert wurde, um Platz für die eigentliche Operation am offenen Herzen zu schaffen.

Ich habe Verständnis für jeden, der nun – weil ihm das Ganze zu fantastisch, zu unglaublich klingt – der festen Meinung ist, es habe sich bei alledem um Menschenopfer gehandelt, wie es sie in der langen Geschichte der Menschheit sicher unzählige Male gegeben hat. So fand man in den Königsgräbern von Ur in Mesopotamien (im heutigen Irak) die Leichen zahlreicher Diener, die geopfert wurden, als der jeweilige Herrscher starb. Und in den meisten amerikanischen Hochkulturen waren Menschenopfer gang und gäbe – am ausgeprägtesten bei den Azteken, die Tausende zu Ehren ihrer Götter dahinschlachteten.

Aber ich fürchte, dass es in diesem Fall nicht so einfach abgehen wird. Denn an der Einschnittsöffnung hatte sich neue Knochensubstanz gebildet. Nach deren Dicke zu urteilen, ist der Patient nach dem Eingriff genesen und hat noch mindestens drei bis fünf Jahre gelebt.[33] Dies ist – und da wird mir mit Sicherheit niemand widersprechen – deutlich mehr, als die übliche Lebenserwartung eines zum Opfertod bestimmten Menschen betragen hat. Aus welcher Kultur, die derartig barbarische Praktiken betrieb, er auch immer gestammt haben mag.

Der endgültige Todesstoß für die »Opferhypothese« ist aber die Tatsache, dass die Schnittfläche am Thorax exakt jenem *Herzfenster* entspricht, wie es seit Professor Barnaards erster Herztransplantation im Jahre 1967 für Operationen am offenen Herzen angelegt wird. Schon früher hatte man Spuren ähnlicher Eingriffe an Knochen des Brustkorbes von Skeletten entdeckt, die man im Nahen Osten ausgegraben hatte. Die C-14-Datierungsmethode wies ihnen ein Alter von etwa 50 000 Jahren zu.

Wer will angesichts solch fantastischer Funde noch immer an die unbestrittene Gültigkeit unseres überkommenden Weltbildes glau-

ben? Wer noch immer am Menschen als einziger intelligenter Spezies in den Weiten unseres Weltraums fest hält, wird radikal umdenken müssen.
Denn Veränderungen werden, sie müssen kommen. Fangen wir besser noch heute mit dem Umdenken an, damit wir eines vielleicht nicht mehr fernen Tages nicht den Schock unseres Lebens *erleben* müssen …

4 Rätsel der Karpaten

Ein Land, fern von unserer Zeit …

Es geschah im Herbst 1989 in Jassy, der Provinzhauptstadt der rumänischen Region Moldova (Moldavien). Die etwa 350 000 Einwohner zählende Stadt liegt zwischen dem Karpatengebirge und dem Fluss Pruth, unweit der Grenze zur ehemaligen Sowjetunion. Bauarbeiter waren in diesen Tagen – es war kurz vor dem gewaltsamen Sturz der blutrünstigen Ceauçescu-Diktatur – mit Renovierungsarbeiten an einem alten Gebäude in der Innenstadt von Jassy beschäftigt. Plötzlich stießen die Arbeiter am Fundament des Hauses auf eine versteckte Öffnung, die lotrecht nach unten, in den Boden hinein führte. Dieser Zugang wurde von einer riesigen Metallplatte verschlossen, welche ungefähr 3 Meter im Durchmesser maß.
Sofort ließ man Wissenschaftler kommen, um den Fundort ebenso wie dessen Umgebung genau zu untersuchen. Diese mussten allerdings gleichermaßen erstaunt wie frustriert feststellen, dass die Legierung, aus der die riesige Platte bestand, keine der üblichen Metallzusammensetzungen war: Es gelang bisher nicht, diese Legierung zu analysieren. Gerüchte, die sich sehr rasch um die ungewöhnlichen Funde von Jassy zu ranken begannen, wollten wissen, dass solch eine Platte kein Produkt unserer auf der Erde verbreiteten Technologie sein könne!
Für noch größere Ratlosigkeit unter den zu Hilfe gezogenen Experten sorgten 14 kreisrunde, auf einer Art von vulkanischem Gestein

eingravierte ornamentale Verzierungen, welche rund um die Metallplatte gefunden wurden. Vier von ihnen zeigen fremdartige, fast ein wenig roboterhaft wirkende, menschenähnliche Wesen. Sie stecken in einer technisch anmutenden, overallähnlichen Montur, an deren hinterem Ende ein seltsamer Fortsatz zu erkennen ist. Eine Art von »Schwanz«, könnte man beinahe sagen, wenn die ganze Figur nur nicht so ausgesprochen technisch wirken würde.

Jedes der vier ungewöhnlichen Wesen ist von einem doppelten Ring umgeben, der aus bislang unerforschten Symbolen besteht. Dabei dürfte der innere Ringe mit großer Wahrscheinlichkeit aus Schriftzeichen bestehen, jedenfalls weisen die seltsamen Glyphen eine frappierende Ähnlichkeit mit Schriftsymbolen der Mayas in Mittelamerika auf. Der äußere Ring hingegen soll Kreaturen darstellen, von denen einige auch den Sauriern des Erdmittelalters (Mesozoikum, ca. 200 bis 60 Mio. Jahre vor unserer Zeit) gleichen. Es ist im Übrigen kein Geheimnis, dass in den nahe gelegenen Karpaten zahlreiche Fossilien ausgestorbener, vorzeitlicher »Ungeheuer« gefunden worden sind. Der deutsche Arzt Patersonius Hayn, der wie zahlreiche seiner Landsleute in jenen Tagen nach Ungarn ausgewandert war, durchforschte um die Mitte des 17. Jahrhunderts zahlreiche »Drachenhöhlen«, in den Kleinen Karpaten. Er fand mehrere Schädel und eine Anzahl riesiger Zähne. Einen der Schädel setzte er zusammen, fertigte eine Rekonstruktionszeichnung und verfasste im Jahre 1673 eine Abhandlung über »Drachenschädel in den Karpaten«, die er an die Akademie für Naturforschung nach Halle sandte. Etwa zur gleichen Zeit stieß ein anderer Deutscher namens Vette in siebenbürgischen Felshöhlen auf ähnliche Knochen, und der Hallenser Naturforscher Vollgnad publizierte daraufhin einen Bericht über »siebenbürgische Drachen«.

Sollte das als Erklärung für die »Monster« genügen, die man in den Ornamenten im Boden von Jassy fand? Immerhin wissen uralte Volkssagen aus diesem Raum Südosteuropas von Drachen zu berichten, die fliegen konnten.[34]

Unterirdische Wunderwelt

Als man die überdimensionierte Metallplatte mit einem Kran von der Öffnung im Boden weggehoben hatte, wurde darunter ein etwa 10 Meter tiefer Schacht sichtbar, der genau senkrecht ins Erdinnere hinabführte. Die Wand des Abgrundes bestand aus Granit. Mit Hilfe von Seilen ließen sich einige Geologen nach unten und entdeckten einen ebenfalls mit Granit umwandeten Vorraum mit ungefähr 17 bis 18 Quadratmeter Grundfläche bei einer Höhe von 3 Metern. Dessen Wände und Decke schienen regelrecht glasiert zu sein. Und die einzelnen Blöcke, aus denen sie bestanden, waren so präzise gearbeitet, dass nicht einmal eine Messerklinge dazwischenpasste.

Solche Präzision ist uns mittlerweile vertraut von zahlreichen unerklärlichen Bauleistungen aus alter Zeit. Nicht zuletzt auch von den geheimnisvollen Ruinen von Sacsayhuaman oberhalb der peruanischen Stadt Cúzco.[17, 35]

In einer Wand des beschriebenen Raumes entdeckten die Forscher ein weiteres Loch, das den Eingang zu einem langen Tunnel darstellt. Bei einer Höhe von 2,40 Metern und einer Breite von 1,60 Metern führt diese Röhre in einem Neigungswinkel von ziemlich genau 30 Grad schräg in den Boden hinein. Dort endet der Tunnel in einem weiteren, gleichfalls mit offenbar glasierten Granitblöcken ausgekleideten Gewölbe.

Dieser Raum am Ende eines fast halbkilometerlangen, schrägen Tunnels liegt 78 Meter tiefer als jener Raum, welchen die Wissenschaftler als ersten betreten hatten. Und der Niveauunterschied zum Einstieg, der durch die riesige Metallplatte abgesichert war, beträgt sogar knappe 90 Meter!

In dem unterirdischen Raum am Ende der 450 Meter langen Tunnelröhre fiel den Wissenschaftlern etwas Bemerkenswertes auf: In eine der Wände war ein großer Granitblock mit einer Höhlung eingelassen, in welchem sich Quellwasser in einer trichterförmigen Vertiefung sammelte.

Die Überraschung war jedoch perfekt, als man Proben dieses Wassers in das Labor für Bakteriologie und Virologie in Jassy zum Analysieren brachte. Es scheint eine ganz besondere Flüssigkeit zu sein, um nicht zu sagen, das langgesuchte »Wasser des Lebens«.

Versuchslabor im Schoß der Erde?

Im Verlauf einer Versuchsreihe wurden Ratten und Mäuse mit Krebszellen infiziert. Jener Teil der Tiere, der mit dem Wasser aus der unterirdischen Quelle behandelt wurde, zeigte nach nur drei Wochen Anzeichen einer dauerhaften Heilung. Wogegen die nichtbehandelten Versuchstiere sehr bald der heimtückischen Krankheit zum Opfer fielen. Auch Versuche mit Bakterien und Viren verliefen erfolgreich – die Krankheitserreger starben alle restlos ab! Dieses Wasser scheint phänomenale Auswirkungen auf das Immunsystem zu besitzen. Sollte es eines jener langgesuchten »Wundermittel« sein, das die Menschheit von einigen ihrer schlimmsten Geißeln zu befreien vermag?[36]

Aber Vorsicht vor allzu übereilter Euphorie! Wenn dem wirklich so wäre, würden sich nicht sofort gewisse Militär- und Geheimdienstkreise darauf stürzen und einen »Mantel des Schweigens« über der ganzen Angelegenheit auszubreiten versuchen? Es ist zu vermuten, dass dies bereits geschehen ist. Dem Informanten zufolge, der von dieser Entdeckung hinter dem ehemaligen Eisernen Vorhang berichtete, ist den Forschern noch nicht klar geworden, welche Funktion und Bedeutung den unterirdischen Gängen und Räumen einst zugekommen sein mag.

Waren es die Örtlichkeiten, an denen irgendein ominöser Geheimbund oder undurchsichtige Sektierer ihre konspirativen Sitzungen, ihre mehr oder weniger »schwarzen« Initiationsriten abhielten?

Oder war man hier schon in längst vergangenen Zeiten medizinisch tätig, wurde hier erfolgreich gegen Geißeln der Menschheit gekämpft?

Woher stammen die unglaublichen Eigenschaften jenes Quellwassers, die man bei der Analyse herausfand? Sind es natürliche Mittel, oder wurden sie künstlich zugesetzt? In den Ländern der Europäischen Union regt sich inzwischen Widerstand gegen die Zulassung bestrahlter wie auch gentechnisch veränderter »Lebens«-Mittel. Denaturierter Euro-Fraß in harmloser Euro-Mogelpackung – jedenfalls scheint der Gedanke nicht allzu weit hergeholt.[37]
Aber warum die versteckte und sprichwörtlich bombensichere Lage, die geradewegs mit Bedacht erschwerte Zugänglichkeit der ganzen Anlage? Wurden hier von »irgendjemandem« Experimente durchgeführt, war dies ein Ort, an dem die »Götter« Gott spielten? Ein geheimes Versuchslabor also, tief im Schoß der Erde versteckt?
Das vorläufig Letzte, was über die Funde von Jassy zu vernehmen war, ist die Tatsache, dass der senkrechte Tunneleingang im Fundament des Hauses mit einer Betonplatte zugedeckt wurde. Einer der Gründe hierfür mögen natürlich Sicherheitserwägungen sein – das Kind soll im wahrsten Sinne des Wortes nicht erst in den Brunnen fallen.
Aber will man gleichzeitig auch Gras über die ganze undurchsichtige Angelegenheit wachsen lassen?

Ein »unmöglicher« Fund stellt unser Weltbild auf den Kopf

Den »Tatort« können wir ziemlich genau eingrenzen: 23°45' östlicher Länge und 46°25' nördlicher Breite, auf dem Territorium des Staates Rumänien. Auch den »Tatbestand« können wir definieren. An dieser Stelle ist ein Fund in unser vertrautes, fest gefügtes Weltbild geplatzt, der dort eigentlich überhaupt nichts verloren hätte. Einmal abgesehen von der unumstößlichen Tatsache, dass es ihn gibt. Über das »Tatmotiv« allerdings tappen wir völlig im Dunkeln, sind letztlich auf Spekulationen und unsere Kombinationsgabe angewiesen.

Vorweg die ebenso fantastische wie auch plausibelste Möglichkeit: Landete in dieser Region vor 100 000 Jahren eine außerirdische Raumsonde und wurde dabei so stark beschädigt, dass ein Teil von ihr zurückblieb?

Im Frühjahr 1974 entdeckte eine Brigade von Arbeitern in einer Sandgrube am Ufer des in den Karpaten entspringenden Flusses Mures drei kleine Gegenstände, die in den feinen Sand des Fluss-Sedimentes eingebettet waren. Die Fundstelle befindet sich ungefähr 2 Kilometer östlich der Ortschaft *Aiud*, die am Ostrand des »Siebenbürgischen Erzgebirges« und 50 Kilometer südlich der Stadt Cluj-Napoca, dem früheren Klausenburg, gelegen ist. Die betreffenden Objekte lagen in einer Tiefe von 10 Metern unter der heutigen Erdoberfläche und waren von einer harten, sandigen Kruste überzogen.

Ein Geologe identifizierte zwei dieser Gegenstände als versteinerte Knochen beziehungsweise Knochenfragmente. Das dritte Fundobjekt schien auf den ersten Blick ein Steinbeil zu sein, das man unseren altsteinzeitlichen Vorfahren zuschrieb. So sandte man alle Artefakte für weitere Untersuchungen an das Archäologische Institut in Cluj-Napoca.

Dort befreite man die Fundstücke erst einmal von ihren Sandverkrustungen. Die Fossilien konnten dann als Knochen und Backenzahn eines jungen Mastodons identifiziert werden. Zur Erklärung: Die Mastodonten waren – neben den zottigen Mammuts – die Vorfahren unserer heutigen Elefanten. Sie lebten vom Miozän, einer Unterabteilung der Tertiärzeit vor etwa 20 Millionen Jahren, bis sie im eiszeitlichen Pleistozän – vor ungefähr 1 Million Jahren – ausstarben. Der Blick auf eine geologische Übersichtskarte bestätigt dies auch: Die Gesteine rund um den Fluss Mures in diesem Teil Rumäniens stammen aus den jungtertiären Schichten des Pliozän und des Miozän, dazu findet man diluviale Ablagerungen aus den mit Warmperioden abwechselnden Eiszeiten der letzten Million Jahre.[38]

Teil eines technischen Systems

Das dritte Fundstück jedoch war alles andere als ein prähistorisches Steinbeil, auch wenn es bei der Bergung auf den ersten Blick einem solchem zum Verwechseln ähnlich sah. Aber es besteht – aus Metall!

In dieses Artefakt mit einem Längsdurchmesser von 20,2 Zentimetern führen zwei zylindrische Röhren, die im rechten Winkel aufeinander stoßen und deren Bohrungen dabei von unterschiedlichem Durchmesser sind (s. hierzu die Abbildung 18). Im unteren Teil der breiter gebohrten Röhre konnte eine ovale Deformation festgestellt werden, man vermutet Folgen des Einsatzes einer Achse mit abgerundetem Kopf. Die flache und die seitlichen Oberflächen des Gegenstandes weisen Spuren wie von wiederholten harten Schlägen auf. Diese Indizien legen den Schluss nahe, dass das seltsame Objekt einmal Teil eines technisch-funktionalen Systems gewesen sein muss.

Dies mag, für sich allein betrachtet, zwar erstaunlich, jedoch noch nicht einmalig sein. Im Provinzmuseum von Shaanxi in Xian (Volksrepublik China) sah ich Exponate von eindeutig technischer Herkunft; sie erinnerten mich auffallend an in unserer Zeit durch den Einsatz von präzisionsgesteuerten Fräsen gefertigte Bauteile.[2] Auch sie waren zweifellos Teile eines funktionalen Systems gewesen und nicht die »Kultgegenstände«, als welche sie in rührender Untertreibung katalogisiert sind. Und sie bestanden aus Bronze.

Was aber den Fund von Aiud zum »unmöglichen Objekt« werden lässt, das bescherten uns die Resultate der metallurgischen Untersuchung.

Denn das mysteriöse *Corpus Delicti*, welches da so unvermittelt in unser »heiles« Weltbild geplatzt ist, besteht nämlich zum überwiegenden Teil aus – man glaubt es kaum – Aluminium!

Man brachte das Artefakt in das »Institut für Forschung und Projektierung nichteisenhaltiger Erze und Metalle« (ICPMMN) nach Turnu Mâgurele, einer Stadt südwestlich von Bukarest, nahe der

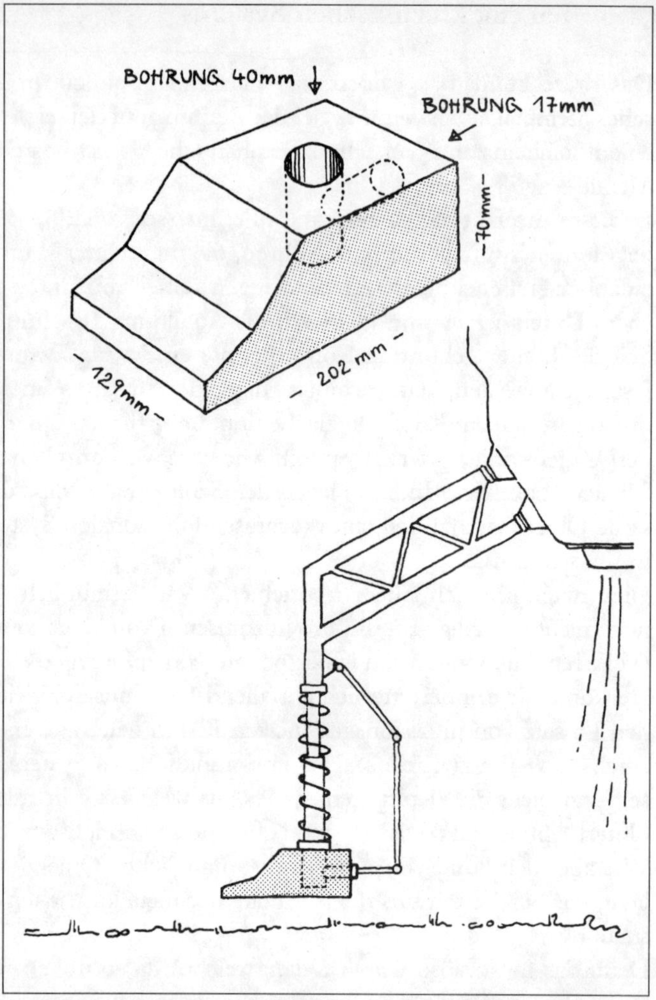

Abb. 18: Das so genannte Aiud-Objekt besteht aus Aluminium, doch es muss mindestens 1 Million Jahre alt sein! Eine Erklärungmöglichkeit wäre, dass es sich um den abgebrochenen Landefuß einer außeriridischen Raumsonde handelt; gestartet von einer Intelligenz, die seit Jahrmillionen das gigantische »Experiment Erde« durchführt?

Grenze zum Nachbarland Bulgarien. Analysen, die dort unter der Leitung von Dr. I. Niederkorn vorgenommen wurden, ergaben zweifelsfrei, dass das Objekt aus einer komplexen Metalllegierung hergestellt worden war. Diese Legierung setzt sich in der Hauptsache aus acht verschiedenen Elementen zusammen, deren Anteile sich wie folgt verteilen:

Aluminium (Al)	88 %
Kupfer (Cu)	6,2 %
Silizium (Si)	2,84 %
Zink (Zn)	1,81 %
Blei (Pb)	0,41 %
Zinn (Sn)	0,33 %
Zirkonium (Zr)	0,2 %
Cadmium (Cd)	0,11 %

sowie mit Spurenanteilen in der Größenordnung von ein paar Tausendstel Prozent die Elemente Nickel (Ni), Kobalt (Co), Wismut (Bi), Silber (Ag) und Gallium (Ga).

Aluminium ist zwar das in der Erdkruste am häufigsten vorkommende Metall, liegt aber ausschließlich in gebundener Form, wie etwa im Aluminiumerz Bauxit, vor. Erstmals wurde es 1854 in Frankreich industriell hergestellt, und in Reinstform erst 1920 durch die Raffinationselektrolyse. Denn die unabdingbare Voraussetzung für die Fabrikation des Leichtmetalls ist das energieaufwändige Elektrolyseverfahren, welches auf der chemischen Zerlegung eines von elektrischem Strom durchflossenen Elektrolyten basiert.

Übrigens wird Aluminium oft mit anderen Metallen wie Kupfer, Zink, Magnesium und Cadmium sowie mit dem Halbmetall Silizium legiert – der höheren Festigkeit und der größeren chemischen Beständigkeit wegen.

Es gibt heute kaum einen Zweig der Technik, in dem das Metall auf Grund seiner vielseitigen Verwendbarkeit keine wichtige Rolle spielt. Aluminium ist aus unserem modernen Leben an der Schwelle zum 3. Jahrtausend nicht mehr wegzudenken.

Eine unglaublich alte Struktur

Aber das Rätsel um das Objekt von Aiud wird noch geheimnisvoller. Die Metallurgen entdeckten auf der Oberfläche des Gegenstandes eine ungewöhnlich dicke Aluminumoxid-Schicht. Für gewöhnlich überzieht sich Aluminium an der Luft recht schnell mit einem äußerst dünnen und widerstandsfähigen Oxidfilm. Dadurch wird jeder weitere Oxidationsprozess (Oxidation ist die Aufnahme von Sauerstoff) gestoppt und das Aluminium außerordentlich korrosionsbeständig.

Beträgt diese Oxidschicht bei gewöhnlichen Aluminiumgegenständen nur ein paar µ – ein µ entspricht 1/1000 Millimeter –, so besitzt dagegen die Aluminiumoxidschicht des Aiud-Objektes eine Stärke von über 1 Millimeter! Wie ist dies möglich? Nur bei einem extrem hohen Alter des Fundstückes von mehreren 100 000 Jahren wäre solch eine dicke Oxidschicht denkbar. Aber: Vergleichsdaten hierzu haben wir aus verständlichen Gründen nicht zur Verfügung.

Einer der Metallurgen aus dem Institut von Turnu Mâgurele bemerkte hierzu: »Es ist unglaublich, aber es scheint sich um ein Aluminium mit veralterter Struktur zu handeln, so, als hätten die anderen Elemente dieser Legierung ihre eigenen Gitterstrukturen wiedererlangt.«

Alle erwähnten Fakten lassen indes nur nachstehende Schlussfolgerungen zu: Das Objekt von Aiud wurde – von wem auch immer – künstlich hergestellt. Es ist so alt, dass bereits eine Entmischung der Elemente und damit eine Rückkehr zu deren ursprünglicher Kristallstruktur eingetreten ist. Nur so ist es zu erklären, dass die Oxidschicht von der Oberfläche her so tief in das Metall eindringen konnte.

Doch welchen Zweck könnte dieser Gegenstand erfüllt haben, der wie kaum ein anderer dazu geeignet scheint, unser fest gefügtes Geschichtsbild aus den Angeln zu heben? Keiner der Spezialisten, die das Aiud-Objekt untersucht haben, konnte weder den Gegenstand

identifizieren noch irgendeine Ähnlichkeit mit heute gebräuchlichen Geräten oder Bauteilen feststellen. Erst ein Flugzeugingenieur schlug eine gleichsam fantastische wie plausible Erklärung vor. Ihn erinnerte das Artefakt frappierend an die Landeteller eines nicht allzu großen Flugkörpers, der – wie vergleichbare Raumsonden der Amerikaner und der Russen – weich auf dem Boden aufzusetzen im Stande ist. Die Form des seltsamen Gegenstandes würde für diese Hypothese sprechen: In den beiden Bohrungen war demzufolge das Gestänge der Landevorrichtung verankert. Wie aus der Abbildung 18 ersichtlich wird, habe ich mir meine Gedanken über solch eine Konstruktion gemacht – was dabei herausgekommen ist, sieht der »geführten Vorderradschwinge« einer alten BMW-Boxermaschine aus den Sechzigerjahren nicht unähnlich und wäre auf jeden Fall geeignet, mit Hilfe einer integrierten Teleskopfederung grobe Stöße progressiv abzufedern.
Auch die Kratzspuren, die ebenfalls erwähnte ovale Deformation sowie das verwendeter Material – Aluminium findet auf Grund seiner Leichtigkeit heute im Flugzeug- und Raketenbau breite Verwendungsmöglichkeiten – sprechen für die oben geäußerte Vermutung.

Notlandung im urzeitlichen Flusstal?

Ist in vorgeschichtlicher Zeit, vor 100 000 oder mehr Jahren, ein außerirdischer Flugkörper – woher hätte er denn sonst kommen sollen – über die heutige rumänische Region Siebenbürgen geflogen? Steuerte das Gerät das eiszeitliche Urstromtal des Mures an, ging es dort nieder und verunglückte bei der Landung derart, dass einer der Landeteller abbrach und an Ort und Stelle zurückblieb? Konnte sich das (hypothetische) Fluggerät wieder erheben, sodass nur dies eine Fragment zurückblieb und zusammen mit ein paar Knochenresten eines in jenen Tagen verbreiteten Ur-Elefanten in den Flussablagerungen die Zeiten überdauerte? Um dann in einer fernen Zukunft für reichlich Aufregung und Spekulationen zu sor-

gen. Oder befindet sich der Rest der Sonde aus einer anderen Welt noch tief in den Schotter- und Geröllmassen westlich des großen Karpatenbogens?
Fragen über Fragen. Nur eines scheint sicher: Dieses mysteriöse Objekt mit seiner veralterten Aluminiumstruktur stammt bestimmt nicht von unseren altsteinzeitlichen Vorfahren, schon gar nicht aus unserer Zeit und somit wahrscheinlich nicht von unserem Planeten.
Der Informant dieser unglaublichen Geschichte, der rumänische Techniker Florin Gheorghita, hatte einige Bruchstücke des Aiud-Objekts im Jahre 1974 zu elektrotechnischen Analysen in seinen Händen. Dem Vernehmen nach konnte er sogar einige Proben des Materials für sich abzweigen. Wo sich der Gegenstand heute, mehr als 20 Jahre nach seiner Entdeckung, befindet, vermag im Moment niemand zu sagen.[39, 40]
Ist dieser für ein festzementiertes Weltbild so gefährliche Fund für lange Zeit in irgendeinem Archiv verschwunden, oder bekommt die wissenschaftliche Welt doch noch die einmalige Chance geboten, ihn durch ein internationales Team weiter gehenden Forschungen zu unterziehen? Und wenn ja – werden wir davon auch erfahren, wenn die Untersuchungsergebnisse einen extraterrestrischen Ursprung des Objekts nahe legen?

Der mysteriöse Waschka-Fund

Machen wir einen Abstecher in den unwirtlichen Norden Russlands. Dort wurde 1976 in der damaligen »Autonomen Sowjetrepublik Komi« ein Fund gemacht, über den nicht minder mysteriöse Einzelheiten in Umlauf sind. Erst 1985, gegen Ende des »Kalten Krieges«, gelangte der Bericht darüber in den Westen.
Unweit des nördlichen Polarkreises, dort, wo beinahe sieben Monate im Jahr der Winter herrscht, liegt gegenüber der Halbinsel Kola das Gebiet der Syrjänen, die sich auch »Komi« nennen. Am Fluss Waschka, der als Nebenfluss der Mesen ins heute strahlenver-

seuchte Weiße Meer mündet, liegt der kleine Ort Jerd. Im Sommer des Jahres 1976 gingen einige Arbeiter aus dem Dorf zur Waschka, um zu angeln.

Am Ufer fanden sie einen weiß schimmernden, faustgroßen Brocken, den sie anfänglich für ein Felsstück hielten. Als einer der Männer den ungewöhnlichen Fund in seinen Händen hin- und herdrehend betrachtete, entglitt er ihm und fiel zu Boden. Bei dem Aufprall soll das rätselhafte Objekt eine ganze Funkengarbe von sich gegeben haben. Die verhinderten Angler waren nun neugierig geworden und gingen damit zurück in ihr Dorf, um es zu zerlegen. Bei dem Versuch, das Ding zu zerschneiden, soll »ein Strahl aus weißen Feuer« daraus hervorgekommen sein.

Aus der Hauptstadt Syktywkar reisten eilends Spezialisten des Geologischen Institutes von Komi an, einer Abteilung, die der russischen Akademie der Wissenschaften angeschlossen ist. Nach oberflächlichen Untersuchungen befanden sie den Fund so interessant, dass sie ihn in ihrem Labor in einzelne Teile zerlegten und zu weiteren Untersuchungen an verschiedene Institute in Moskau sandten.

Nach Untersuchungen, die am Allunions-Forschungsinstitut für Kern-Geophysik und Geochemie durchgeführt wurden, ermittelte man die folgende chemische Zusammensetzung:

Cer (Ce)	67,2 %
Lanthan (La)	18,9 %
Neodym (Nd)	8,78 %

sowie geringe Anteile von Eisen (Fe) und Magnesium (Mg), ferner Spuren von Uran (U) und Molybdän (Mo). Nun standen die Wissenschaftler vor einem Rätsel. Diese Zusammensetzung konnte unmöglich auf natürliche Weise auf unserem Planeten entstanden sein, denn die Elemente der »seltenen Erden« – unter Chemikern auch als »Lanthanide« bekannt – treten nie im solchen Konzentrationen oder gar in dieser Kombination auf. Cer, Lanthan und Neodym sowie elf weitere zu den Lanthaniden zählende Elemente werden aus Monazitsand gewonnen, in dem sie nur in geringen Anteilen enthalten sind. Abbauwürdige Vorkommen liegen in Brasilien, den USA, in Australien und auf Sri Lanka – jedoch nicht in Russland.

Ungewöhnliche Eigenschaften

Doch die Forscher entdeckten noch weitere seltsame Eigenschaften des Waschka-Objektes. Untersuchungen des Eisenanteils ergaben das völlige Fehlen von Eisenoxid, und das ist absolut unerklärlich! Denn auf unserem Planeten reagiert Eisen besonders gerne mit dem Sauerstoff der Luft, sowohl als Erz in gebundener Form wie auch als Metall. Gleichfalls wurde ein Urangehalt festgestellt, der ungleich höher ist als der in natürlich vorkommenden Uranerzen – ein zusätzlicher Hinweis auf einen künstlichen Ursprung des Objektes. Trotzdem waren keine Zerfallsprodukte des Urans enthalten, sodass das Alter des Fundes 100 000 Jahre – die Halbwertszeit des radioaktiven Elementes – nicht übersteigen dürfte.

Letzte Zweifel über den nicht natürlichen Ursprung des Artefaktes zerstreute eine Laserspektralanalyse. Geologen wissen, dass in allen Gesteinen Verunreinigungen von Kalzium und Natrium enthalten sind. Nicht so im Waschka-Fund, der als »absolut« rein bezeichnet werden muss. Die Mehrheit der an der Untersuchung beteiligten Wissenschaftler war der Überzeugung, dass die Herstellung dieser Legierung *ohne Verunreinigungen* mit unserer Technik nicht möglich sei.

Also ein Artefakt, das »nicht von dieser Welt« stammt? Gibt es vielleicht noch mehr Ungereimtheiten an diesem Fund?

Als man die Spektrallinien der kristallinen Strukturen mittels einer Röngtenstrukturanalyse eingehend untersuchte, ergaben sich 23 Linien, von denen nur drei mit auf der Erde geläufigen Cer- und Lanthankristallen übereinstimmten. Diese Analyse wurde daraufhin durch eine so genannte Elektronengrafik ergänzt – und spätestens jetzt waren die Wissenschaftler ratlos. Es zeigten sich elf deutliche Spektrallinien, aber völlig andere als bei der Röntgenstruktur-

analyse. Nicht eine davon zeigte Übereinstimmungen mit auf der Erde bekannten Legierungen der erwähnten Lanthanide.
Die Forscher vermuteten aus alledem, dass das geheimnisvolle Artefakt aus Pulver und kleinsten Teilen von verschiedenster Kristallstruktur gefertigt wurde, wobei die einzelnen Moleküle so klein waren, dass sie nur aus wenigen hundert Atomen bestanden.

Nicht von dieser Welt?

Längst hatte man sich die Frage gestellt, mit welcher Technik dieser mysteriöse Gegenstand hergestellt worden sein könnte – und welchen Zweck er erfüllte. Die Spezialisten kamen zur Schlussfolgerung, dass diese Synthese eigentlich nur durch »kaltes Pressen« vonstatten gegangen sein konnte, und das unter dem unglaublich hohen Druck von 10 000 Atmosphären. Dies dürfte auch die ungewöhnlich hohe Dichte der Legierung erklären. Ausgehend von der Form des Waschka-Objektes, rechnete man den ursprünglichen Gesamtkörper auf eine Kugel oder einen Zylinder mit etwa 1,2 Meter Durchmesser hoch. Dieses nicht gerade unbedeutende Werkstück galt es also mit 10 000 bar Druck zu pressen – der einzige Haken an der Sache ist nur, dass in sämtlichen Industrieländern keine Fabrikationseinrichtung existiert, die so etwas zu Wege bringen könnte!
Und was hat es mit dem Funkensprühen bei mechanischer Bearbeitung des Objektes auf sich, das die neugierig gewordenen Fischer aus Jerd als Erste feststellen?
Wir wissen es nicht. Aber eine Merkwürdigkeit konnte an dem ominösen Objekt noch festgestellt werden. Und zwar verfügte es über 15 verschiedene magnetische Ausrichtungen! Damit aber eine Legierung über solche Eigenschaften verfügte, müsste das erwähnte »kalte Pressen« in sehr starken, die Richtung wechselnden Magnetfeldern durchgeführt worden sein.
Woher also stammt dieses unerklärliche Artefakt? Die Frage be-

wog immerhin drei die Untersuchungen leitende Wissenschaftler zu der ernsthaft geäußerten Vermutung, das Waschka-Objekt könne nur von einer außerirdischen Intelligenz hergestellt worden sein. Auch wenn der einstige Verwendungszweck vollkommen im Dunkeln liegt.[41]

Noch ein Relikt, das so ganz und gar nicht in unser altbewährtes Weltbild passen will, wie man es auch dreht und wendet. Wie schrieb der »Götterforscher« Erich von Däniken bereits vor mehr als 30 Jahren? »Mit unserer Vergangenheit stimmt etwas nicht.«[12]

Das Geheimnis auf dem Molpir

Kehren wir in nähere Gefilde zurück, und zwar zum nördlichen Karpatenbogen. Genauer gesagt auf das Gebiet der heutigen Slowakei, bis zum Fall des »Eisernen Vorhangs« noch ein Teil der Tschechoslowakischen Förderation. Der Amateurforscher Martin Jurik stieß dort auf ein Rätsel aus grauer Vorzeit, das deutliche Parallelen aufweist zu anderen Orten dieser Welt, die unerklärlichen Zerstörungen zum Opfer gefallen sind.

Etwa 50 Kilometer nordöstlich der Hauptstadt Bratislava erstrecken sich über dem Ort Smolenice auf einem Berg mit Namen *Molpir* uralte Ruinen. Ab und zu fanden Einwohner der nahe gelegenen Stadt Trnava auf dem bewaldeten Hügel Überreste aus lange vergangenen Zeiten: tönerne Gefäße oder Scherben, hier und da auch mal ein Stück Eisen oder Bronze. Aber anders als bei »normalen« Fundstätten war dieser Ort nie so recht das Ziel von Schatzsuchern und Amateurarchäologen. Ein Tabu, eine Art Fluch, schien darüber zu liegen, und so blieben die Ruinen auf dem Molpir lange Zeit unbehelligt.

Die ersten Wissenschaftler tauchten dort zu Anfang des 20. Jahrhunderts auf, und erste offizielle Ausgrabungen nahm Mitte der Zwanzigerjahre der Archäologe A. Loubal vor. Was er auf dem Molpir fand, wissen wir heute leider nicht, da er bald darauf verstarb. Seine Aufzeichnungen sind nicht mehr wieder zu finden, und ein paar Exponate, die er dem Stadtmuseum von Trnava gestiftet hatte, sind gleichfalls spurlos verschwunden. Man muss allerdings nicht gleich irgendwelche düsteren Machenschaften hineingeheimnissen: Für Chaos und Zerstörung sorgte schon der Zweite Weltkrieg zur Genüge, der bekanntlich kaum eine Ecke Mitteleuropas verschont ließ.

Erst nach dieser Völkerschlacht wurde jenem Hügel mehr Aufmerksamkeit gewidmet. Unter der Leitung von Stefan Jamsak arbeitete dort in den Fünfziger- und frühen Sechzigerjahren ein Forschungsteam. Es vermaß die Fläche der vermuteten Burgstätte und legte einen großen Teil davon frei. Das Areal maß ungefähr 14 Hektar – damit handelt es sich um die größte vorgeschichtliche Siedlung im Karpatenraum!

Weitere Erkenntnisse brachten die Ausgrabungen von Dr. Mikulas Duşek vom Archäologischen Institut der Slowakischen Akademie der Wissenschaften, die von 1963 bis 1971 andauerten. Dieser Dr. Duşek entdeckte unter dem Hügel die Überreste einer Besiedlung und versuchte sie zu rekonstruieren. Nach der C 14-Methode wurden die Funde auf etwa 700–600 v. Chr. datiert und der *Hallstatt-Epoche* zugeordnet.

Es muss eine bedeutende Anlage gewesen sein; davon berichten nicht nur zahlreiche Fundstücke, sondern auch die strategische Lage und die Größe der Siedlung. Die Stadt stand auf künstlich errichteten Terrassen, die teilweise aus dem Fels gehauen und mit Erdreich nivelliert waren. Befestigt war sie durch drei Mauern von verschiedener Größe. Die erste und zweite Mauer waren zwischen 2,0 und 2,50 Meter hoch, verliefen parallel und waren durch einen aufgeschütteten Wall miteinander verbunden. Die dritte Mauer war 4,0 Meter breit und 3,50 Meter hoch und mit einer zusätzlichen Holzpalisade versehen.

Man legte die Grundrisse von etwa 180 Häusern frei und vermutet, dass damals ungefähr 800 Menschen dort gelebt haben.

Rätselhafte Zerstörungen

Diese uralte Siedlung auf dem Molpir hat für die Archäologen verschiedene Fragen aufgeworfen. Zum einen die um ihre kulturelle Einordnung. Allem Anschein nach gehörte sie zur *Kalenderbergischen Kultur*, einer Kulturrichtung der älteren Eisenzeit, die in Südösterreich, Nordwestungarn und der Südslowakei verbreitet war.

Das weitaus größte Rätsel jedoch stellt der Zustand dar, in welchem die mysteriöse Stadt auf dem Molpir vorgefunden wurde.

Die namenlose Siedlung wurde als Ort vollständiger Zerstörung aufgefunden. Das Hauptgebäude wurde bis zu den Grundmauern zerschmettert, große Steinquader fand man bis zu 10 Meter weit weggeschleudert. Die Steinplatten der inneren Mauern waren infolge unbekannter Hitzeeinwirkung miteinander *verschmolzen.* Und nicht nur die Mauern, sondern auch die Felsterrassen. Überall fanden die Archäologen Brandspuren wie auch Anzeichen eines Kampfes. Man barg verstümmelte Skelette, deren Knochen außer Spuren von Gewalteinwirkung auch noch solche aufwiesen, die auf eine plötzliche und unvermittelte Verbrennung hindeuten.[42]

Zahlreiche zurückgelassene Gegenstände von Wert – man fand sogar volle Kochtöpfe auf längst erloschenen Feuerstellen – lassen darauf schließen, dass der Ort in größter Eile von seinen Bewohnern verlassen wurde. Und niemand von ihnen kehrte zurück! Was hatte sich damals auf dem Hügel Molpir abgespielt? Gegen welchen übermächtigen Feind hatten die Einwohner in ihrer Verzweiflung hoffnungslos gekämpft?

Die Archäologen ziehen die Möglichkeit in Betracht, dass ein Bürgerkrieg oder Aufstand die Zerstörungen ausgelöst hat: Demnach sollen die armen und ausgebeuteten Angehörigen einer »Unterschicht« sich gegen ihre »privilegierten Ausbeuter« aufgelehnt haben. Diese Hypothese wirft jedoch weit mehr Fragen auf, als sie zu beantworten im Stande wäre. Sklavenaufstände sind uns aus vielen

Kulturen bekannt – man denke nur an den viel zitierten Aufstand des Spartacus im alten Rom. Aber in keinem Fall gab es derartig verheerende Auswirkungen. Woher hätten denn die aufbegehrenden Armen sowohl die Kraft als auch die technischen Möglichkeiten aufbringen sollen, Gebäude wie Dominosteine umherzuschleudern und Steinplatten zum Schmelzen zu bringen? Und aus welchem Grund flüchteten sogar die Sieger, ohne irgendeine Beute mitzunehmen?

Wir sollten nicht vergessen, dass dieser Erklärungsversuch haargenau jenen Zeitgeist widerspiegelt, der zur Zeit der Ausgrabungen von 1963 bis 1971 in der damaligen Tschechoslowakei geherrscht hat. Der heldenhafte »Kampf des Proletariats« gegen die »privilegierte Oberschicht« war immer Bestandteil der kommunistischen Ideologie gewesen. Was Wunder, wenn er sich nicht auch in den Grabungsbericht einer archäologischen Untersuchung in der damals kommunistisch regierten ČSSR eingeschlichen hätte. Als ideologisch eingefärbte Momentaufnahme längst vergangener Ereignisse, gewissermaßen.

Heimsuchung durch die »Götter«?

Eine derartige Anhäufung unerklärlicher Umstände beschert uns hier eine fantastische Hypothese. Hatten sich die Bewohner womöglich gegen den Einsatz einer überlegenen Technologie zu wehren, die im wahrsten Sinne des Wortes »von oben« kam und deren Stadt in Ruinen verwandelte? Es gibt nämlich keine Kampfspuren bei den äußeren Mauern. Und die in Panik geflohenen Bewohner kamen nicht mehr wieder, um ihre zurückgelassene Habe zu bergen und die Toten zu begraben.

Wer ebenfalls *nicht* kam waren Grabräuber und Plünderer. Es macht nachdenklich, dass diese Spezies, die aus tragischen Ereignissen stets ihre Vorteile zu ziehen weiß, gerade an solchen Orten ausbleibt, über denen eine Art Fluch zu liegen scheint. Hatten die

Menschen auch hier panische Angst, einen Ort aufzusuchen, über dem sich der Zorn der »Götter« entladen haben mag? Erst Ende des 19. Jahrhunderts wagten sich einige Bewohner aus der nahen Stadt Trnava auf den Molpir und fanden dabei die eingangs erwähnten Gegenstände.

Soweit die Fakten, wie sie der aus der Slowakei stammende Amateurforscher Martin Jurik – den ich in der Zwischenzeit als ernsthaften, an rätselhaften Fakten interessierten Menschen kennengelernt habe – akribisch recherchiert und Ende 1994 in einer Zeitschrift publiziert hatte.[43] Der Artikel machte mich neugierig, ich wollte natürlich mehr über dieses ungeklärte Rätsel wissen. So setzte ich mich mit dem Verfasser des Beitrages in Verbindung. Dieser antwortete mir prompt, wobei er allerdings die Sache mit den geschmolzenen Steinen etwas relativierte: »Der aus Kalkstein bestehende Boden wurde durch die eingestürzten (und brennenden) Palisaden und den hölzernen Teil der Häuser erhitzt, wobei infolge der Verbrennung aus Kalziumkarbonat Kalziumoxid entstand, also Kalk. Regenfälle verursachten eine weitere Reaktion, und es entstand Mörtel. Es war schließlich der erhärtete Mörtel, der die Mauerplatten miteinander verband ...«[44]

Also eine ganze natürliche Erklärung für die seltsamen Überreste auf dem Karpatenberg Molpir? Nicht unbedingt, denn der bereits im Zusammenhang mit den Ausgrabungen von 1963 bis 1971 erwähnte Dr. Duşek schrieb, »dass die Vernichtung sehr schnell und plötzlich kam, und dass man in den Fundamenten der Wohnhütten mehrere verbrannte Skelette von Menschen fand, die nicht mehr rechtzeitig entkommen konnten«. Er erwähnt dabei, dass das Rätsel der Vernichtung ungeklärt ist.[44]

Es ist also durchaus nicht alles an der Sache so einfach erklärbar. Angesichts so zahlreicher Ungereimtheiten erschienen mir genauere Recherchen vor Ort das Beste zu sein. Anfang Juni 1995 vereinbarte ich mit Martin Jurik einen »Ortstermin« und machte mich auf den Weg in die Slowakei.

Ein »grüner Mantel des Schweigens«

Von meinem Heimatort im Osten Bayerns sind es – überwiegend auf der Autobahn – etwa vier Stunden bis zu der noch ein Stück hinter Wien gelegenen slowakischen Hauptstadt Bratislava. Seit ihrem Austritt aus der Tschechoslowakischen Föderation im Jahre 1993 ist die Slowakei bemüht, sich ein eigenes Image aufzubauen, stand sie doch stets deutlich im Schatten des viel bekannteren »größeren Bruders« im Norden.

Zu Pfingsten 1995 hatte ich es geschafft, eine Besichtigung der unheimlichen Geisterstadt auf dem Molpir in meinen ständig überfüllten Terminplan einzubauen. Etwa 50 Kilometer nordöstlich der Hauptstadt versteckt sie sich hoch über dem Dörfchen Smolenice, bekannt geworden durch seine gleichnamige, malerische Burg.

Der steile Aufstieg, gleich hinter der Dorfkirche beginnend und mit einer erst in jüngster Zeit aufgestellten Hinweistafel gekennzeichnet, zog sich ungefähr zehn Minuten hin. Dann standen wir vor den ersten, von Archäologen eher willkürlich rekonstruierten Mau-

Abb. 19: Der Autor vor den willkürlich rekonstruierten Ruinen am Berg Molpir. Was geschah dort vor Zeiten? Ließen die »Götter« auch dort Feuer vom Himmel fallen?

erteilen. Es scheint dies eine lieb gewonnene Angewohnheit jener Scherben sammelnden Zunft zu sein. Im bolivianischen Tiahuanaco sah ich mit Entsetzen, was die Archäologen an einer Seite der Anlage angerichtet hatten. Wie es ursprünglich sicher niemals ausgesehen hatte, fügten sie sämtliche Quader, derer sie habhaft werden konnten, zwischen eine Reihe von Respekt einflößenden Monolithen. Das Ergebnis sieht entsetzlich aus und lässt die zweifelhafte Qualität dieser »Arbeitsbeschaffungsmaßnahme« auf den ersten Blick schmerzhaft erkennen. Wer schützt die Relikte aus unserer Vorzeit eigentlich vor wildgewordenen Mauerbauern?

Auf dem Weg nach oben erzählte man mir, dass in den vergangenen Wintern immer wieder Spuren von Wölfen am Fuße des Molpir gefunden wurden, die sich an besonders kalten Tagen auch schon einmal an den Rand der Dörfer wagten. Nur selten hingegen verirren sich ein paar Wanderer oder Neugierige auf den Berg hinauf. Denn seit den letzten Ausgrabungen vor über 20 Jahren hat sich üppiges Grün breit gemacht, wo die Archäologen zahlreiche Funde – in panischer Eile zurückgelassene Gegenstände – geborgen hatten.

Ich hatte das deutliche Gefühl, als hätte man auf dem Berggipfel in den nördlichen Karpaten absichtlich Gras über einige Dinge wachsen lassen. Vergebens suchten wir nach den beschriebenen geschmolzenen oder miteinander verbackenen Steinen und Felsplatten.[42] Diese Artefakte befinden sich unter dem Erdboden – was uns anlässlich einer Unterredung, die wir am nächsten Tag im Museum von Trnava hatten, auch bestätigt wurde. Doch so unglücklich scheint man über den Umstand nicht zu sein, dass die Natur inzwischen einen »grünen Mantel des Schweigens« über die Geheimnisse auf dem Molpir gebreitet hat.

Ganz erfolglos war die Suche nach Indizien für eine Vernichtung der namenlosen Stadt durch plötzliche Hitzeeinwirkung allerdings nicht. In der Nähe der bereits erwähnten rekonstruierten Mauer fand ich einen etwa kinderkopfgroßen Stein, welcher die Spuren eines unglaublichen Verbrennungsschocks trug. Er war durch und

durch verbrannt, seine Farbe war regelrecht ziegelrot. Mag für einen aus rohem Ton geformten Ziegel ein »normaler» Brand ausreichen, welche geradezu höllischen Temperaturen sind dann von nöten, um normales Felsgestein so nachhaltig zu verändern?
Und über welche schrecklichen Geheimnisse deckt der Wald einen grünen Mantel des Schweigens; warum wurden die seit 20 Jahren eingestellten Grabungen nicht mehr fortgeführt?

Im Museumskeller verstaubt

Tags darauf fuhren wir in die nahe gelegene Stadt Trnava, um dem dortigen historischen Museum einen Besuch abzustatten. Das Museum hatte zwar an diesem Tag geschlossen, doch Martin Jurik erreichte es doch, uns das Entrée zu verschaffen. Vielleicht verdankte er dies einem Fernsehauftritt am vorangegangenen Abend im slowakischen Fernsehen – an der Seite Erich von Dänikens.
Eine Assistentin des Museums erklärte uns, dass nach dem Abschluss der letzten Grabungen die Funde vom Molpir gewissenhaft katalogisiert und im Keller eingelagert wurden – seitdem lägen sie dort unten und würden unbeachtet verstauben! Zwar sind einige Stücke ausgestellt, gegen die im Souterrain aufbewahrten Artefakte seien diese jedoch verschwindend wenig.
Und dann geschah fast Unglaubliches: Auf unsere vorsichtig geäußerte Frage, ob es nicht vielleicht möglich wäre, auch einige jener Funde in Augenschein zu nehmen, die seit mehr als 20 Jahren nicht mehr das Licht des Tages gesehen hatten, schickte man nach dem Direktor. Und keine Viertelstunde später schleppte die Assistentin schachtel- und tütenweise Kostbarkeiten herbei, die außer jenen, die seinerzeit mit den Ausgrabungen beschäftigt waren, noch niemand zu Gesicht bekommen hatte.
Wir hatten das unwahrscheinliche Glück, die Ersten sein zu dürfen, denen die Kellerschätze gezeigt wurden. Bestimmt waren es nicht die spektakulärsten Objekte, doch was wir zu sehen beka-

men, war trotzdem recht beeindruckend. So staunten wir über eine große Anzahl Speerspitzen, die ungewöhnlich exakt gearbeitet waren, beinahe den Eindruck machten, als seien sie maschinell hergestellt worden. Und auch über Sicherheitsnadeln, die teils aus einem einzigen Stück hergestellt, teils regelrecht zusammengenietet waren.

Die Überlebenden jener namenlosen Stadt in den »Kleinen Karpaten« müssen in der Tat Unmengen an für sie wertvollen Gegenständen auf ihrer überstürzten Flucht zurückgelassen haben. Um nie wieder an den Ort des Grauens zurückzukehren. Auch die Angst, diesen unheimlichen Ort aufzusuchen, muss über die Jahrtausende höchst lebendig geblieben sein, wurde als Tabu von Generation zu Generation weitergeraunt. Sonst hätten sich wohl ungezählte Schatzsucher und Hobby-Archäologen über den Molpir hergemacht, wären die meisten der Funde statt im Museumskeller zu Trnava in irgendeiner Privatsammlung gelandet.

Was aber auch wir nicht zu Gesicht bekamen, was mit Sicherheit das größte Geheimnis dieser sinistren Stätte darstellt, waren jene Skelette, die so unerklärliche Verbrennungen aufweisen sollen, als seien diese schlagartig eingetreten. Durch die Zündung eines Sprengsatzes etwa, wäre man versucht zu spekulieren. Im Historischen Museum zu Trnava teilte man uns bedauernd mit, dass diese menschlichen Überreste nicht unter den zahlreichen Funden seien, die schon seit über 20 Jahren im Keller verstauben.

So mag noch reichlich detektivischer Spürsinn gefragt sein, um Aufklärung über die ominösen Vorgänge zu erhalten, die sich in grauer Vorzeit dort abgespielt haben. Martin Jurik verfolgt derzeit die Spur jener Wissenschaftler, die in den siebziger Jahren am Molpir gegraben haben.

Bliebe nur noch zu fragen: »Sag mir, wo die Toten sind, wo sind sie geblieben …«

Der Eishauch der unheimlichen, bleichen Männer

Neben den rätselhaften Relikten vom Molpir sind es auch uralte Sagen aus diesem Teil der Karpaten, welche uns zu Schlussfolgerungen verleiten, die uns eine Gänsehaut über den Rücken jagen. Berichten sie doch vorwiegend Erlebnisse, die uns frappierend an die in unseren Tagen immer häufiger zitierten, albtraumhaften Fälle von Entführungen erinnern.

An die so genannten »Abductions«, um in der einschlägig bekannten Terminologie zu bleiben.

Einer dieser unheimlichen Vorfälle ereignete sich der Überlieferung zufolge an einem Berg, der von alters her als Mittelpunkt Schauder erregender Begegnungen gilt, an dem sich schon öfter die »Mächte der Finsternis« manifestiert haben sollen: Am Berg *Sitno* nahm das Geschehen seinen Lauf.

Im nahe gelegenen Dorf Sebechleby lebte vor ein paar hundert Jahren ein bekannter Geiger mit Namen Samko Dudik. Mit seinen Freunden hatte er eine Kapelle gegründet, und er war ein stets gern gesehener Gast auf den verschiedensten Festen. Jener Samko Dudik bekam eines Abends noch spät unverhofften Besuch. Es klopfte an der Tür, und obwohl er sofort aus dem Fenster sah, konnte er doch niemanden erkennen. Schließlich trat ein kräftig gewachsener Mann ein. Dieser forderte den Geiger auf, mit seinen Freunden am kommenden Abend auf einer Hochzeit am Sitno zu spielen. Als dieser unheilschwangere Name fiel, zögerte Samko, wusste er doch um zahlreiche unheimliche Vorgänge an jenem Ort.

Doch als ihm der Fremde nicht nur eine großzügige Entlohnung für sein Erscheinen versprach, sondern auch noch einige Goldstücke als Vorschuss überließ, willigte er doch noch ein.

Am nächsten Abend machte sich die Musikantengruppe auf zum Berg Sitno. Am Waldrand wurden sie bereits von einem sehr seltsam aussehenden Begleiter erwartet. Er gab ihnen den Rat, sich »nicht umzudrehen und auch nicht miteinander zu reden, sonst

würde sie der dichte Wald verschlingen: Hier sei noch nie eines Menschen Fuß hingetreten«.
»Und wer bist du? Vielleicht ein Tier?«, fragte ihn einer der Musiker.
»Ich bin, was ich bin«, antwortete der fremdartige Begleiter sichtlich unwirsch, »du musst es nicht wissen.«
So marschierten die Männer in der inzwischen eingetretenen tiefen Dunkelheit ins Unbekannte, mit einem mulmigen Gefühl, das immer stärker wurde. Plötzlich bemerkten sie, wie der Wald um sie herum zu verschwinden schien, verspürten eisige Luft und harten Fels unter ihren Füßen. Dann hatten sie den Eindruck, als würden sie eine riesige Halle betreten. Es war sehr dunkel, kalt, und es herrschte Totenstille – wie eine Hochzeit sah das Ganze jedenfalls nicht aus.
Mit einem Mal leuchteten wie von Geisterhand »Fackeln« auf, und der »Hochzeitszug« trat ein. Doch als die Musikanten die Gäste erblickten, erstarrten sie vor Schreck. Es waren allesamt »unheimliche Waldmänner, blass wie eine Wand«. Ebenso die Braut, die so weiß war, als wäre sie geradewegs aus einem Sarg gekommen. Ohne ein einziges Lächeln zu zeigen, bewegte sie sich »wie im Traum« inmitten der seltsamen Kreaturen. Sie hatten einfache Kleidung an, als würden sie »zu einer Hinrichtung gehen und nicht zu einer Hochzeit«. Alles war äußerst mysteriös!
Die »Waldmänner« heulten, tanzten, sangen und tobten – aber den Musikern fröstelte vor Angst und Entsetzen. Eine jener albtraumhaften Gestalten schrie plötzlich Samkos Gruppe an, sie sollten heitere Weisen spielen, denn sie seien nicht zu einem Begräbnis gekommen. Samko starrte das Wesen erschüttert an, »sein Gesicht war wie aus Wachs, die großen Augen schwarz wie Kohle, tief in seinen Gesichtszügen«. Die Kreatur begann dem Geiger mit einer »seltsamen Stimme« ins Ohr zu singen, und ihr Gesicht strahlte dabei eine eisige Kälte aus. Die anderen tanzten in der Zwischenzeit mit der Braut, als sei sie eine Holzpuppe, und warfen sie dabei hin und her.
Um Mitternacht begann das Festmahl. Als die anderen mit dem Essen beschäftigt waren, ging Samko nach draußen, um ein wenig frische Luft zu schnappen. Dort stieß er auf ein »Pferd«, welches ihn

mit menschlicher Stimme warnte, dass er stets auf der Hut sein solle. Denn »hier auf dem Sitno ist alles anders, anders als in der ›normalen‹ Welt«. Samko solle auch als Lohn Abfälle einsammeln anstatt Goldstücke.
Nach dem Gelage spielten die Musiker weiter, bis der Morgen am Horizont graute. Mit den ersten Sonnenstrahlen verschwanden die unheimlichen Gestalten. Nur der Mann, der sie den Berg hinaufführte, war noch da. Er zeigte den verängstigten Musikanten einen riesigen Raum voller Schätze. Doch Samko sammelte in Erinnerung an die zuvor erhaltene Warnung einzig den Abfall auf.
Danach führte sie der Fremde in den finsteren Wald zurück und befahl ihnen zu warten, bis es hell würde. Daraufhin verschwand er so unvermittelt und spurlos, als hätte ihn der Erdboden verschlungen. Die Musiker hörten noch einen entsetzlichen Krach, als würden die Felsen aneinanderprallen. Dann überwältigte sie eine große Müdigkeit. Sie sanken zu Boden und fielen in einen tiefen Schlaf.
Als die daraus aufwachten, war es heller Tag – und sie fanden sich am Rande ihres Heimatdorfes wieder. Statt des Abfalls hatten sie nun Goldstücke in ihren Taschen.
Der unheimliche und überraschende Höhepunkt dieser Geschichte war jedoch die Reaktion der maßlos erstaunten Dorfbewohner. Diese hatten bereits um ihre Freunde getrauert, galten doch jene seit drei Monaten als verschollen, und keiner hatte mehr gehofft, Samko und seine Mannen lebend wieder zu sehen.[45]
Und wer sich nur ein ganz klein wenig mit den typischen Begleiterscheinungen heutiger UFO-Entführungen beschäftigt hat, wird in dieser Überlieferung zu viele Parallelen entdecken, um sie noch dem viel zu häufig strapazierten Zufall in die Schuhe zu schieben!

Hermann Oberths Urahn

Von diesem Exkurs in die Mythologie zurück, möchte ich über meinen Betrachtungen zu augenfälligen Ungereimtheiten in ost-

europäischen Bergregionen eine nachdenklich stimmende Koinzidenz nicht unerwähnt lassen.
Es hört sich verrückt an, aber diese ganze Region, welche sich heutzutage die Staaten Rumänien, Polen, die Ukraine und die Slowakei teilen, scheint immer auf irgendeine Weise in das Thema Weltraumfahrt im weitesten Sinne involviert gewesen zu sein. Und was sich hier wie ein etwas weit hergeholter »Zufall« darstellt, ist die unglaubliche Tatsache, dass dort schon mehr als 400 Jahre vor den Raumfahrtprogrammen der Amerikaner und der Russen Raketenversuche betrieben wurden – alleine die Chinesen waren noch etwas früher dran!
Bereits 1529 wurde eine dreistufige Feststoffrakete in all ihren technischen Einzelheiten erfunden. Im Jahre 1555 wurde sie im siebenbürgischen Hermannstadt (dem heutigen Sibiu) gezündet und hob planmäßig ab.
Der einstmalige Leiter des Hermannstädter Artilleriedepots, der Feuermeister Conrad Haas, zeichnete für diese sensationelle Erfindung verantwortlich. Seine detaillierten Aufzeichnungen haben in einem heute im Museum von Sibiu verwahrten Dokument überlebt, an dem er – neben zwei anderen Autoren – zwischen 1550 und 1570 gearbeitet hatte. Der von Haas bearbeitete Teil enthält einen genauen Bericht über jenen 1555 erfolgten Start einer dreistufigen Rakete sowie einer *fliegenden Lanze* mit großer Reichweite. Auch von einem *Häuschen* an der Spitze einer Rakete war die Rede – wohl eine Art Vorläufer der Raumkapseln unseres ausgehenden 20. Jahrhunderts.
Haas' Aufzeichnungen beinhalten die Skizzen der zur Verwendung gekommenen Raketen. Er konstruierte sowohl zwei- als auch dreistufige Modelle mit verschiedenem Durchmesser. Beide benützten als Antrieb festen Treibstoff, aber auch ein flüssiges Gemisch aus Äthylazetat, Ammoniak, Essigsäure und anderen Substanzen. Conrad Haas' Manuskript führt akribisch aus, dass das Äthylazetat aus Essig und Alkohol, der Salmiakgeist hingegen aus Urin gewonnen werden konnte. Dem seiner Zeit unglaublich weit vorauseilen-

den Raumfahrtpionier gelang es sogar, für das Problem der Steuerung und der Stabilisierung seiner Raketen eine noch heute erfolgreich angewandte Lösung zu finden: Er konstruierte deltaförmige Flügel.[46]

Genau 400 Jahre nach der Erfindung der Mehrstufenrakete von Hermannstadt – 1929 – erschien ein Buch eines anderen dort gebürtigen Weltraumpioniers. Es war *Hermann Oberths* zweites Buch »Wege der Raumschifffahrt«. Und knapp 400 Jahre nach dem gelungenen Start beschrieb der als »Vater der Weltraumfahrt« geehrte Oberth (1894-1989) in seinem Werk »Menschen im Weltraum« zukünftige Siedlungen im Kosmos.

Ohne mich in irgendwelche abenteuerliche Spekulationen über die Wirklichkeit der uns umgebenden Realität verrennen zu wollen, frage ich hier: Sind es wirklich immer nur »Zufälle«, wenn wir mit derartigen Koinzidenzen konfrontiert werden?

Vampirmythen

Um das Thema über rätselhafte Funde und Geschehnisse in der Karpatenregion mit einem anderen unheimlichen Aspekt abzuschließen, möchte ich an dieser Stelle noch kurz auf den dort verbreiteten Vampirglauben eingehen. Es gibt verblüffende Übereinstimmungen zwischen jenen uralten Vampirgeschichten und den Berichten über die Begegnungen von Personen, die von möglichen außerirdischen Entitäten entführt worden sein wollen. Diese Parallelen zwischen zwei auf den ersten Blick unabhängig voneinander existierenden Phänomenen sind so evident, dass der deutsche Forscher Dr. Johannes Fiebag ebenso treffend wie eloquent feststellte: »Vampire sind keine Untoten, die nächtens unter Nebelwallungen aus mit Samt und Seide ausstaffierten Särgen kriechen, die sich mit Knoblauch und Kreuzeszeichen verjagen lassen oder ihre Liebesbezeigungen hübschen Frauen gegenüber mit einem kräftigen Biss in die Halsschlagader krönen. Der Vampirmythos gründet offenbar auf den nächtlichen Eingriffen fremdartiger Wesen, und er zeigt uns seine deutlichen Parallelen zum Besucher-Phänomen unserer Tage auf.

Wie der Vampir erscheint der *Bedroom Visitor* (eine beim modernen Besucher-Phänomen recht verbreitete Beobachtungskategorie; H.H.) in der Regel nachts. Er erreicht das Zimmer seines Opfers auf ungeklärte Weise, meist, indem er sich als Fledermaus nähert und seine Gestalt dann wieder in die eines Menschen zurückverwandelt. Der außerirdische Bedroom Visitor kommt mit einem UFO und dringt in menschenähnlicher Form – meist durch Wände und geschlossene Türen hindurch – in den Raum ein.«[47]

Auch körperliche Gemeinsamkeiten vermochte Dr. Fiebag festzustellen: »Vampire haben in unserer Vorstellung entweder dunkle eng anliegende Haare oder einen kahlen Kopf, sehr lange knotige Finger und große schwarze Augen. Der *kleine Graue* steht dem in Hässlichkeit kaum nach: Auch er besitzt einen großen kahlen Kopf, ist zierlich von Gestalt mit allerdings sehr langen, knochigen Händen und Fingern und hat große schwarze Augen. Lediglich die Zähne scheinen ein abweichendes Detail zu sein: Vampir-Eckzähne stehen in krassem Gegensatz zum zahnlosen Mund des ›kleinen Grauen‹. Aber exakt dieses Detail entstammt nicht dem Volksglauben, sondern der Fantasie eines Bram Stoker, der es in seinem Dracula-Roman erstmals den angeblichen Untoten andichtete.«[47]

Dass wir das moderne UFO-Phänomen keineswegs isoliert betrachten dürfen, sondern es vielmehr als Teil einer über unsagbar lange Zeiten zurückzuverfolgenden Einflussnahme fremder Intelligenzen auf diesem Planeten verstehen sollten, dafür habe ich mich schon vor einigen Jahren ausgesprochen.[8] Die Spuren hierfür lassen es an Kontinuität jedenfalls nicht fehlen, und wir können sie zeitlich beträchtlich weiter zurückdatieren, als unsere Zivilisation auf dieser Welt nach landläufiger Meinung existiert.

Über ganz unglaubliche, aber nichtsdestotrotz konkrete Spuren, die vor nicht allzulanger Zeit in den Weiten Russlands gefunden wurden, berichte ich im folgenden Kapitel.

5 Die Zukunft, die schon gestern war

Nanotechnologie vor 100 000 Jahren

Abgesehen von der Gentechnik, die in den vergangenen Jahren wahre Quantensprünge in ihrer Entwicklung vollzogen hat, gibt es noch ein Gebiet, das derzeit eine überaus rasante Entwicklung erlebt: die *Nanotechnologie*.

Der Name dieser futuristischen Wissenschaft leitet sich von dem griechischen Wort *nanos* ab, was so viel wie *Zwerg* bedeutet. Die Experten, deren zukunftweisenden Ideen und Vorstellungen – wie sollte es auch anders sein – von einigen konservativen Gelehrten heftig kritisiert werden, sind davon überzeugt, dass im Submillimeterbereich angesiedelte Nano-Roboter die zukünftige technologische Entwicklung der Menschen auf diesem Planeten in maßgeblicher Weise bestimmen werden.

Der Begriff Nanotechnologie tauchte 1959 auf. Damals erklärte der Physiker und Nobelpreisträger Richard Feynman (1918–1988), wenn man einzelne Atome manipulieren könnte, dann wäre die Wissenschaft in der Lage, alles künstlich herzustellen, was man sich nur vorstellen könne.[48]

Wenn dies eintrifft, wäre es die tief greifendste Revolution in der Geschichte unserer Zivilisation. Mit Not und Armut wäre es vorbei, denn die mikro-miniaturisierten Apparaturen könnten darauf programmiert werden, Lebensmittel zu synthetisieren. Im selben Maße könnten sie dazu beitragen, unsere geschundene Umwelt zu sanieren, indem sie Schadstoffe absorbieren und in deren Ausgangsstoffe aufspalten. Und die Medizin würde in einer Weise davon profitieren, die noch bis vor kurzem als absolute Science-Fiction angesehen wurde. Denn Herz- und Gefäßkrankheiten hätten ein für alle Mal ihren Schrecken verloren, wo Mikrosonden ferngesteuert Operationen im Inneren der Organe und Blutbahnen durchführen, die auf konventionelle Weise nicht möglich wären. Alles nur pure Utopie?

»Die fantastische Reise« wird wahr

Ohne Zweifel war all dies reinste Science-Fiction, als wir das Jahr 1966 schrieben. Da wurde nämlich – womöglich angeregt durch Richard Feynmans erwähntes Zitat – der Kinothriller »Die fantastische Reise« gedreht. Ein Wissenschaftler war, so die Handlung des auch heute noch sehenswerten Films, lebensgefährlich an einem Blutgerinnsel im Gehirn erkrankt. Der Blutpfropf saß an einer für das Skalpell unzugänglichen Stelle – ein Eingriff herkömmlicher Art hätte den für die Geheimdienste beider Seiten interessanten Mann mit Sicherheit getötet. So entschloss man sich für eine bahnbrechende, neue Operationsmethode. Ein U-Boot wurde samt seiner aus Spezialisten bestehenden Mannschaft auf Mikrobengröße verkleinert und dann in die Blutbahn des Patienten injiziert. Auf ihrer »Reise« durch das Herz und die Gefäße hatten die Helden allerlei Gefahren und Abenteuer zu bestehen, und wie immer gab es im Team einen eingeschleusten Bösewicht, der die ungewöhnliche Rettungsaktion im Auftrag der Gegenseite sabotierte. Doch dem machten zu guter Letzt die weißen Blutkörperchen den Garaus, da sie ihre Aufgabe als ausführende Organe unseres Immunsystems gewissenhaft wahrnahmen, und so kam es in Hollywood-üblicher Manier zum Happy End. Auch im Jahre 1987, als ein Remake des inzwischen zum Klassiker gereiften Thrillers unter dem Titel »Die Reise ins Ich« produziert wurde, mußten derlei Aktionen zweifellos noch unter der Rubrik »nicht machbar« abgelegt werden.

Indes – die Realität ist gerade dabei, alle unsere Vorstellungen in Sachen Zukunftstechnik über den Haufen zu werfen. Im Oktober 1999 ging ein sensationeller Beitrag durch die Presse, welcher besagt, dass »Die fantastische Reise« in Kürze zur Realität werden wird:

»Notaufnahme in einer Schlaganfall-Klinik: Der Arzt spritzt dem Patienten eine Lösung in den Körperkreislauf, und in dieser Lösung schwimmt ein Mini-U-Boot – für das menschliche Auge fast unsichtbar. Das U-Boot fährt zu einer verstopften Ader im Gehirn und putzt mit winzigen Bürsten die Ader frei. Der Patient ist gerettet!

Das Drehbuch zu einem Sciene-fiction-Film? Von wegen: Das Mini-U-Boot gibt es bereits. Gebaut hat es Reiner Götzen, Diplomingenieur und Fachmann für ›ultrakleine Objekte‹, Spezialfirma micro-TEC in Duisburg.«[49]

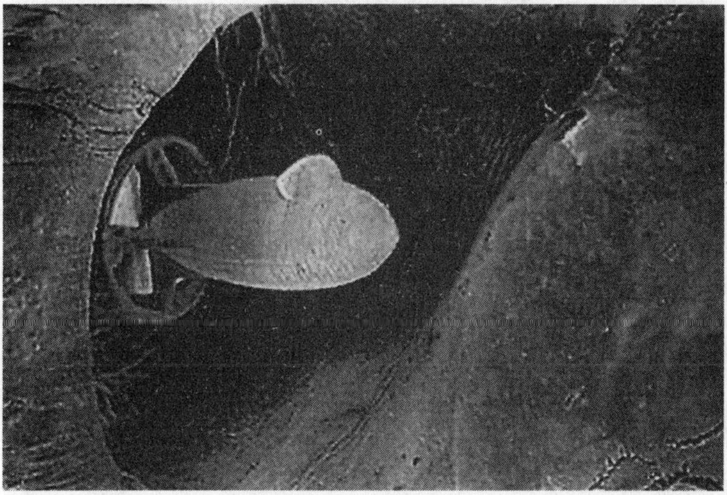

Abb. 20: Nanotechnologie macht's möglich: Ein winziges U-Boot fährt durch die Blutgefäße eines Menschen. Schon in Kürze werden wir über eine Technik verfügen, die vor wenigen Jahren noch als Sciene-Fiction galt.

Das kleine Wunderwerk wurde im Computer konstruiert. Die Informationen werden über einen Laserstrahl, der wie ein haarfeines Messer wirkt, in flüssigem Kunststoff gelenkt, daraus wird das Miniatur-U-Boot, das ganze 4 Millimeter lang und einen halben Millimeter dick ist, regelrecht herausgeschält. Der Antrieb erfolgt durch winzigste Magneten in der Schiffsschraube, die durch eine Spule außerhalb des Körpers bewegt werden.

Bereits in wenigen Jahren soll dieses Mini-U-Boot – wie anno 1966 dessen filmischer »Vorgänger« – in der Medizin eingesetzt werden. Es könnte dann mit Spezialmedikamenten bestückt und über die Blutbahnen auf direktem Weg beispielsweise zu einem Krebsgeschwür gelenkt werden. Bei der Chemotherapie können die aggressiven Krebsmittel dann exakt im Tumor wirken; die belastenden Nebenwirkungen könnten dann reduziert oder sogar völlig vermieden werden. Oder denken wir an die Therapiemethoden bei Nieren- und Blasensteinen. Hier könnten am U-Boot angebrachte winzige Fräsen die Steine schonender zerlegen, als es die heute verbreitete Stoßwellenmethode vermag. Ganz zu schweigen von ein paar antiquierten, noch weitaus schauderhafteren Therapiemethoden. Wir leben schon mitten in der Zukunft!

Fluch oder Segen?

Das Miniatur-U-Boot für den medizinischen Bereich ist natürlich nicht das einzige Produkt der sich immer rasanter entwickelnden Nanotechnologie. So arbeitete eine Firma, die sich ebenfalls auf medizinische Geräte spezialisiert hat, an einem Material, in welches 11 Nanometer dünne Linien aufgebracht werden können. Zum besseren Verständnis: 1 Nanometer entspricht 1 Milliardstel Meter oder 0,000001 Millimeter. In diesem Material sollen verletzte Nerven oder Sehnen eingebettet und der Heilungsprozess durch Neubildung von Gewebe in den feinsten Rillen enorm beschleunigt werden.

Ebenso sind Forscher in aller Welt fieberhaft dabei, Miniaturkolben, -schalter, -hebel und -zahnräder zu entwickeln, die, in Nanoroboter eingesetzt, eines Tages helfen sollen, neuartige Produkte herzustellen und Arbeiten, die für Menschen und »normale« Technik zu filigran sind, auszuführen.
Weltweit führend bei den Forschungen zur Entwicklung extrem kleiner Bau- und Steuerelemente ist seit den Siebzigerjahren der amerikanische Physiker Dr. K. Eric Drexler. Internationale Anerkennung brachte ihm die Veröffentlichung seines bahnbrechenden Standardwerkes »Engines of Creation« ein. So erläuterte Drexler in einem Hearing vor dem Ausschuss des US-Repräsentantenhauses 1992 die technischen Möglichkeiten, die Nanoroboter – er bezeichnete diese auch als *Assembler* oder *Replikator* – Produkte vielfältigster Art herstellen zu lassen.
Bei so viel visionärem Denken kann es naturgemäß nicht ausbleiben, dass sich Kritiker zu Wort melden. Einige konservative Wissenschaftler bezeichnen ihn zuweilen als Spinner, der die Nanotechnologie zu einem neuen Gott erhebt. Ein wenig ernster zu nehmen sind da schon Einwände, die sich auf denkbare Gefahren dieser neuen Technologie beziehen. Was würde geschehen, wenn Nano-Replikatoren außer Kontrolle geraten? Wie könnte man verhindern, dass Nanotechnologie zur Entwicklung neuartiger Vernichtungswaffen missbraucht wird? Dass solche Gedanken nicht allzu weit hergeholt sind, beweist auch die Tatsache, dass in einer Sitzung des US-Senats auf höchster Ebene die Möglichkeit der Zerstörung feindlicher Panzer durch neuartige Nanoroboter diskutiert wurde.[48]
Es bleibt zu hoffen, dass die Vorteile der Nanotechnik deren eventuelle Nachteile überwiegen werden. So ist die Wahrscheinlichkeit mit Sicherheit höher, dass uns jene Zukunftstechnik in nächster Zeit viel eher winzige medizinische Werkzeuge bescheren wird, die im Kampf gegen die Geißeln der Menschheit zum Einsatz gelangen, als Raketen in Mikroform.
Und von Dr. K. Eric Drexler selbst kommt die eher beruhigende Äußerung: »Es ist ziemlich unwahrscheinlich, dass ein industrieller

Replikator, der etwa für Ölrohstoffe ausgelegt ist, sich zufälligerweise so entwickelt, dass er in freier Wildbahn überlebensfähig wäre. Dies wäre so, als würde es einem Auto in der Garage eines Tages einfallen, dass es Benzin und Getriebeöl nicht mehr mag und künftig nurmehr mit Baumharz betrieben werden kann.«[48]
Auf alle Fälle aber werden uns die Errungenschaften der allernächsten Zukunft noch einiges Staunen abringen. Ungläubiges Staunen lehren uns auch die Funde, die einer vergleichbaren Technologie angehören dürften – verrückterweise jedoch aus längst zurückliegenden Zeiten stammen.

Nanotechnik aus der Eiszeit

»Alles schon da gewesen!« Dieses geflügelte Wort pflegte der Rabbi Ben Akiba, einer der Hauptcharaktere in *Uriel Acosta* von Karl Gutzkow (1811–1878), bei allen möglichen Gelegenheiten zu zitieren. Dem Ausspruch kann ich mich, was die mikrokleinen Wunderleistungen der Nanotechnologie angeht, an dieser Stelle guten Gewissens anschließen.
In den Jahren seit 1991 fanden Goldsucher und Erzprospektoren, die im Auftrag größerer Firmenkonsortien nach so genannten

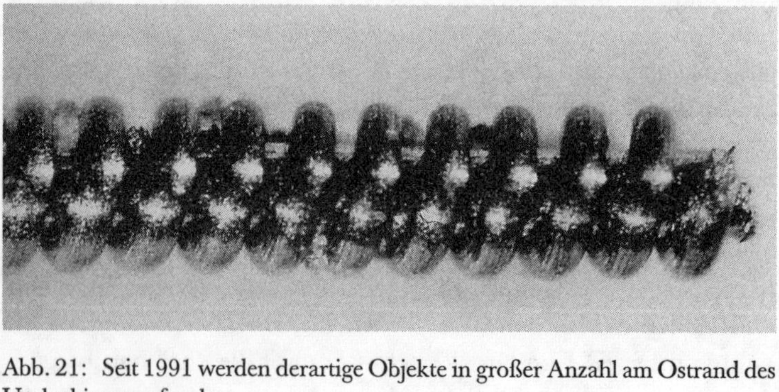

Abb. 21: Seit 1991 werden derartige Objekte in großer Anzahl am Ostrand des Uralgebirges gefunden.

Buntmetallen schürfen, am östlichen Rand des zu Russland gehörenden Uralgebirges sonderbare, zumeist spiralförmige Gegenstände. Die Größe dieser Objekte variiert von maximal 3 Zentimeter bis in den Submillimeterbereich zu unglaublichen 0,003 Millimeter. Bis zum heutigen Tag wurden an verschiedenen Fundstellen nahe den Flüssen Kozhim, Narada und Balbanju sowie an zwei Bächen mit Namen Wetwisty und Lapchewozh viele Tausende dieser unerklärlichen Artefakte entdeckt, und das in einer Tiefe, die zwischen 3 und 12 Metern liegt. Diverse Gutachten datieren diese Schichten auf ein Alter, das je nach der Tiefe des entsprechenden Sediments zwischen 20 000 und mehr als 300 000 Jahren liegt.[50] Auf eine dieser Analysen werde ich noch detailliert eingehen.

Die spiralenförmigen Gegenstände bestehen aus verschiedenen Metallen: Die größeren aus Kupfer, die kleineren hingegen aus den seltenen Metallen *Wolfram* und *Molybdän.* Wolfram hat ein hohes Atomgewicht, dazu eine sehr hohe Dichte, und sein Schmelzpunkt liegt bei 3 410 Grad Celsius. Verwendung findet es vorwiegend als Legierungsmetall für verschleißfeste Werkstoffe. Auch in reiner Form wird es verarbeitet: zu Glühlampendrähten, elektrischen Kontakten, Raketendüsen und als Beschichtung der Hitzeschilde für Raumflugkörper.

Molybdän besitzt gleichfalls eine hohe Dichte, der Schmelzpunkt liegt immer noch bei respektablen 2650 Grad Celsius. Das wie Wolfram zu den seltenen Elementen unserer Erdrinde zählende Metall wird zur Härtung und Veredelung von Stählen verwendet, hauptsächlich zur Herstellung von hochbelastbaren Waffenteilen und Panzerplatten sowie Werkzeugen.

Die aufgefundenen Objekte, deren genaue Anzahl nur mehr zu schätzen ist, bestechen durch ihren hoch technisierten Eindruck, den sie bei gleichzeitiger Winzigkeit erwecken. Wie bei den eingangs in diesem Kapitel erwähnten Bauelementen unserer eigenen Nanotechnologie muss auch den Ural-Artefakten ein ganz spezieller Verwendungszweck bestimmt gewesen sein. Wozu diente bei-

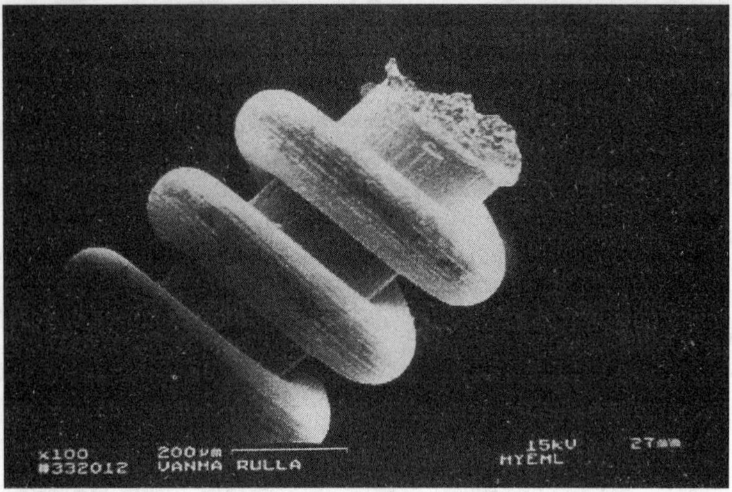

Abb. 22: In hundertfacher Vergrößerung: Der Messstrich unter dem Objekt steht für eine Strecke von nur 0,2 Millimeter. Verwendungszweck des Artefaktes ist unbekannt.

spielsweise die oben abgebildete Spirale, die sich um einen Kern windet und deren Durchmesser nicht einmal einen halben Millimeter beträgt? Der Messstrich am unteren Rand des Fotos, der eine Strecke von 200 µm, also zwei Zehntel eines Millimeters, anzeigt, vermag einen guten Eindruck von der unglaublichen Funktionalität der Nano-Elemente vom Ostrand des Uralgebirges zu vermitteln. Mit der Untersuchung jener mysteriösen Artefakte haben sich bislang schon mehrere Institute befasst. Direkt vor Ort waren:

- ☆ das »Zentrale Wissenschaftliche Forschungsinstitut für Geologie und Erkundung von Bunt- und Edelmetallen (ZNIGRI)«, welches dem »Komitee der Russischen Föderation für Geologie und Nutzung von Bodenschätzen« in Moskau unterstellt ist;
- ☆ Experten der »Akademie der Wissenschaften« in Syktywkar, der Hauptstadt der vormaligen Autonomen Sowjetrepublik Komi;

☆ der unabhängige Forscher Dr. Valerij Ouvarov, dem ich einen großen Teil der hier wiedergegebenen Informationen zu verdanken habe.[50]

Unglaubliche Laborergebnisse

Weitere wissenschaftliche Auswertung der Wolfram-Artefakte wurden auch an den Moskauer und St. Petersburger Instituten der Russischen Akademie der Wissenschaften sowie einem metallurgischen Institut in der finnischen Hauptstadt Helsinki vorgenommen. Mir persönlich liegt eine Analyse vor, die im bereits erwähnten »Zentralen Wissenschaftlichen Forschungsinstitut für Geologie und Erkundung von Bunt- und Edelmetallen (ZNIGRI)« in Moskau erstellt wurde.[51] Die wissenschaftliche Mitarbeiterin der »Abteilung Geologie, Suchmethoden und Ökonomie von Edelmetall-Seifenlagerstätten«, Frau Dr. E. W. Matwejewa, listet darin die Ergebnisse ihrer Untersuchungen auf, die sie gemeinsam mit ihren Kollegen W. W. Stoljarenko und N. M. Rindsjunskaja vornehmen konnte.

Unter dem Aktenzeichen 18/485 vom 29. November 1996 werden zunächst einmal die Örtlichkeiten einer der Fundstellen genauestens lokalisiert:

»Im Zeitraum der Feldarbeiten des ZNIGRI im Jahre 1995 wurden im niedrigen Strömungsbereich des Flusses Balbanju bei der Beprobung von alluvialen, goldhaltigen Ablagerungen aus der schweren Schlichfraktion zwei spiralförmige Proben erhalten. Beprobt wurde ein Schnitt der alluvialen Ablagerungen der dritten Überschwemmungsterrasse des linken Ufers des Flusses Balbanju mit Orientierung entlang der Bohrlinie 106 (Bohrungen Nr. 110–112). Hier wurden in der Pfeilerwand des Gewinnungstagebaues lockere Ablagerungen, die sich von unten nach oben darstellen, gefunden.«[51]

Sodann folgt eine Aufzählung der verschiedenen aufgefundenen

НАУЧНО-ИССЛЕДОВАТЕЛЬСКОЕ И ПРОИЗВОДСТВЕННОЕ
ИНДИВИДУАЛЬНОЕ ЧАСТНОЕ ПРЕДПРИЯТИЕ КУДРИНА "ДЕЛ"

Экз. № единственный
КТ

Матвеева Е.В., Столяренко В.В.,
Риндзюнская Н.М.

АРТЕФАКТЫ НИТЕВИДНОГО ВОЛЬФРАМА ИЗ АЛЛЮВИАЛЬНЫХ ОТЛОЖЕНИЙ КОЖИМА (ПОЛЯРНЫЙ УРАЛ)

Москва, 1996 г.

Schichten und deren Mächtigkeiten, eine eindeutige geologische Zuordnung der geheimnisvollen Artefakte, sowie deren erdgeschichtlich relevante Datierung:
»Der Schlich, welcher jene spiralförmigen Objekte enthielt, charakterisiert sich als Geröll- und Geschiebeablagerungen der 3. Sohle, die unserer Auffassung nach … ein Ergebnis der innersedimentären Auswaschung von poligenetischen, akkumulativen Schichten darstellen. Diese Ablagerungen können orientierungsmäßig auf 100 000 Jahre datiert werden und entsprechen den liegenden Teilen der Mikulinsker Sohle des oberen Pleistozäns.«[51]
Zur Abwechslung ein wenig Klartext: Der Begriff *Pleistozän* bezeichnet in der geologischen Zeitrechnung jenen Teil der Formation *Quartär*, der vor etwa 2 Millionen Jahren begann und vor rund 10 000 Jahren endete. Mehrere Eiszeiten wechselten in dieser Periode mit milderem Klima ab. Darauf folgt das *Holozän*, in dem wir uns – erdgeschichtlich betrachtet – jetzt befinden.
So unglaublich es klingt: Die Ural-Artefakte entstammen einer Periode, in der nach landläufiger Expertenmeinung nur wilde, grunzende Neandertaler keulenschwingend deren eiszeitliche Umgebung unsicher machten. Ein weiteres Mal ist unser tradiertes Geschichtsbild rundherum anzuzweifeln, will man Funde wie die hier beschriebenen nicht unter den Teppich kehren, der Lächerlichkeit preisgeben oder schlicht totschweigen.
An solchen harten Fakten kommen wir nicht mehr vorbei, wir müssen uns wohl oder übel damit auseinandersetzen. Aber es kommt noch besser!

Abb. 23: Deckblatt des »ZNIGRI«-Untersuchungsberichtes von Dr. Elena W. Matwejewa über die zumeist aus Wolfram und Molybdän bestehenden Artefakte. Der Bericht hält eine »außerirdische technogene Herkunft« der gefundenen Objekte für möglich!

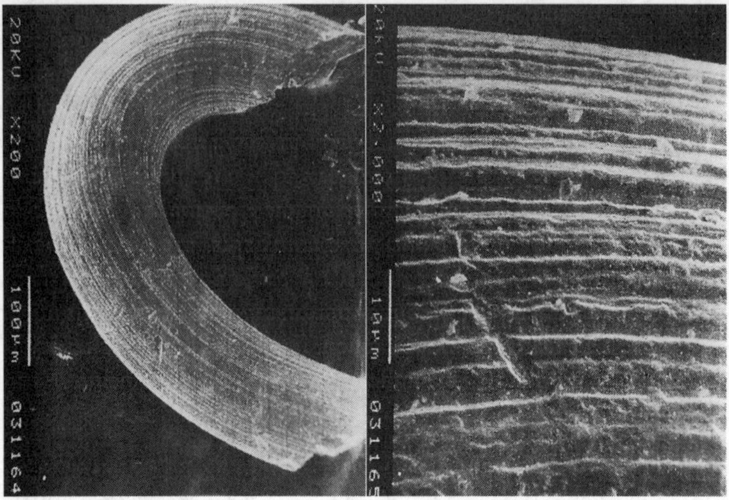

Abb. 24, 25: Ein weiteres Ural-Artefakt in 200facher (links) und 2000facher Vergrößerung. Eine 100 000 Jahre alte, außerirdische Nanotechnologie?

»Außerirdischer technogener Ursprung«

In ihrem weiteren Verlauf beschreibt die Analyse die am Institut vorgenommenen Beprobungen, die unter anderem mit Hilfe eines Elektronen-Mikroskopes vom Typ JSM T-330 der japanischen Firma JEOL Electronics durchgeführt wurden. Auch die in diesem Zusammenhang gewonnenen Daten mehrerer Spektralanalysen sind in besagtem Untersuchungsbericht 18/485 vom 29. November 1996 tabellarisch aufgeführt.

Gegenstand eingehender Betrachtungen ist letztlich auch das Kristallisationsverhalten und die strukturellen Besonderheiten des Elements Wolfram. So wird festgestellt, dass dieses Metall »in dieser ungewöhnlichen Form von Spiralen« in der Natur keineswegs vorkommt – was den Schluss einer künstlichen Erzeugung der Artefakte zwingend nahe legt.

Ungeteilte Aufmerksamkeit aber sollte die abschließende Bewertung finden, zu der das Moskauer Institut kommt, stellt sie doch eine eindeutige Provokation für das wissenschaftliche Establishment dar. So bemerkt Frau Dr. Matwejewa, dass »das Alter der Ablagerungen und die Beprobungsbedingungen nur eine geringe Glaubhaftigkeit ergeben, dass der Ursprung der ungewöhnlichen, fadenförmigen Wolframkristalle auf eine technogene Ursache zurückzuführen ist, welche sich durch den Verlauf der Raketenstartroute vom Weltraumbahnhof Plisezk über die polaren Regionen des Uralgebirges ergeben würde«.[51]
Auf gut Deutsch: Es können keine metallenen Rückstände sein, die durch Raketenversuche in unserer Zeit verursacht worden wären. Dagegen würde auch die Tiefe jener Schichten sprechen, in denen die Artefakte gefunden wurden, sonst hätten sie sich nur an der Oberfläche abgelagert. Die Schlusssentenz des Untersuchungsberichtes bringt es dann letztlich auf den Punkt:
»Die angeführten Daten erlauben die Frage nach ihrem außerirdischen, technogenen Ursprung.«[51]
Wer immer es war, der uns das Zeug hinterlassen hat: Er muss uns in der technologischen Entwicklung ein großes Stück voraus gewesen sein, denn *wir* sind gerade erst dabei, uns auf dem Gebiet der Nanotechnik unsere ersten Sporen zu verdienen. Visionäre wie Dr. K. Eric Drexler mögen uns eines Tages zu dem Punkt führen, an dem die Protagonisten von »Projekt Erde« bereits vor Hunderttausenden von Jahren gestanden waren.

6 Das Imperium schlägt zurück

Die unglaubliche Story des John Searl

Dies ist eine der faszinierendsten und zugleich unglaublichsten, aber nichtsdestoweniger wahren Geschichten, die unsere an Verrücktheiten gewöhnte Zeit erlebt hat – und noch immer erlebt. Sie zeigt uns auf ebenso eindringliche wie auch beängstigende Weise, wie institutionalisierte Überheblichkeit und Ignoranz ihre Fortsetzung in geradezu kriminellen Machenschaften finden können, wenn es gilt, unbequeme Tatsachen zu unterdrücken. All das geschieht aus dem simplen Grund, weil nicht sein kann, was auch nicht sein darf.

Es ist die Geschichte des englischen Erfinders John *Searl,* der dem Geheimnis des Antriebes jener meist scheibenförmigen Flugobjekte auf die Spur gekommen ist, die weltweit nicht erst seit 1947 am Himmel beobachtet werden.

Die Geschichte jenes Mannes, der einem der Geheimnisse unbekannter Flugobjekte näher auf den Fersen ist, als es manchen Leuten lieb ist!

John Searl wurde am 2. Mai 1932 in Wantage (England) geboren; sein Vater war zu jener Zeit als Unteroffizier der britischen Armee in Indien stationiert. Bereits unmittelbar zu Anfang seines Lebens offenbarte sich die ganze Dramatik, die seither untrennbar mit seiner Existenz verknüpft scheint. John war eine Frühgeburt, infolgedessen schwächlich und untergewichtig, und der Arzt gab ihm praktisch keine Überlebenschance. Trotz dieser wenig hoffnungsvollen Prognose überstand er jedoch die folgenden Monate. Dann fiel er, noch als Säugling, aus einem indischen Umhängetuch, in dem man ihn getragen hatte. Und im Alter von sechs Jahren erkrankte er akut an einer doppelseitigen Lungenentzündung, die ihn ein weiteres Mal beinahe das Leben kostete.

Doch wider Erwarten erholte sich der Junge auch dieses Mal und wurde bald nach seiner Genesung in ein Kinderheim gebracht. Als er größer geworden war, wurde er Pflegeeltern in Suffolk anvertraut, bei denen er ungefähr zwölf Jahre seines Lebens zubrachte. Es war in den Jahren während des Zweiten Weltkrieges, als er mit seinen Pflegeeltern in unmittelbarer Nähe eines Flugplatzes der Royal Air Force wohnte, welcher auch immer wieder das Ziel feindlicher Bombenangriffe war. So blieb es nicht aus, dass der junge John einmal zugegen war, als ein britischer Bomber unmittelbar nach dem Start eine Bruchlandung machte und mit seiner ganzen Bombenlast erst auf dem Spielplatz der Schule zum Stillstand kam, auf dem John sich gerade aufhielt. Glücklicherweise gingen die Bomben nicht hoch, aber erneut war der junge Searl einer tödlichen Gefahr mit knappester Not entronnen.

Der Krieg ging zu Ende, und man schrieb das Jahr 1946. Im Alter von 14 Jahren schickten ihn seine Pflegeeltern in eine Marinekaserne, wo er eine Ausbildung als Funkoffizier der Royal Navy erhalten sollte. Eine rätselhafte Krankheit, welche sich keiner der damals hinzugezogenen Ärzte erklären konnte, beendete diese Laufbahn jedoch so schnell, wie sie begonnen hatte. Wieder einmal hatte John – nach dem Urteil der Ärzte – so gut wie keine Überlebenschance. Aber nach der Rückkehr zu den Pflegeeltern erholte er sich rasch wieder.

Die ersten Versuche

Noch im selben Jahr begann John Searl eine Elektromonteurlehre beim *Midland Electricity Board* (MEB), einem Elektrizitätswerk in

Birmingham. Dieses Werk stellte – für die Verwendung bei der Produktion von Stromzählern – seine eigenen Dauermagneten her. Dies erfolgte in der Elektronikwerkstatt, in der Searl als Lehrling eingesetzt war. Der wurde in kurzer Zeit so gut mit der Materie vertraut, dass er sich schon in jungen Jahren ein profundes Wissen um die Herstellungsverfahren sowie den Umgang mit den dazu erforderlichen Maschinen aneignete.

Von der Werksleitung erhielt er daher sehr bald die Erlaubnis, das Versuchslabor zu betreten und nach Feierabend für seine eigenen Experimente zu benützen. In dieser Umgebung begannen die Versuche Searls über Dauermagneten, welche letztendlich in der Entdeckung seltsamer, bis dahin unbekannter magnetischer Effekte gipfeln sollten.

Bei diesen Experimenten, bei denen er elektrische Generatoren benützte, bemerkte er regelmäßig schwache elektromagnetische Felder, die an den rotierenden Metallteilen auftraten. So gewann er die Überzeugung, dass bei entsprechenden Drehzahlen Elektronen durch die Zentrifugalkraft nach außen abgedrängt werden und dadurch der Rand gegenüber dem Zentrum eine negative Ladung erhält. Um diesen Effekt genauer zu erforschen, konstruierte er 1950 zunächst einmal verschiedene rotierende Gleitringe. Zwei Jahre später entwickelte Searl dann einen scheibenförmigen Rotor, ungefähr einen Meter im Durchmesser. Dieser war in Segmente unterteilt und passierte an seiner Außenseite eine Anzahl radial angeordneter Elektromagneten, welche von jenem Strom gespeist wurden, der durch die Rotation gewonnen wurde.

Den ersten Test solch eines scheibenförmigen Objekts unternahm Searl zusammen mit einem Freund auf einem freien Gelände. Zum Starten des Rotors benutzten die beiden einen kleinen Elektromotor. Diese Versuchsanordnung erzeugte tatsächlich die erwartete Leistung, allerdings bei einem ungewöhnlich hohen elektrischen Potenzial. Bereits bei relativ geringen Umdrehungsgeschwindigkeiten entstanden Spannungen in der Größenordnung von 100 kV (kV = Kilovolt = 1000 Volt), was sich in typischen elektrostatischen

Effekten äußerte: Ein deutliches Knistern war in der Umgebung des Objekts zu vernehmen, und überdies roch es merklich nach Ozon.

Durchschlagende Erfolge

Plötzlich trat etwas völlig Unerwartetes ein. Der scheibenförmige Generator erhob sich von selbst, wobei er zunehmend schneller rotierte. Dabei zerriss er das Verbindungskabel, das ihn bis zu jenem Zeitpunkt noch mit dem Elektromotor verbunden hatte, und stieg etwa 15 Meter in die Höhe. Dort verharrte er schwebend für kurze Zeit, wobei er seine Drehzahl noch immer atemberaubend beschleunigte. Gleichzeitig hüllte sich das Objekt nach und nach in einen unheimlich anzusehenden rosafarbenen bis roten Lichthof ein. Anwohner beklagten sich später über zum Teil extreme Rundfunkstörungen; einige Radiogeräte hätten sogar »verrückt gespielt«, ohne dass diese überhaupt eingeschaltet gewesen wären.
Schließlich beschleunigte sich die Scheibe aus diesem oben beschriebenen Schwebezustand auf eine fantastische Geschwindigkeit und verschwand vor den Augen des wie vom Donner gerührten John Searl und seines Freundes spurlos am Himmel!
Dies war ein geradezu unglaublicher Vorfall – aber gleichzeitig auch ein schmerzlicher Verlust für den jungen Erfinder. So hatte er doch alle finanziellen Mittel, die er besaß, in die nicht gerade billigen Materialien investiert, die er zum Bau der rotierenden Scheibe benötigte. Trotzdem hatte er großes Glück. Seine Experimente kamen noch im selben Jahr, 1952, einem gewissen George Haynes zur Kenntnis, der sich in der folgenden Zeit großzügig als sein Sponsor betätigen sollte. Dieser Mann war in jenen Tagen tragischerweise bereits unheilbar an einem Krebsleiden erkrankt, jedoch für John Searl wurde er zu einem hilfreichen, väterlichen Freund. Selbst am Phänomen der unidentifizierbaren Flugobjekte interessiert, faszinierten den Reverend Searls Experimente so sehr, dass er die Er-

richtung eines Labors im Schuppen seines Gartens finanzierte sowie die Anschaffung der Materialien und der Ausrüstung, die dem jungen Erfinder bis auf weiteres die Fortführung seiner Versuche ermöglichten.
In den wenigen Monaten, die George Haynes noch zu leben hatte, war es ihm immerhin vergönnt, noch sechs weitere Experimente mit Searls fliegenden Scheiben mitzuerleben. Bei deren unvermitteltem Aufstieg wurde sogar das Schuppendach wie von einem Projektil glatt durchschlagen. Und jedes Mal war das Objekt von einem regelrechten Lichtring umgeben, der alle Farben des Spektrums annehmen konnte.
Nach den bisherigen Forschungsergebnissen des englischen Erfinders hängt die Farbe, in die sich die Scheiben hüllen, entscheidend von der Stärke der Energieabgabe ab, möglicherweise zusätzlich von der statischen Aufladung der sie umgebenden Luft.

»Unheimlich« vertraut

Genau dies unheimliche Leuchten ist es, das uns sogleich an das UFO-Phänomen unserer Tage denken lässt. Wie es das folgende Fallbeispiel – als nur eines unter zahllosen anderen – illustrieren soll.
Es war gegen 1 Uhr morgens am 13. September 1965, als dem State Police Sergeant Gene Bertrand auf einer Umgehungsstraße in der Nähe der Stadt Exeter (New Hampshire/USA) ein Wagen auffiel, der mit laufendem Motor mitten auf der Fahrbahn stand. Am Steuer zusammengesunken saß, vor Erregung und Angst schlotternd, eine völlig verstörte Frau, die sich beinahe hysterisch weigerte, auch noch einen Meter weiterzufahren. Ein riesiger, rot leuchtender Flugkörper habe sie über mehr als 10 Meilen bis zu dieser Stelle verfolgt und sei dann über dem Wald verschwunden.
Sergeant Bertrand versuchte gerade, beruhigend auf die Frau einzureden, als ihn ein dringender Funkruf der Zentrale erreichte: Auf

dem Revier sei ein junger Mann aufgetaucht, der vollkommen verängstigt wäre – und den Dienst habenden Beamten atemlos genau dieselbe haarsträubende Geschichte erzählte. Auch er sei vor einem rot glühenden Flugobjekt, das über ihm schwebte, in den Straßengraben geflüchtet.
Widerwillig begaben sich Sergeant Bertrand und ein paar seiner Kollegen auf Streifenfahrt, im Grunde fest davon überzeugt, dass die Aussagen der beiden Zeugen eine natürliche Erklärung finden würden. Geschlagene zwei Stunden suchten sie vergeblich die Umgebung ab, zunehmend verärgerter über die vergeudete Zeit, und wollten sich schon auf den Weg zurück ins Revier begeben. Doch als sie unterwegs an einer Koppel mit sechs Pferden vorbeikamen, sprengten diese plötzlich wie in Panik davon. Im selben Moment wurde die ganze Gegend in ein grelles rötliches Licht getaucht. Über den Bäumen schwebte ein riesiges, scheibenförmiges rotes Objekt, das sich langsam und unheimlich lautlos auf die Polizisten zubewegte. Erst als ein zweiter Streifenwagen mit quietschenden Reifen neben den fassungslosen Kollegen stoppte, flog das unidentifizierbare Flugobjekt davon.[52]
Weltweit wurden unzählige, gut recherchierte UFO-Sichtungen dokumentiert, bei denen die Augenzeugen über auffällige Leuchterscheinungen berichteten. Das führt uns geradewegs zurück zu unserem englischen Erfinder: Auf welches Geheimnis ist John R. R. Searl im Verlauf seiner Forschungen gestoßen?
Doch zunächst einmal weiter in chronologischer Reihenfolge. Es geschah während jener Tage, als der bereits vom Tod gezeichnete Reverend George Haynes das Labor und die Grundstoffe für Searls Experimente finanzierte, als ein Angehöriger der Royal Air Force entnervt auf John schoss. Er fühlte sich nämlich durch dessen außergewöhnliche Versuche gestört. Glücklicherweise wurde Searl durch diese Kurzschlusshandlung nicht verletzt, denn der Soldat verwendete für seinen »Anschlag« glücklicherweise nur ein Luftdruckgewehr.
Searl ließ sich dadurch keineswegs beirren. In den folgenden Jah-

ren sammelte er einen kleinen Kreis von der Sache faszinierter Mitarbeiter um sich, mit deren Hilfe er größere und verbesserte Flugscheiben konstruierte. Dabei konnte regelmäßig beobachtet werden, dass sich bei sehr hohen negativen Potenzialen bis zu 10^{14} Volt neben einem charakteristischen Ozongeruch am Außenrand der Scheibe ein Vakuum bildete, und sich auch stets das typische schimmernde Leuchten zeigte.

Ein tragischer Unfall

Im Jahre 1963 schickte Searl, der sich zu dieser Zeit schon lange darüber klar geworden war, einer wirklich weltbewegenden Sache auf die Spur gekommen zu sein, Einladungen an das britische Königshaus und andere Institutionen. Als »Ihrer Majestät ergebener Untertan« plante er eine öffentliche Vorführung der Flugeigenschaften des von ihm entwickelten Diskus vor Vertretern von Politik, Verwaltung, Wissenschaft, Industrie und Militär. Deren Ignoranz war unübersehbar. Keiner der geladenen Gäste war erschienen! Und da Searl sich durch kostspielige Vorbereitungen auch noch in große Ausgaben gestürzt hatte, entwickelte sich die ganze Aktion für ihn letztendlich zu einem finanziellen Debakel.
Im selben Jahr kam es durch eine Verkettung unglücklicher Umstände leider auch zu einem tragischen Todesfall in seinem Team. Als eine der Versuchsscheiben, die einem mehrmonatigen Dauertest im Erdorbit unterzogen worden war, mit Hilfe der Fernsteuerung zurückgeholt wurde, machte sich der damalige Mitarbeiter John Judge daran, die in der Scheibe untergebrachten Mess- und Steuergeräte auszubauen. Dabei stützte er sich mit einer Hand an der Fiberglashülle des Diskus ab. Plötzlich brach Judge bewusstlos zusammen, und der eilends herbeigerufene Arzt konnte nur noch seinen Tod feststellen.
Die Staatsanwaltschaft wurde eingeschaltet und begann daraufhin mit ihren Ermittlungen, für deren Dauer Searl jegliche Weiterarbeit

an seinem Projekt verboten wurde. Was seine Forschungen natürlich immens zurückwarf. Wie mir Mr. Searl persönlich erklärte, kam man jedoch bald auf des tragischen Rätsels Lösung: Bedingt durch den langen Aufenthalt im Erdorbit hatte die Fiberglashülle der Scheibe durch chemische Reaktionen unvorhersehbare toxische Veränderungen erfahren. Es war eine so entstandene Strychninverbindung, welche die Schuld am Tode von Mr. Judge trug.[53]
Als Kämpfernatur, wie sich noch des Öfteren zeigen sollte, gab John Searl nicht auf. Denn er hatte ein klares Ziel vor Augen: Es galt, eine – vorerst ferngesteuerte – Flugscheibe auf einen kontrollierbaren Rundkurs zu schicken, der in seinem Verlauf vorgegeben und in seiner Durchführung lückenlos überwacht werden sollte.
Ein paar Jahre Forschung und große Opfer an Mitteln mussten hierauf noch verwendet werden. Wissenschaftler, die der Autodidakt Searl in der Hoffnung ansprach, mit ihm seine Erkenntnisse zu diskutieren, hatten nichts als Spott und Hohn, Ignoranz und Überheblichkeit für ihn übrig. Bei so viel »wissenschaftlichem« Geist, der ihm da entgegenschlug, widmete er sich lieber weiter seinen Forschungen, die er im kleinen Team vorantrieb.

Testflug über Cornwall

Am 30. Juni 1968 war es dann so weit. Searl und seine Helfer waren bereit, die Experimentalscheibe »P-11« ferngesteuert auf die Reise zu schicken: Von einem Freigelände bei Mortimer, einem Dorf bei Reading westlich von London, nach Cornwall, einer Halbinsel im äußersten Südwesten England. Lassen wir hier den Konstrukteur selbst zu Wort kommen:
»Die P-11 war der erste Typ eines Fahrzeugs zur Lösung von Konstruktionsproblemen für ein zukünftiges bemanntes Fahrzeug, das einmal gebaut werden wird … Von früheren Flugversuchen wissen wir bereits, dass sie ausgezeichnete Flugeigenschaften aufweist. Sie übertrifft alle unsere Erwartungen. Sie kann aufsteigen und bleibt

Abb. 26: Vom Holzmodell in einer Kiesgrube …

auf Befehl auf der Stelle, ohne sich auch nur einen Zoll im Wind zu bewegen. Es gibt kein Geräusch. Die Leute hier (gemeint sind ein paar neugierige ›Zaungäste‹, die an den Ort des Flugversuches gekommen waren, d. Verf.), verbergen sich vor uns, als ob wir irgendwelche Wesen von einer anderen Welt wären. Sie beobachten uns hinter Bäumen und Hecken versteckt, aber keiner kommt uns näher. Sie trauen uns wohl nicht. Es sieht ganz komisch aus, von unserem Gesichtspunkt gesehen, ihre Reaktion zu beobachten. Die Sonne scheint, aber es ist nicht mild. Der Wind ist kalt.
Wir sind glücklich über die P-11. Wir werden genau um 15.00 Uhr MEZ einen Flug versuchen und haben die Energieversorgung für alle Geräte an Bord gesichert. Wir sind voll beschäftigt, aber ich kann die Beobachter aus meinem Blickwinkel sehen; keiner hat gewagt, unser Startfeld zu betreten. Wir haben die P-11, die etwa 500 Kilogramm wiegt, an einen Platz getragen, wo sie die in der Nähe befindlichen Starkstrom-Überlandleitungen in genügender Entfernung passieren kann …

Der Uhrzeiger rückt auf 15.00 Uhr. Wir erhalten einen Anruf aus Cornwall, dass alles bereit ist. Die Flugleit-Frequenz ist eingeschaltet. Unsere Herzen schlagen schneller, und wir sind in Schweiß ausgebrochen. Nicht etwa weil es warm geworden ist, sondern weil das Fluggerät vielleicht nicht dem Funksignal Folge leisten und beim Hinausfliegen in den Raum verloren gehen könnte. Noch eine Minute. Ich schwitze, und meine Knie beginnen mit einer neuerlichen Angst zu zittern. Was passiert, wenn die Scheibe aus dem Senkrechtstart ausbrechen sollte, ehe sie genügend Abstand von der Hochspannungsleitung gewonnen hat? Wenn die Scheibe diese Kabel berührt oder ihnen zu nahe kommt, dann gibt es einen mächtigen Kurzschluss im Umkreis von einigen Kilometern.
Der Zeitpunkt zum Starten des Scheibengenerators ist gekommen. Er erfolgt durch einen kleinen Dieselmotor von außen. Eine Minute vergeht, und der automatische Relais-Schalter der Scheibe unterbricht den Kontakt mit der externen Kraftversorgung. Wir beginnen, den Generator der Scheibe zu beschleunigen. Jetzt ist sie auf sich selbst gestellt. Ich greife mir die Kamera, um einen Schnappschuss von diesem Moment zu bekommen; Belichtungszeit 1/5000 Sekunde, volle Blende … Als der Generator startete, gab es ein Summen, das in der Tonfolge immer höher wurde, aber das hat jetzt ganz aufgehört.
Wird sie aufsteigen? Ich kann mein klopfendes Herz spüren und sehe den Herzschlag auf dem nass geschwitzten Hemd. Die Venen an meinen Beinen sind angeschwollen, die Adern meiner Hand hervorgetreten. Ich schwitze stark. Meine nassen Haare hängen mir über die Nase herunter.
Und jetzt schießt die Scheibe nach oben – so fantastisch schnell,

Abb. 27: … zum voll flugtauglichen Gerät: John Searls Versuchsscheibe P-11 im Flug. Am 30. Juni 1968 legte das Modell von etwa 4,50 Metern Durchmesser die 250-Kilometer-Distanz Reading–Cornwall in schier unglaublichen drei Minuten zurück!

dass ich äußerste Mühe habe, sie in den Sucher zu bekommen. Da ist sie! Ich knipse, drehe den Film weiter, jeder in unserem Team fotografiert so rasch wie möglich. Die Scheibe kommt bei der Hochspannungsleitung klar. Ich habe aufgehört, Bilder zu knipsen und verzeichne meine Eindrücke, da ich durch den Sucher blickte. Der Erdboden schien (beim Start) zu schwanken, aber ich konnte keine Bewegung verspüren ... Ich schaue hinüber, wo die beiden Zuschauer waren. Sie rennen dorthin zurück, wo sie herkamen, sind wahrscheinlich zu Tode erschrocken. Dann kommt der Anruf durch: Die Scheibe fliegt jetzt über Cornwall.

Weitere Parallelen zum UFO-Phänomen

Wir entspannen uns, nur mein Herz schlägt noch wie verrückt. Unser Team in Cornwall schickt die Scheibe jetzt auf den Rückflug. Wir gehen zum Startpunkt hinüber und stellen fest, das mit der Erde auch Gras und Gestrüpp herausgezogen sind. An dem Platz, wo die Scheibe war, sieht es wie abgetragen aus. Ein angesengter Ring ist da, und das Gestrüpp am Rande liegt in Richtung der kahlen Stelle niedergedrückt. Dieses Problem haben wir noch zu lösen, das Herausziehen der Grasnarbe und diesen ›Verbrannten-Ring-Effekt‹...«

Das Phänomen eingebrannter »Ringe« am Ort mutmaßlicher UFO-Landungen ist aus zahlreichen Fallbeispielen vertraut. In einem früheren Buch berichtete ich aus der Volksrepublik China von der Landung eines Flugkörpers in der Wüste Gobi, bei der ein eingesengtes Kreuz am Boden zurückblieb.[8] Und der französische Forscher Aimé Michel beschreibt einen Fall aus den Fünfzigerjahren, bei dem derselbe Krater- und Bodeneffekt auftrat wie beim Experimentalflug der »P-11«.

Am Abend des 4. Oktober 1954, gegen 20 Uhr, machte Madame Fournet aus Poncey-sur-l'Ignon zusammen mit weiteren Zeugen eine sonderbare Beobachtung. Etwa 20 Meter von ihrem Haus entfernt schwebte und schaukelte über der Wiese ihres Nachbarn, Monsieur Cazet, ein leuchtendes Objekt in der Luft und wollte offensichtlich rechts von einem Baum zur Landung ansetzen. Gemäß Madame Fournets Angaben hatte das Objekt einen Durchmesser von etwa 3 Metern, eine elliptische Form und strahlte eine rötliche Farbe aus. Es tauchte die Zweige und Blätter des Baumes in ein fahles Licht.

Als die Frau weglief, um weitere Zeugen zu holen, begann das UFO sofort mit unglaublicher Geschwindigkeit aufzusteigen, wobei es ein tiefes Loch an der Stelle hinterließ, über der es geschwebt hatte.

Auf einer Fläche von etwa 1,5 mal 0,6 Metern schien der Boden regelrecht hochgesaugt worden zu sein. Die herausgeschleuderte Erde lag in Klumpen von 20 bis 30 Zentimetern Größe ca. 4 Meter verstreut um den Krater herum. In der frischen Erde des so entstandenen Loches kringelten sich weiße (!) Regenwürmer. Der rätselhafte Krater wies in halber Tiefe einen größeren Durchmesser auf als an der Erdoberfläche. Seltsamerweise waren die Baumwurzeln im Innern des Kraters jedoch vollkommen unbeschädigt geblieben, was durch »normales« Ausheben eines Loches unmöglich wäre. So deuteten alle Indizien darauf hin, dass die Erdmassen durch ein gigantisches Vakuum herausgeschleudert worden sein müssen.[54]

Auf welche Geheimnisse der so genannten »Fliegenden Untertassen« ist der englische Erfinder John Searl in den Jahren seiner Forschungen gestoßen, wie die zahlreichen augenfälligen Übereinstimmungen mit dem modernen UFO-Phänomen vermuten lassen? Ist der »Außenseiter« – auf welche Weise auch immer – auf grundlegende Konstruktionsmerkmale außerirdischer Technologie gestoßen, die er in seinen Experimentalscheiben bereits teilweise erfolgreich umzusetzen vermochte?

Dieser Schluss liegt tatsächlich nahe. Verfügen seine Flugscheiben doch noch über weitere Eigenschaften, die den so häufig beobachteten UFOs unserer Tage zugeordnet werden:

- Es entsteht keine Reibungshitze beim Flug in der Atmosphäre.
- Die Scheibe erzeugt kein Geräusch während des Fluges.
- Der für den Eintritt in den Überschallbereich so charakteristische Knall fällt weg.

Hier wie dort dürften die sich um die Flugscheiben bildenden elektrostatischen Felder der Grund für das atypische Verhalten im Vergleich zu konservativen Flugzeugen sein. Bereits Hermann Oberth (1894–1989), Pionier und »geistiger Vater der Weltraumfahrt«, stellte im Rahmen eines Vortrages über das vermutliche Antriebsprinzip der unbekannten Flugobjekte fest:
»Beim Eintritt in die Atmosphäre wird die Luft durch elektrische Felder fortgestoßen. Das ist der Grund, warum man keinen Lärm hört. Hier sind Dinge dabei, die wir mit unserer heutigen Physik noch nicht versehen …«[55]
Im Ansatz ist der Effekt erklärbar. Ein Flugzeug konventioneller Art muss sich, sobald es die Schallgeschwindigkeit erreicht, in die Luft hineinbohren wie ein Nagel in einen Holzblock. Die »ungewarnten» Luftmoleküle können nicht allmählich ausweichen, sondern prallen ungebremst und mit voller Wucht frontal auf die Stirnfläche des Fluggerätes auf. Hierbei entsteht eine mächtige Druckwelle, die in Form eines Kegelmantels abfließt. Wo sie sich über die Erdoberfläche ausbreitet, da erzeugt der plötzliche Druckanstieg die gefürchtete »Knallschleppe«, die nicht selten in dem betroffenen Gebiet zahllose Fensterscheiben zum Zerspringen bringt.
Die ionisierende Fernwirkung ist hingen der Geschwindigkeitsbeschränkung, der das Drucksignal gehorcht, nicht unterworfen. Durch die erreichten sehr hohen Feldstärken werden alle Luftteilchen bereits lange vor Erreichen der Profilkante der Scheibe ionisiert und durch elektrostatische Abstoßung zur Seite gelenkt. Bei vollständiger Ionisation entfällt daher der Überschallknall zur Gänze.
Dies gilt für die von John Searl geschaffenen Flugscheiben nicht anders als für die in aller Welt so zahlreich beobachteten, nach diesen

Betrachtungen wenigstens im Ansatz technisch erklärbaren UFOs, in denen sich augenfällig eine uns überlegene, außerirdische Technologie zu manifestieren scheint.

»They don't listen«

Warum weiß so gut wie niemand um diese zweifellos revolutionäre Antriebstechnik? »They don't listen« – »Niemand will es hören«, so lautet John Searls Antwort auf die Frage, warum die von ihm seit fast 50 Jahren entwickelte Technologie noch immer weitgehend unbeachtet geblieben ist.

Hatten britische Wissenschaftler, an die er sich gutgläubig zum Zwecke des Gedankenaustausches wandte, einzig und allein überhebliche Arroganz und unverhohlenen Spott für den Autodidakten übrig, wurde nur ein japanischer Universitätsprofessor hellhörig. Dann zu ähnlichen Ergebnissen wie Searl gelangte im Verlaufe seiner Forschungen Professor *Shinichi Seike*.

In seiner *elektrischen Kernresonanztheorie* bietet der Japaner eine Lösung der Bewegungsgleichungen in einem rotierenden elektrischen Wechselfeld, dem ein magnetisches Gleichfeld überlagert ist. Ab einer bestimmten Resonanzfrequenz können negative Entropiezustände auftreten. Im Klartext: Es fließt Energie aus dem Erdmagnetfeld in das System (hier: der Generator) ein. Basierend auf diesen Überlegungen entwickelte Seike verschiedene Modelle von Generatoren, die alle nach diesem Prinzip der Kernresonanz arbeiten. In einem hochfrequenten, elektrischen Wechselfeld erzeugt die Beschleunigung einer Masse bei Anwesenheit einer dazu parallelen Feldkomponente (hier: dem Erdmagnetfeld) einen konstanten Gleichstromanteil. Die Versuchsapparaturen, die der japanische Physiker entwickelte, bestanden stets aus einer gesinterten Bariumtitanat-Scheibe, mehreren Ferritkernspulen und drei Ladekondensatoren, die zusammen ein rotierendes elektrisches Wechselfeld aufbauten.

Die detaillierten Grundlagen einer solchen nach Zukunftsmusik klingenden Technologie, mit deren Hilfe die Schwerkraft in elektromagnetische Energie umgewandelt und zum Antrieb einer fliegenden Scheibe genutzt werden soll, beschrieb Shinichi Seike in seinem Anfang der Siebzigerjahre erschienenen Buch. Darin führte er auch die Möglichkeit aus, innerhalb des Flugkörpers ein künstliches Gravitationsfeld zu schaffen, das bei entsprechender Ausrichtung das Erdfeld zu schwächen oder gar aufzuheben vermag.[56]
In die Praxis umgesetzt, würde dies dem Flugobjekt zu einer ungeahnten Beschleunigung verhelfen. Diese wie auch ein plötzlicher Richtungswechsel würden jedoch für die Besatzung eines derartigen Raumfahrzeuges kein Problem darstellen. Laut Professor Seike würden jene Reaktionskräfte, welche die konventionelle Luft- und Raumfahrt sehr schnell an ihre Grenzen stoßen lassen, hier einfach entfallen. Denn in einem kontrollierten, künstlichen Schwerkraftfeld würde jedes Atom gleichermaßen beschleunigt.
Aus ungezählten UFO-Sichtungsberichten ist uns dieses Flugverhalten seltsam vertraut.
Doch zurück zu unserem englischen Erfinder Searl. Gewissermaßen als »Nebenprodukt« zu den auch *SEG* (»Searl Effect Generator«) genannten Flugscheiben entwickelte er auch einen handlichen Generator zur Erzeugung von elektrischem Strom für privaten Hausgebrauch. Dessen Verwendung garantierte die Unabhängigkeit von der kommerziellen Stromversorgung.
Doch es kam, wie es kommen musste: Ein paar finsteren Herrschaften waren Searls brillante Erfindungen ein ganz gewaltiger Dorn im Auge!

»Im Namen Ihrer Majestät«

Seit 1955 hatte sich John mit diesem besagten Stromerzeuger im Hause von der öffentlichen Stromversorgung vollkommen unabhängig gemacht. Was jedoch dann, Mitte der Achtzigerjahre, geschah, kann man nicht treffender denn als kriminellste Mafia-Methoden bezeichnen.

Im Jahre 1985 verlangte das örtliche Elektrizitätswerk Geld für den Stromverbrauch *seit 1955* – also Bezahlung von Leistungen, die 30 Jahre lang weder erbracht noch in Anspruch genommen worden waren! Selbstverständlich weigerte sich John, diese ungerechtfertigte und astronomisch hohe Summe zu bezahlen.

Kurze Zeit später drang ein Kommando vermummter Schläger in sein Haus ein und verwüstete es vom Keller bis unter das Dach. Insbesondere der Generator zur Stromerzeugung war das erklärte Ziel der Terroraktion; er wurde mit brachialer Gewalt aus der Wand gerissen und sofort kurz und klein geschlagen. Als Searl die Polizei zu Hilfe rief, erlebte er die nächste albtraumhafte Überraschung: Nicht der Schlägertrupp, sondern er wurde auf der Stelle verhaftet und mit auf die Wache genommen. Das Ganze nannte sich auch noch Schutzhaft, in Wahrheit war es nichts anderes als die Unterstützung der verbrecherischen Methoden der Strom-Industrie durch das nicht weniger verwerfliche Zugreifen der englischen Polizei. Es ist unglaublich! Man wähnt sich in einem jener bedrückenden Kriminalfälle, in denen das auf sich allein gestellte Opfer hilflos einer gigantischen Verschwörung finsterer Mächte gegenüber steht. Indes: Die Realität ist noch weitaus beklemmender!

Da Searl die unverschämte Stromrechnung für 30 Jahre weder bezahlen konnte noch wollte, schickte ihn der Richter »im Namen Ihrer Majestät« für 15 Monate ins Gefängnis. Nach der Entlassung war der Albtraum nicht vorüber, stand John erschüttert vor den Resten eines Infernos: Sein Haus war niedergebrannt, sämtliche Unterlagen und Geräte vernichtet, die Arbeit von mehr als 30 Jahren mit einem Schlag zunichte gemacht.

Das Imperium hatte zurückgeschlagen. Die verbrecherische Union von staatlicher Gewalt und kriminellem Kommerz hatte ihr wahres Gesicht, ihre hässliche Fratze gezeigt, die Ordnungsmacht sich als bloßer Handlanger der Wirtschaft demaskiert!

In letzter Sekunde gerettet!

Indessen wurde zur traurigen Gewissheit, dass Searls damalige Ehefrau an dieser Treibjagd nicht unbeteiligt gewesen war, wie auch an der Vernichtung der Unterlagen seiner langjährigen Forschungsarbeit. Verzweifelt über diesen Verrat, kaufte John von seinem letzten Geld, das er noch in der Tasche hatte, Gift und beging damit einen Selbstmordversuch.
Und auch hier zeigt sich wieder die ganze Dramatik, die das Leben des John Roy Robert Searl von Anfang an begleitet. Glücklicherweise war die Hecke, unter die er sich zur Ausführung jener Kurzschlusshandlung zurückgezogen hatte, nicht so von aller Welt abgeschieden, wie er es sich vorgestellt hatte. Ein abendlicher Spaziergänger, der noch seinen Hund ausführte, vermochte das vor Erregung zitternde und winselnde Tier nicht mehr zu bändigen. Entnervt ließ der Mann den Hund schließlich von der Leine, der sofort zielstrebig auf die Hecke zuschoss und aufgeregt bellte. Nichts Gutes ahnend, sah der Mann unter der Hecke nach und fand den leblos am Boden liegenden Erfinder.
Bereits für tot gehalten, brachte man Searl in das nächstgelegene Krankenhaus, wo zunächst auch der klinische Tod festgestellt wurde. Einem aufmerksamen Assistenzarzt war allerdings nicht entgangen, dass der vermeintliche Tote noch schwache Lebensfunktionen erkennen ließ. John Searl war am Leben, doch dieses hing an einem seidenen Faden. Er lag in einem tiefen Koma, aus dem er erst nach wochenlanger Intensivbehandlung wieder erwachte. Nach zehn Monaten wurde er aus der Klinik entlassen, besaß jedoch nichts mehr als die Kleidung, die er am Leib trug.

Ein neuer Anfang

Wie es danach weiterging, recherchierte mein Gewährsmann Herbert Schneider, dem ich viele der in diesem Kapitel berichteten In-

formationen verdanke, in mühevoller Kleinarbeit. Wobei er nicht selten ausgesprochen detektivische Arbeitsweise an den Tag legen musste. Herbert Schneider war damals der einzige Mensch, dem es gelang, John Searl wieder »aufzustöbern«, als dieser sich entschlossen hatte, nach der ihm widerfahrenen Häufung persönlicher Katastrophen erst einmal bis auf weiteres unterzutauchen.
Für meinen Gewährsmann begann die ganze Angelegenheit damit, dass zu Anfang der Achtzigerjahre ganz unvermittelt in ihm ein starkes Interesse an grenzwissenschaftlichen Themen erwachte. Weit davon entfernt, ein leichtgläubiger Mensch zu sein, richtete sich sein Interesse neben verschiedenen anderen Phänomenen auch auf das UFO-Rätsel. In dem Standardwerk seines Namensvetters Adolf Schneider, erschienen in den Siebzigerjahren[5], entdeckte Herbert Schneider einen Beitrag über John Searl, der ihn ganz in dessen Bann zog. Gab es tatsächlich einen Mann, der in der Lage war, funktionsfähige fliegende Scheiben zu konstruieren, die dem von Augenzeugen in aller Welt übereinstimmend berichteten Flugverhalten der geheimnisumwobenen UFOs so verblüffend entsprachen? Und – warum war es um den Mann neuerdings so auffallend still geworden?
So reifte 1985 der Entschluss, diesen schon zu Lebzeiten legendenumwobenen Mann ausfindig zu machen, um sich persönlich davon zu überzeugen, was es mit dieser fantastisch klingenden Fama auf sich hat. Über den Verlag und auch den Autor des oben genannten UFO-Buches[5] war nicht in Erfahrung zu bringen, wo sich der englische Erfinder aufhielt. Im Gegenteil: Es wurde sogar die Befürchtung geäußert, dass dieser nicht mehr unter den Lebenden weilte.[55]
Heute wissen wir es besser: Searl hatte damals – aus Angst vor weiteren Repressalien –, so oft es ihm möglich war, seinen Wohnort gewechselt. Sein Vertrauen in Behörden und staatliche Institutionen ist bis auf den heutigen Tag sowieso tief erschüttert. Wer will's ihm auch verdenken?
Herbert Schneider wusste zum damaligen Zeitpunkt gerade einmal, dass Searl bis zum Zeitpunkt seines Verschwindens im Dorf Morti-

mer gewohnt hatte. Der kleine Ort befindet sich im Bezirk Reading, westlich von London gelegen. Schneider besorgte sich also ein Telefonbuch des Bezirkes, fand tatsächlich einige Träger dieses Namens und startete einen Rundruf.

Erfolgreiche Detektivarbeit

Fehlanzeige! Wie auch bei seinen Briefen an Searls letzte bekannte Adresse, die allesamt ungeöffnet und mit dem Vermerk »Adressat unbekannt« zurückkamen. Kein Nachsendeantrag, keinerlei Hinweise auf den Aufenthaltsort – sollte sich dieser John Searl allen Ernstes in Luft aufgelöst haben?

Es sollte noch fast zwei Jahre in Anspruch nehmen, bis Schneider endlich fündig wurde und über abenteuerliche Umwege mit Searl persönlich korrespondieren konnte. Eingedenk der Tatsache, dass er berufstätig ist, kostete ihn diese Art von »Besessenheit« über einen längeren Zeitraum hinweg so ziemlich seine gesamte Freizeit!
Als er ihn endlich ausfindig gemacht hatte, plagten Herbert Schneider anfangs noch ernsthafte Zweifel, ob sich da nicht irgendjemand einen unfeinen Scherz mit ihm erlaubt haben könnte. Doch mit jedem Brief Searls an ihn wuchs die Überzeugung, es tatsächlich mit »dem Echten« zu tun zu haben. Zu viele Informationen konnten *nur* von John Roy Robert Searl selbst stammen. Mittlerweile hatte sich auch eine richtige Brieffreundschaft zwischen den beiden entwickelt, und als Searl ihm mitteilte, dass er »jederzeit willkommen« sei, nahm Schneider spontan die Einladung an und flog Anfang März 1988 nach England. Auch John weilte inzwischen mehrmals zu Besuchen in Deutschland.
Anlässlich seines Besuches bei Searl war Schneider natürlich begierig zu erfahren, wie es um ihn und seine sensationelle Erfindung nach den schlimmen Ereignissen Mitte der Achtzigerjahre stand. Und auch, was genauere technische Details betrifft, von denen ich in diesem Zusammenhang nur so viel bringen will, als zum Verständnis des Prinzips unbedingt notwendig ist. Wie der Konstrukteur selbst zugibt, haben sogar Fachwissenschaftler ihre Schwierigkeiten damit.
Heute ist John Searl damit beschäftigt, in mühevoller Kleinarbeit die während des Überfalls und in der Folge vernichteten Aufzeichnungen von mehr als 30 Jahren zu rekonstruieren. Im Übrigen schmiedet er bereits wieder Pläne, die er mit Hilfe wohlmeinender Freunde in die Realität umzusetzen hofft. Darüber jedoch mehr am Schluss dieses Kapitels.

Abb. 28: Herbert Schneider im Gespräch mit John Searl (rechts) bei dessen Besuch in Deutschland.

Die Technik der »fliegenden Scheiben«

Herzstück der Searlschen Flugmaschine ist der *die Scheibe umgebende SEG*, der »Searl Effect Generator«. Er besteht aus drei stationären Ringen, um die berührungsfrei zahlreiche rund um sie herum angeordnete Walzen laufen. Die Bauteile bestehen aus einer Legierung der Elemente Eisen (Fe), Aluminium (Al), Silizium (Si), Schwefel (S), Titan (Ti) und Neodym (Nd). Jener SEG läuft so schnell, dass durch *Elektronenkondensation* eine Abkühlung des Systems erfolgt, die bei 4° Kelvin (–269,16°C) zu einer Gravitationsumkehr führt. Searl nennt seine Scheiben daher auch *Invert-G-Vehicles*, was so viel bedeutet wie »Gravitations-Umkehr-Fahrzeuge«.

Nach erfolgtem Zusammenbau beginnt der SEG unverzüglich zu rotieren und lässt sich für gewöhnlich nicht mehr stoppen, emittiert also unablässig Elektronen. Ein einziges Mal geschah es, dass ein »Searl-Effect-Generator« zum Stillstand gebracht wurde. Als ein TV-Team mit der Kamera auf die Searl-Scheibe zuhielt, blieb der Generator auf der Stelle stehen! Des Rätsels Lösung: Der hochfrequente Strom der Kamera – der zufällig die »passende« Frequenz aufwies – war verantwortlich für das Abstoppen des SEG. An dieser Stelle komme ich nicht umhin, erneut eine Querverbindung zum viel zitierten UFO-Phänomen zu knüpfen. Denn mir ist mindestens ein Absturz eines UFOs geläufig, der mutmaßlich durch hochfrequente Energie verursacht worden ist. Ereignet haben soll er sich am 7. Mai 1989 in der Kalahari-Wüste in Südafrika.[57]

Doch zurück zur Technik der Searlschen Scheiben. Da sofort nach dem Zusammenbau eine unablässige Emission von Elektronen einsetzt, das System also arbeitet, kann eine Steuerung dieser Scheibe nur über eine *gezielte Ausrichtung* des Elektronenausstoßes erfolgen. Ungewöhnlich ist, dass Searls Diskus auf jeden Fall fliegt, denn die Aufhebung der Schwerkraft genügt schon, ihn von der Erde wegzuschleudern. Allerdings wäre er dann auf und davon – wie Searl es bei seinen ersten Experimenten in den Fünfzigerjahren insgesamt sechsmal erleben musste.

So paradox es klingt: Es bedarf ausreichender Energie, die von dem Flugobjekt respektive dem SEG selbst ausgehen muss, um es überhaupt am Boden zu halten. Die technische Ausstattung umfasst zu diesem Zweck 64 so genannte Flugzellen, die sich außerhalb des die Scheibe umgebenden Generators befinden. Dies sind 64 Segmente mit je einer von ihrem Zentrum nach außen gerichteten »Nadel« und *Elektronenemissionsplatten* an der Ober- und Unterseite des jeweiligen Segments. Diese Platten können voneinander getrennt oder gemeinsam an- und ausgeschaltet werden: So kann der Elektronenschub nach oben, nach unten oder gleichzeitig in beide Richtungen gelenkt werden (s. Abb. 29).

Schutzschild und Steuermanöver

Das eigentliche Bedienungselement ist ein Schalter, der den Elektronenfluss unterbricht – und zwar an jedem der 64 Segmente einzeln. Die Emission der Elektronen über die 64 Segmente baut darüber hinaus einen durch »Wegdrücken« der Luftmoleküle erzeugten »Schutzschild« auf, der dieselbe Form besitzt wie die fliegende Scheibe selbst. Diese Schicht ionisierter Teilchen kann bis zu mehreren Metern dick sein, dadurch gelangt nichts heran an das sich im Flug befindliche Objekt. Dieser Effekt wäre natürlich ideal für einen interstellaren Flug der Searl-Scheibe. Mikrometeoriten und kosmische Strahlungen können den Insassen des Flugobjektes nichts anhaben, durch den elektromagnetischen »Schutzschild« würden sie rechtzeitig von dem Raumfahrzeug abgelenkt werden.

Durch Schaltvorrichtungen kann der Elektronenfluss nach oben oder unten hin unterbrochen werden, ebenso können einzelne Segmente oder sogar ganze Partien abgeschaltet werden. Mit dem gerichteten Elektronenschub lässt sich der Flugkörper dann leicht steuern. Zwei Beispiele:

– Um die Searl-Scheibe am Boden zu halten, müssen die oben

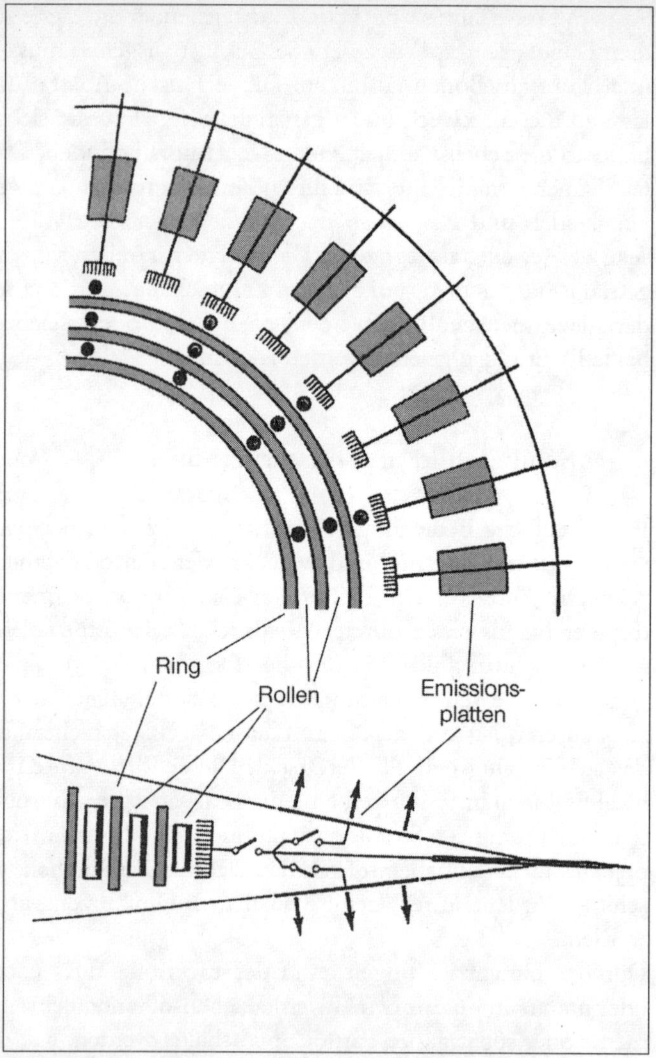

Abb. 29: Aufbau der Searlschen Flugscheibe mit dem aus drei Ringen und zahlreichen Walzen bestehenden Generator, sowie 64 Flugsegmenten mit Elektronenemissionsplatten (vgl. Text).

angeordneten Emissionsplatten ein-, die unteren hingegen ausgeschaltet sein (s. Abb. 30, ganz oben).
- Im freien Raum schwebend, geben alle Flugzellenplatten Energie ab. Das Flugobjekt befindet sich in der Schwebe und ändert seine Position nicht, da sich alle Kräfte in allen Richtungen aufheben (s. Abb. 30, 2. von oben).

Um die Lage zu verändern, etwa um das Fluggerät zu neigen, bedarf es lediglich der kurzen Unterbrechung des Elektronenausstoßes mit Hilfe eines einfachen, aus zwei Magneten bestehenden Rückschlagschalters. Dieser befindet sich zwischen dem aus drei Ringen bestehenden Generator und der Verzweigung der Leitungen zu den Emissionsplatten. Durch kurze Unterbrechung des Elektronenschubs an einigen Segmenten ändert die Scheibe ihre Lage (s. die anderen Figuren in Abb. 30). Nach demselben Steuerungsprinzip funktioniert auch das Fliegen in die gewünschte Richtung. Durch das Einschalten der »passenden« Platten beziehungsweise Abschalten der entgegengesetzt angeordneten bewegt sich die Scheibe genau in die anvisierte Richtung – ähnlich einem Düsenantrieb. Jedoch durch Elektronenschub statt durch Verbrennung fossiler oder chemisch erzeugter, sprich: explosionsgefährlicher Brennstoffe!
Alles klar bis hierher? Ein kleiner Trost: Auch mir hat der Kopf geraucht!
Noch kurz ein paar Worte zu den im Dunkeln zu beobachtenden Leuchterscheinungen. Diese sind laut Searl von der jeweiligen Energieverdichtung um die fliegende Scheibe herum abhängig. Es ist das Energiegefälle zwischen dem Diskus und dem umgebenden Raum, dessen Größe die Farbe des Lichthofes bestimmt, der auch die Konturen der Scheibe verschwimmen lässt.
Man kann es drehen und wenden, wie man will: Offensichtlich ist der englische Erfinder einem der größten Geheimnisse unserer Tage auf die Spur gekommen! Im Prinzip praktiziert er seit längerem erfolgreich den Antrieb der unidentifizierten Flugobjekte. Außerirdische Technologie!

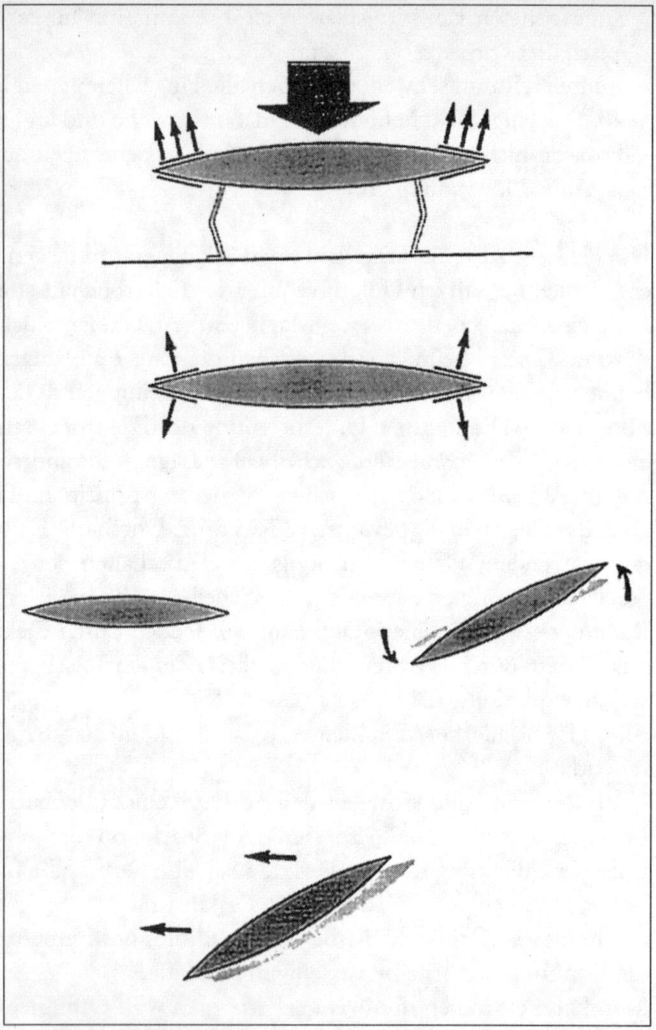

Abb. 30: Der Einfluss des Elektronenausstoßes auf das Flugverhalten und die Flugrichtung der Scheibe (vgl. Text). Der geniale englische Erfinder John Searl stieß auf die grundlegenden Prinzipien der UFO-Antriebstechnik.

Die Zukunft hat längst begonnen, nur unser altes überholtes Weltbild hinkt wieder einmal hinterher.

Der faszinierende Traum des John Searl

Trotz aller Widrigkeiten und schmählicher Angriffe, die dem genialen Engländer widerfuhren – und leider zum Teil auch noch heute widerfahren –, steckt John Searl nach wie vor voller Ideen und Tatendrang. Selbst die Tatsache, dass er gesundheitlich reichlich angeschlagen ist, ändert nichts an der Entschlossenheit, den Traum seines Lebens zu realisieren, der eine Revolution im weltweiten Flugverkehr und Transportwesen auslösen würde. Aber machen wir uns nichts vor: Die mächtige Lobby jener, die sich nach wie vor goldene Nasen durch den unverantwortlich hohen Verbrauch der zur Neige gehenden fossilen Energien verdienen, wird sicher nichts unversucht lassen, solchen bahnbrechenden Technologien alle nur möglichen Schwierigkeiten zu bereiten, und dabei wahrscheinlich auch nicht vor kriminellen Aktionen zurückschrecken. Dies ist keine unbegründete Befürchtung, wenn man an den Albtraum denkt, mit dem sich John während der Achtzigerjahre konfrontiert sah.

Den internationalen Konsortien, die Strom in verschiedenen Farben vermarkten (was für ein himmelschreiender Unsinn!), mag spätestens in dem Moment ein gewaltiger Schreck in die Glieder fahren, wenn ein für den Hausgebrauch entwickelter SEG (Searl-Effekt-Generator) von etwa einem halben Meter Durchmesser reif für die Serienproduktion ist. Das Gerät, dessen Prototyp schon auf dem Weg zur Vollendung ist, macht Haushalte von der bisherigen kommerziellen Stromversorgung praktisch unabhängig. Netzschwankungen und selbst Stromausfall wegen Blitzschlag gehören mit diesem Stromerzeuger der Vergangenheit an. Es wäre interessant zu wissen, womit die weltweite Energiemafia auf eine derartige Bedrohung ihrer Profite reagiert – und auch, wie lange es ihr noch

gelingen wird, unseren Planeten ihrer ungestillten Habgier zu unterwerfen.
Einmal in Serie, soll dieses SEG-Modell dann das Kapital zu weit spektakuläreren Projekten erwirtschaften. Ich selbst kann mich noch gut an eine Unterhaltung mit dem genialen Konstrukteur im Mai 1996 in London erinnern. John Searl antwortete damals auf meine Frage nach möglicherweise in Planung befindlichen, bemannten Flugkörpern mit einem kryptischen »maybe« und ließ dieser Replik sein so typisches hintergründiges, aber liebenswertes Lächeln folgen. Unterdessen weiß ich, dass die Pläne für eine Flugscheibe mit vier Mann Besatzung fertig in der Schublade liegen. Das Objekt soll 52 Meter Durchmesser haben, über einen gewaltigen Laderaum verfügen und im interkontinentalen Frachtverkehr eingesetzt werden. Großraumflugzeuge wie die alte Boeing 747 »Cargo«, ein für den reinen Gütertransport umgebauter Jumbo-Jet, hätten dann für immer ausgedient.
Die Technologie wäre somit verfügbar. Und ich hoffe inständig, dass sie zum Einsatz kommt, bevor das letzte Fass Erdöl auf dieser ohnehin bis zum Kollaps geschundenen Welt gefördert ist und den Wohlstand in den Taschen einiger weniger, gewissenloser Superreichen unermesslich vermehrt hat.
Und John Searl wünsche ich, dass ihm die Kraft und auch die Zeit bleibt, alle seine hoch gesteckten Ziele zu verwirklichen. Waren es doch von jeher die Autodidakten, die Praktiker, die Außenseiter und Tüftler, welche die Menschheit auf dem Weg des Fortschritts um die wirklich großen, entscheidenden Schritte vorangebracht haben.
John Roy Robert Searl ist einer von ihnen. Ein »Zauberlehrling«, dem selbst jene alten »Götter« ihre ungeteilte Hochachtung erwiesen hätten!

7 »Providentia deorum«

Das Geheimnis der fliegenden Schilde

Wer je eine weiterführende Schule besucht hat, der kommt in der Regel – und daran hat sich bis dato nichts geändert – an einer Sprache nicht vorbei, die heute von keinem Volk der Welt mehr gesprochen wird. Die Rede ist vom Latein, dessen mühsames Erlernen wohl so manche Schülergeneration das Fürchten gelehrt hat.

Hätte ich mich nicht beizeiten für die französische Sprache entschieden, wäre mir wahrscheinlich so manche Schweißperle erspart geblieben, die mir die Arbeit an diesem Kapitel beschert hat. Aber es ist gut so – den Beruf des Arztes, des Apothekers oder Altphilologen wollte ich sowieso nie ergreifen.

So werden im mir erspart gebliebenen Lateinunterricht meist Texte altrömischer Schriftsteller und Historiker durchgenommen und übersetzt, wie etwa von *Plinius dem Älteren* (23–79) oder von *Titus Livius* (59 v.–17 n. Chr.). Geschichten aus der Geschichte, von Kaisern und Konsuln, Verschwörung und Verrat, von Mord, Macht und Intrigen.

Dass in den Werken der altrömischen Chronisten jedoch nicht selten ungewöhnliche Phänomene und Begegnungen mit offenbar fremden Intelligenzen dokumentiert sind, weiß hingegen so gut wie niemand. Bestenfalls ein paar wenige Kenner der Materie, die nach abgelegtem Latinum ihre Bücher nicht erleichtert in die Ecke geworfen haben.

Schon der prominente Anwalt und Staatsmann *Marcus Tullius Cicero* (106–43 v. Chr.) berichtete in seiner Schrift *De Divinatione* von rätselhaften Vorfällen, während derer beispielsweise »zwei Sonnen« am Firmament sichtbar waren: »Wie oft hat unser Senat den Decemvirn empfohlen, das Buch der Sibyllen zu befragen, als die zwei Sonnen erschienen oder die drei Monde, und als man Feuerflammen am Himmel sah. Oder damals, als die Sonne in der Nacht schien und man Lärm am Himmel hörte und der Himmel auseinander zu brechen schien, während man merkwürdige Kugeln sah.«[58]

Dies ist nun aber ganz offensichtlich ein extrem gegensätzliches Bild vom alten Rom, völlig anders als jenes, wie es uns bisher geläufig war. Müssen wir unser Geschichtsbild korrigieren? Diese Frage lässt sich beantworten, wenn wir etwas tiefer in die faszinierende Materie einsteigen.

Schlag nach bei Livius

Einer der bekanntesten und gleichzeitig produktivsten Historiker des alten Rom war *Titus Livius* (59 v.–17 n. Chr.). Er verfasste eine epochale Übersicht über die Geschichte Roms von der legendären Gründung im Jahre 753 v. Chr. bis zum Tode des Drusus 9 v. Chr.: Das 142-bändige Geschichtswerk *Ab urbe condita*, von dem heutzutage allerdings nur mehr die Bücher 1 bis 10 sowie 21 bis 45 erhalten sind.

Livius' monumentale Historie ist eine ausgesprochene Fundgrube, wenn es um rätselhafte Phänomene in altrömischer Zeit geht. »Als nach der Niederwerfung der Sabiner des Tullus' Königtum und der ganze römische Staat in großer Herrlichkeit und Machtfülle dastand, wurde dem König und den Vätern gemeldet, auf dem Albanerberg habe es Steine geregnet. Da dies wohl kaum glaubhaft schien, wurden Leute hingeschickt, die das Wunder prüfen sollten; vor deren Augen fielen zahlreiche Steine vom Himmel, nicht anders, als wenn die Winde Schloßen in Schwaden über die Erde treiben.«[59]

Und in dem Jahr, da P. Volumnius und Ser. Sulpicius Konsuln waren, sah man »den Himmel in Flammen stehen, die Erde wurde von einem gewaltigen Beben erschüttert. Eine Begebenheit, der noch ein Jahr zuvor kein Glaube geschenkt worden war, hielt man nun für wahr – man sagte, eine Kuh habe geredet. Neben anderen Unheilszeichen regnete es auch Fleisch; ein großer Vogelschwarm, der mitten im Regen flog, soll es als Beute mit sich geschleppt haben; was zu Boden fiel, sei einige Tage liegen geblieben, ohne sich im Geruch zu ändern«.[60]

Es zeigt sich, dass derartige »Fortianische Phänomene« nicht unbedingt erst in neueren Zeiten zu beobachten sind. Worauf es mir in diesem Zusammenhang jedoch ankommt, sind Hinweise, welche auf mögliche *außerirdische* Einflüsse deuten. Und da werden wir schon bald fündig.

Romulus, dem zusammen mit seinem Bruder Remus die legendäre Gründung der Stadt Rom zugeschrieben wird, wurde offenbar »entrückt«. Das ungewöhnliche Verschwinden einer bekannten Persönlichkeit wurde in alten Schriften meist so bezeichnet – heutzutage würden wir wohl »Abduction« dazu sagen und die Besatzung eines UFOs dafür verantwortlich machen. Lassen wir also Livius weiter berichten:

»Als er diese unsterblichen Taten vollbracht hatte und gerade zur Musterung des Heeres eine Volksversammlung auf dem Felde beim Ziegensumpf abhielt, brach plötzlich mit großem Getöse und Donner ein Unwetter los, hüllte den König in eine so dichte Wolke ein, dass sie der Versammlung seinen Anblick entzog, und danach befand sich Romulus nicht mehr auf Erden.«[59]

Dieser Vorfall lässt tatsächlich Parallelen zu UFO-Entführungen nach heutigem Strickmuster erkennen. Er erinnert aber auch ganz prägnant an einen Vorfall, der sich im Jahre 1915 auf dem Kriegsschauplatz bei Gallipoli (Türkei) ereignet hat. Nach den Aussagen mehrerer Augenzeugen beobachteten damals, am 12. August 1915,

22 Angehörige einer neuseeländischen Feldkompanie, wie eine aus 267 Mann bestehende Einheit britischer Soldaten in eine seltsame »Wolke« hineinmarschierte, die »wie ein Laib Brot geformt« über einem ausgetrockneten Flussbett hing. Nachdem der letzte Mann in der geheimnisvollen »Wolke« verschwunden war, erhob sich diese und schwebte *gegen* den Wind davon. Währenddessen hingen einige weitere dieser mysteriösen Objekte am Himmel und setzten sich erst nordwärts in Bewegung, als die »Wolke« zu ihnen gestoßen war, in der das Regiment verschwunden war. Keiner der 267 Soldaten und Offiziere, deren verschwundene Einheit später als das »1./4. Norfolk-Regiment« identifiziert wurde, tauchte je wieder auf![61]

Aber schlagen wir weiter nach bei Titus Livius, der uns so überraschend viele Hinweise bietet, die sich mit dem heutigen UFO-Phänomen vergleichen lassen.

»Ancile« oder die »himmlischen Schilde«

Immer wieder ist bei den alten Römern von ihnen die Rede: von jenen *himmlischen Schilden*, deren Flug am Himmel eher an ein künstliches, unter intelligenter Kontrolle stehendes Flugobjekt erinnert als an irgendein an den Haaren herbeigezogenes mythologisches Gebilde. Diese Schilde wurden als göttlich verehrt. »Ebenso wählte er für Mars den Vorkämpfer zwölf Springpriester aus, gab ihnen als Auszeichnung einen bestickten Leibrock und über den Leibrock einen bronzenen Panzer für die Brust; sie wies er an, die himmlischen Schilde zu tragen, die man Tartschen nennt …«[59]

Diese Tartschen waren ovale, auf beiden Seiten eingeschnittene Schilde, wie sie in der ältesten bekannten römischen Waffenrüstung, ebenfalls schon davor in mykenischer Zeit abgebildet vorkamen. Auch der griechische Dichter Homer beschrieb diese Schildform, die wahrscheinlich bis in die Bronzezeit zurückgeht. Der Ursprung der Schilde hatte bereits zur Zeit des alten Römischen Reiches mythologischen Charakter. Die Überlieferung kennt zwei Versionen, deren jede auf einen »himmlischen« Ursprung verweist: Es soll ein »Schild« vom Himmel gefallen, und elf weitere diesem auf Anweisung von Numa Pompilius nachgefertigt worden sein – oder gleich deren zwölf sollen »himmlischer« Herkunft sein. Auch im Zusammenhang mit anderen Himmelsphänomenen wird immer wieder von den ominösen »Schilden« berichtet.

»Im Bezirk Amiterno wurden an vielen Stellen Männer in weißen Gewändern, *von weither gekommen*, gesehen. Der Strahlkreis der Sonne wurde kleiner. Bei Praeneste kamen glühende Lampen vom Himmel, bei Arpi hing ein *Schild am Himmel*, der Mond mit der Sonne, und während der Nacht sah man zwei Monde. Phantomschiffe erschienen am Himmel.«[62]

Ganz explizit charakterisierten die alten Römer diese auch als »Ancile« bezeichneten Schilde als Symbol gesichteter Himmelsfahrzeuge![3] Bereits zu Zeiten Alexanders des Großen (356–323 v. Chr.) stießen zwei seltsame Flugapparate mehrmals auf die Armee des Makedonierkönigs hernieder. Dies wiederholten sie so lange, bis sowohl die Soldaten als auch Pferde und Kriegselefanten derart in Panik gerieten, dass sie sich weigerten, einen Fluss zu durchqueren. Die Apparate wurden als »große, glänzende silberne Schilde« beschrieben, aus denen Feuer sprühte und die »vom Himmel kamen und zu ihm zurückkehrten«.

Auch bei der Belagerung der Festung von Tyrus erschienen unvermittelt diese »fliegenden Schilde«. Sie flogen in Dreiecksformation und wurden von einem bedeutend größeren »Schild« angeführt, welcher deren doppelte Größe besaß. Von diesem löste sich plötzlich eine Art Lichtblitz, der die Festungsmauer traf und sie an derselben Stelle zum Einsturz brachte. Die ehemals so mächtigen Wälle zerfielen, als hätten sie nur aus Sand bestanden, und die Belagerer unter Führung Alexanders konnten die Stadt erstürmen. Als dies geschehen war, verschwanden die unbekannten Flugobjekte genauso rasch, wie sie am Ort des Geschehens aufgetaucht waren.[63]

Haben wir es hier mit denselben Objekten zu tun, die man im Rom des Jahres 100 v. Chr. beobachten konnte? Während Cajus Marius und Lucius Valerius als Konsuln die Geschicke des Reiches lenkten, beobachteten zahllose aufgeschreckte Bürger, wie ein brennender, Funken sprühender »Schild« von Westen nach Osten über den Abendhimmel raste.

Geheimnisumwobener Julius Obsequinus

Ein weiterer römischer Schriftsteller, der sich – wie Titus Livius und diesen zum Teil zitierend – mit unbekannten Himmelsphänomenen beschäftigte, war *Julius Obsequinus.* Peter Kolosimo wies in einem seiner Bücher auf dessen Aufzeichnungen hin.[6] Ansonsten scheint dieser Geschichtsschreiber ganz und gar unbekannt zu sein. Wer war dieser Historiker, und wann hat er gelebt? Was war der Inhalt seines Werkes?

Konsultiert man einen Buchhändler oder auch eine ansonsten gut bestückte Leihbibliothek, erntet man im besten Fall Ratlosigkeit, die Regel ist hilfloses Achselzucken. Auch mehrere in Folge befragte Lateinlehrer höherer Schulen sahen sich außer Stande, Auskunft über diese ominöse Gestalt Julius Obsequinus zu geben.

Hatte dieser am Ende nie existiert, war er nur eine Fantasiegestalt, ein literarisches Phänomen?

Ich war beinahe drauf und dran, die Waffen zu strecken, da wurde mir unverhofftes Glück in Gestalt meines früheren Geschichtslehrers zuteil. Er vermochte mir zu helfen, ja noch mehr: Er konnte mir sogar das wenig existierende bibliografische Material an die Hand geben!

Jener geheimnisumwobene Julius Obsequinus lebte wahrscheinlich im vierten nachchristlichen Jahrhundert und zeichnete als Schöpfer des Werkes *Liber prodigiorum* (»Buch der Vorhersagen«) verantwortlich. Außer diesem Buch findet sich kein weiterer Existenzbeweis dieses »sonst unbekannten Verfassers« – selbst die Entstehungszeit seines Werkes wird, nach »dem streitbar heidnischen Charakter zu urteilen«[64], ins 4. Jahrhundert datiert. Aber so ganz sicher sind sich die Gelehrten keinesfalls. Nach G. J. Vossius lebte Obsequinus spätestens vor Kaiser Honorius (395–423), O. Rossbach sieht ihn hingegen lieber als Zeitgenossen Kaiser Hadrians (117–138). Am wahrscheinlichsten ist jedoch die Datierung ins 4. Jahrhundert, in welchem das Heidentum nochmals seine letzte Kraft gegen das immer stärker werdende Christentum aufbot.[65]

Interpreten altrömischen Schrifttums dürfen sich über mögliche Datierungen streiten, für meine Betrachtungen sind sie eher als zweitrangig einzustufen. Viel wichtiger finde ich die Tatsache, dass man in Obsequinus' *Liber prodigiorum* auf beinahe jeder Seite Hinweise auf nichtidentifizierte Himmelserscheinungen findet. Was an und für sich nicht verwundern sollte, legte der Verfasser doch hauptsächlich Augenmerk auf die sorgsame »Betrachtung von Götterzeichen, deren Expiation drohendes Unheil abwendet, deren Missachtung jedoch ins Verderben führt«.[66] Der römische Schriftsteller war – salopp ausgedrückt – ein UFO-Forscher des Altertums!

Und es ist recht beeindruckend, was er an Fallbeispielen zu sammeln vermochte.

Besonderes Aufsehen müssen drei geheimnisvolle »Monde« erregt haben, die im Jahre 222 v. Chr. zunächst über Rimini, dann über verschiedene andere Gebiete des Römischen Reiches hinwegflogen. Diese Himmelserscheinung war so spektakulär, dass auch noch weitere Geschichtsschreiber darüber berichtet haben, wie etwa Dio Cassius Cocceianus.

In einer Nacht des Jahres 175 v. Chr. erschienen »drei Sonnen« zur gleichen Zeit, und mehrere »Sterne« glitten über Lanuvium quer über den Himmel.

Sogar unheimliche Begegnungen der nahen Art wurden verzeichnet. Am Himmel wurden strahlende »Phantomschiffe« beobachtet, und in Amiternum waren aus der Ferne Erscheinungen von Män-

nern in glänzender Kleidung zu beobachten, die jedoch nicht näher herankamen. So geschehen im Jahre 218 v. Chr.
In Spoletum schließlich rollte 91 v. Chr. ein goldfarbener Feuerball zu Boden. Als er größer wurde, hob er wieder von der Erde ab. Er flog in östlicher Richtung davon und gewann derart an Umfang, dass er die Sonne zu verdecken schien.
Dies waren nur einige wenige Beispiele der ungezählten Aufzeichnungen nichtidentifizierter Himmelsphänomene, die der eifrige, heute weitestgehend unbekannte Historiker zusammengetragen hat. Dessen *Liber prodigiorum* hat zudem absoluten Seltenheitswert: Abgesehen von einigen kommentierten Nachdrucken aus dem 19. Jahrhundert, existieren in Deutschland nur noch in den Universitätsbibliotheken von Augsburg, Bayreuth, Eichstätt und Erlangen einige wenige Exemplare, welche aus den Jahren 1552 und 1553 stammen.
Allmählich drängt sich eine Erkenntnis auf: Die Anzahl der Sichtungen geheimnisvoller Himmelserscheinungen, die in ihrer Form und dem gezeigten Flugverhalten frappierend an das Phänomen der UFOs unserer Tage erinnert, war zu Zeiten des Imperium Romanum Legion. Aber auch in den nachfolgenden Jahrhunderten rissen die Beobachtungen unbekannter Flugobjekte nicht ab.

Aufregung im Kloster Byland

Obgleich sich der nachstehende, recht spektakuläre Fall etliche Jahrhunderte später, nämlich im ausgehenden Mittelalter, zutrug, möchte ich ihn meinen Lesern nicht vorenthalten. Zeigt er doch in eindringlicher Weise die Kontinuität des UFO-Phänomens auf – auch wenn mehrere hundert Jahre zwischen vergleichbaren Vorfällen früherer wie späterer Epochen liegen.
Erst im Jahre 1953 wurde im alten englischen Kloster Ampleforth ein Manuskript gefunden, in dem eindrucksvoll eine unheimliche Begegnung der ersten Art, eine nahe Begegnung mit einem un-

identifizierten Flugobjekt beschrieben ist. Es schildert anschaulich, wie ein scheibenförmiges, fliegendes Objekt direkt über die aufgeschreckten Mönche des Klosters von Byland in der Grafschaft Yorkshire hinwegbrauste.

Der Vorfall ereignete sich im Jahre 1290. Und wäre er nicht im lateinischen Originaltext, könnte man das Geschehen leicht als UFO-Begegnung unserer Tage einstufen:

»Oves a Wilfredo susceptos die festo santissimorum Simonis atque Judae assaverunt. Cum autem Henricus abbas gratias redditurus erat, frater quidam Johannes introivit, magnam portentem foris esse referebat. Tum vero omnes ecucurrerunt, et ecce *res grandis, circumcircularis argentea,* disco quodam haud dissimilis, lente e super eos volans atque maximam terrorem exitans. Quo tempore Henricus abbas exclamavit, Wilfredum adulteravisse qua de causa impius esse de …«

In deutscher Übersetzung lautet der Text jenes Manuskriptes wie folgt:

»Ich nahm die Schafe von Wilfred und briet sie am Fest der Heiligen Simon und Judas. Als Abt Heinrich das Dankgebet sprechen wollte, stürzte Johannes, einer der Brüder, herein und rief, draußen sei ein seltsames Gebilde von riesigen Ausmaßen zu sehen. Alle liefen hinaus, und siehe da, ein *großes, rundes, silbernes Ding wie eine Scheibe* flog langsam über sie hinweg. Alle waren aufs Äußerste bestürzt. Spontan rief Abt Heinrich, Wilfred sei ein Ehebrecher und deshalb gottlos …«[67]

Mittlerweile kennen wir ja mehr als genügend ähnlicher Fälle aus alten wie aus neuen Zeiten, die sich mit den Beobachtungen der moralisch aufs schwerste entrüsteten Mönche im Kloster Byland des Jahres 1290 decken. Dem zitierten Abt Heinrich war die UFO-Sichtung wohl eine willkommene Gelegenheit, die unheimliche Begegnung als Strafe für Wilfreds (behauptete) Seitensprünge und für die Gottlosigkeit der Gemeinde geißeln zu können. Eines hat sich wohl über all die Jahrtausende nicht geändert: Zu allen Zeiten haben religiöse Eiferer unerklärliche Phänomene als himmlische Zei-

chen gedeutet – und zum Anlass genommen, um ihre Mitmenschen vor drohenden Strafen zu warnen, sie zu manipulieren und zu maßregeln.
Wie auch bei den folgenden Begebenheiten, die weit beunruhigender ausfallen als bloße Sichtungen fliegender Objekte. Und uns geradewegs zurück ins alte Rom führen.

Biologische oder chemische Kampfstoffe?

Die alten römischen Geschichtsschreiber, allen voran wieder Titus Livius, wurden nicht müde, geheimnisvolle und todbringende Seuchen zu dokumentieren, die »aus heiterem Himmel« über ihre Stadt kamen. Diese wurden sogleich als Strafe der Götter gedeutet. Vielleicht lagen die alten Chronisten mit dieser Erklärung ja gar nicht so daneben.
»Vieles unternehmen die Duumvirn (eine aus zwei Mitgliedern bestehende Gerichts- und Verwaltungsbehörde, d. Verf.) gemäß ihren Büchern, um den Zorn der Götter zu besänftigen und die Seuche vom Volk abzuwehren; zahlreich dennoch waren die Opfer in Stadt und Land, das Verderben war ohne Unterschied über Mensch und Tier gekommen.«[68]
Ohne Ausnahmen wurden solch unerwartet aufgetretenen Epidemien als von den Göttern verhängte Strafen bezeichnet: »Krankheit habe sich auf Grund des unzweifelhaften Zornes der Götter über Stadt und Land gebreitet, die man, so habe man es in den Schicksalsbüchern gefunden, gnädig stimmen müsste, um die Seuche abzuwehren ...«[69]
Zweifelsohne ist mangelnde Hygiene in vielen Fällen auch in unseren Tagen der Grund für verheerende Epidemien – man sollte sich nur einmal auf dem indischen Subkontinent umsehen oder in Gebieten, die von Erdbeben heimgesucht wurden. Auch unsere westliche Welt würde da keine Ausnahme machen. Aber beruhen wirklich alle der berichteten Seuchen darauf, ließ allein der Aberglaube

die Chronisten vom »Zorn der Götter« faseln? Ein bemerkenswertes Indiz sollte in diesem Zusammenhang nicht außer Acht gelassen werden: jene sinistren Epidemien rafften Menschen und Vieh gleichermaßen dahin! In aller Regel haben wir »tierische« Seuchen nicht zu fürchten – mit der Ausnahme, wenn die betreffenden Virenstämme mutieren. Oder künstlich mutiert werden. Umgekehrt gilt dasselbe.

Wäre die – ich gebe es offen zu – gewagte Spekulation tatsächlich so weit hergeholt, biologische oder chemische Kampfstoffe seien von »irgendjemand« im Echtbetrieb erprobt worden? Ist es auch hier ein paar »Göttern« wieder einmal nur ums Experimentieren gegangen, haben sie unter sträflicher Vernachlässigung von Ethik und Moral gehandelt? Die Vorstellung eines zornigen, strafenden Gottes – oder Göttern – mag vielleicht von solchen unglücklichen Aktionen herrühren, die der noch jungen Menschheit einen hohen Blutzoll abverlangten.
Wäre es undenkbar, in allen seinen Konsequenzen zu ungeheuerlich? Unsere jüngste Geschichte steckt leider voller Beispiele, wie gewissenlose Kreise innerhalb der Streitkräfte und der Geheimdienste mit oder ohne Wissen der Politiker groß angelegte Feldversuche am lebenden Objekt vornehmen. Die USA beispielsweise schaffen es schon lange nicht mehr, weiterhin den Mantel des Schweigens über eine verabscheuungswürdige Versuchsreihe zu legen: Bei nuklearen Testexplosionen, die in den früheren Fünfzigerjahren in der Wüste von New Mexico durchgeführt wurden, setzte man ganze Kompanien Soldaten schutzlos der radioaktiven Strahlung aus. Die wenigen Überlebenden, die heute noch übrig sind, führen einen fast aussichtslosen Kampf um Schadensersatz gegen die »größte Demokratie der Welt«. Die Zeit sowie die heimtückischen Folgeschäden arbeiten unerbittlich gegen sie …
Ich habe selbst mit Angehörigen von militärischen Sanitätseinheiten gesprochen, die während ihrer Ausbildung *Lehrfilme* vorgespielt bekamen, welche die Grauen erregenden Auswirkungen biologi-

scher und chemischer Kampfstoffe *im Echtbetrieb* zeigten. Getestet an »freiwilligen« Strafgefangenen in Todescamps in der australischen Wüste. Man versprach ihnen die Freiheit, doch sie bekamen das Verderben. Unsere moderne Zivilisation kann wahrhaft stolz auf sich sein!
Welche schrecklichen Geißeln, die bis auf den heutigen Tag über die Menschheit gekommen sind, haben ihren Ursprung in Wirklichkeit in den Labors gewissenloser Experimentierer aus Ost und West? Oder vielleicht von ganz woanders …

Gedenkmünze für eine UFO-Begegnung?

Kommen wir an dieser Stelle ein letztes Mal zurück ins alte Rom und beschäftigen uns mit einem der seltsamsten Rätsel, welches in reichlich ungewöhnlicher Form die Zeiten überdauert hat.

Abb. 31: Links oberhalb der ausgestreckten Hand der weiblichen Gestalt ist etwas zu erkennen, das einem künstlichen Satelliten ähnlich sieht.

Ganze drei Monate währte die Regierungszeit des Kaisers Publius Helvius Pertinax im Jahre 193 n. Chr. Doch müssen in dieser Zeit sonderbare Dinge vorgefallen sein. Denn der kurzlebige Monarch ließ, um diese zu dokumentieren, Münzen prägen. Eines dieser heute nur noch in ganz wenigen Exemplaren vorliegende Geldstück fand man in Syrien, das zur damaligen Zeit ebenso wie Palästina zur Machtsphäre des Imperium Romanum gehörte. Das Besondere daran ist, dass auf ihr ein kugelförmiges Flugobjekt abgebildet ist, dessen Strahlen eher den Antennen eines künstlichen Satelliten gleichen.
Eines »Satelliten der Götter«?
Was rechtfertigt diese ungeheuerliche Annahme?
Die bewusste Münze zeigt das Bild einer Frau, die ihre Hände zu einem geheimnisvollen Gegenstand erhebt, der offensichtlich keinen Stern, sondern eine *fliegende Kugel* darstellt. Zu dieser Kugel sind vier »Strahlen« unsymmetrisch angeordnet, ganz und gar anders als es üblich wäre, hätte die Sonne oder irgendein anderer *natürlicher* Himmelskörper dargestellt werden sollen. Unter der Lupe betrachtet, soll das Rätsel noch mysteriöser werden: Hier wird der Eindruck erweckt, als ob sogar eine Art Lichteffekt deutlich gemacht worden sei![70]
Auf der Vorderseite der Münze, die in einem kleinen Museum der norditalienischen Stadt Alba ausgestellt ist, stehen die lateinischen Worte *Providentia deorum* – »göttliche Vorsehung«. Möglicherweise wählten diejenigen, welche die Münze gestalteten, das auf die Götterwelt hinweisende Motiv, da in ihrer Vorstellung eben nur die »Götter« als Urheber solch eines merkwürdigen Phänomens in Frage kommen konnten.
Etwas in der Machart ganz Ähnliches fanden chinesische Archäologen vor wenigen Jahren in der Wüste Gobi. Seltsame Gebilde, hier jedoch mit sechs »Strahlen« und schätzungsweise über 3000 Jahre alt, stellen die Gelehrten noch immer vor große Rätsel. In der Ausführung muten sie zweifellos technisch an. Eine Computeranimation, wie ich sie zu den rätselhaften gläsernen Artefakten in meinem

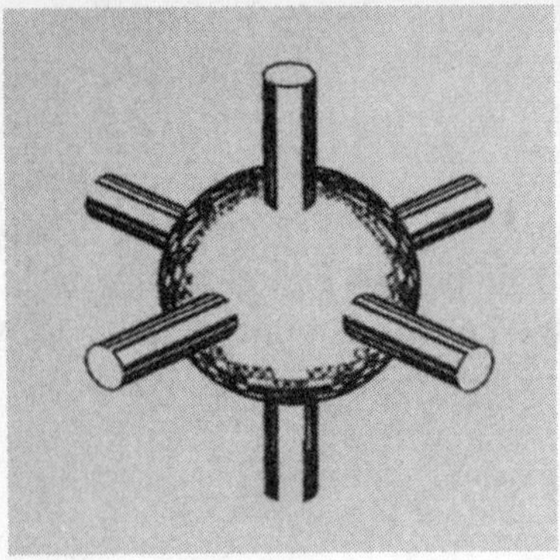

Abb. 32: Computer-Animation 3000 Jahre alter Glasgebilde aus der Wüste Gobi.

Buch »Satelliten der Götter« gezeigt habe, brachte es an den Tag: Die mysteriösen Gebilde aus der Wüste Gobi weisen schlichtweg verblüffende Ähnlichkeiten mit künstlichen Satelliten auf![2]

Providentia deorum – »göttliche Vorsehung«. Nur eine weitere Umschreibung des Phänomens, mit dem die Menschen schon seit undenklichen Zeiten konfrontiert werden, wenn sie ihre Augen zum Himmel erheben.

Ob die Straf- oder Vernichtungsaktionen mancher alten, rachsüchtigen »Götter« das Attribut »göttliche Vorsehung« aber verdienen, sei dahingestellt. Denn die waren, wie ich im nächsten Kapitel zeigen werde, alles andere als zimperlich im Umgang mit ihren Geschöpfen. Dies umso mehr, wenn ihnen ihre »Ebenbilder« nicht gut genug nach ihrem Vorbild geraten schienen.

8 Wer anderen in die Gene pfuscht …

Was geschah in Sodom und Gomorrha?

»Vielleicht war es eine Atomexplosion, die Sodom und Gomorrha zerstörte.« Mit diesem für damalige Verhältnisse unglaublich provozierenden Schlagsatz war ein Bericht in der deutschsprachigen Ausgabe der Zeitschrift *Russischer Digest* überschrieben, der mir vor nunmehr gut 30 Jahren in die Hände geriet. Erschienen war er bereits in der Mai-Nummer des Jahrganges 1960, doch muss es wohl so gegen Ende der Sechzigerjahre gewesen sein, als ich dieses Heft bekam.

Ein Akademiker, und zwar der russische Mathematiker, Ethnologe und Physiker Professor Dr. Matest M. Agrest hatte die oben zitierte Feststellung in die wissenschaftliche Diskussion eingebracht. Lange bevor der junge Wissenszweig der Prä-Astronautik auf breiter Basis populär wurde. Die Korrespondenten Valentin Ritsch und Michail Tschernenko erläuterten den Gedankengang ihres gelehrten Landsmannes in der Einleitung ihres Artikels:

»Nach den jüngsten Erfolgen der Raumfahrtforschung zweifelt niemand mehr ernsthaft daran, dass es uns einmal gelingen wird, ferne Sterne zu erreichen. Da aber nicht anzunehmen ist, dass unsere von Menschen bewohnte Erde im Weltall eine Ausnahme bildet, so darf man wohl vermuten, dass auch die Bewohner anderer Sterne zu Weltraumflügen im Stande sind.

Das ist die Voraussetzung, auf die der Kandidat der physikalischen und mathematischen Wissenschaften M. M. Agrest eine der er-

staunlichsten Behauptungen gründet, die jemals von Wissenschaftlern vorgebracht wurden. Sollte seine Ansicht sich bestätigen, würde neues Licht in Rätsel gebracht, denen die Wissenschaft bisher hilflos gegenüberstand.
Professor Agrest glaubt, dass Bewohner anderer Sterne in ferner Vergangenheit unsere Erde besucht haben. Auf diese ›Gäste aus dem Weltraum‹ führt er Überlieferungen und Tatsachen zurück, die sich auf den Untergang von Sodom und Gomorrha beziehen.«[71]
So weit die Einleitung zu jenem Artikel, der – aus der »Literaturnaja Gazeta« zitiert – Eingang in eine jener Monatsschriften gefunden hatte, die in den unseligen Jahren des »Kalten Krieges« sehr viel Gedankengut, auch unpolitischer Art, aus der Welt hinter dem »Eisernen Vorhang« in die westlichen Staaten brachte.
Was war an diesen sinistren Orten, die heute am Südrand des Toten Meeres, im unterhalb des Meeresspiegels gelegenen Wadi-el-Araba lokalisiert werden, wirklich vorgefallen? Und die nächste Frage: Aus welchem Grund?

Biblische Pokerpartie

Im 1. Buch Mose, und zwar in den Kapiteln 18 und 19, ist in hier und da etwas nebulös verbrämten Worten die biblische Geschichte um den Untergang der Städte Sodom und Gomorrha beschrieben. Woraus besonders vergangene Generationen von Theologen mit Vorliebe ein Lehrstück mit erhobenem Zeigefinger machten, um die Gläubigen eindrucksvoll vor den unausweichlichen Folgen von Zügel- und Morallosigkeit zu warnen. Oder sagen wir besser, um sie in die von der Wiege bis zur Bahre währende Autorität ihrer Kirche wirksamer einbinden zu können: Angst war zu allen Zeiten ein gutes Argument, um Dogmen und Ideologien durchsetzen zu können. Wie wir später jedoch noch sehen werden, hätte der erhobene Zeigefinger eher dem Gott der Bibel gebührt – besser noch:

den »Göttern«. Denn »Elohim«, die althebräische Gottesbezeichnung, steht immer in der Mehrzahl. Das Ganze wäre so allerdings als Disziplinierung für gläubige Christenmenschen nicht mehr zu gebrauchen. Aber könnte man es nicht drehen und wenden, ohne gleichzeitig daran rütteln zu dürfen, wäre es ja keine Religion …
Stammvater Abraham hatte hohen Besuch in seiner bescheidenen Hütte zu Mamre, dem heutigen Hebron. Dort, wo in unseren Tagen radikale Steinewerfer das Pflaster unsicher machen, erschien ihm seinerzeit der Herr. Nach einem kurzen Disput mit Abrahams hochbetagter Gattin Sara, die partout nicht glauben wollte, in ihrem Alter nochmals schwanger werden zu können, wandten sie sich einem unerfreulichen Thema zu.
»Und der Herr sprach: Es ist ein großes Geschrei über Sodom und Gomorrha, dass ihre Sünden sehr schwer sind. Darum will ich hinabfahren und sehen, ob sie alles getan haben nach dem Geschrei, das vor mich gekommen ist, oder ob's nicht so sei, damit ich's wisse. Und die Männer wandten ihr Angesicht und gingen nach Sodom.« (1. Mose, 18, Vers 20–22)[18]
Der »Herr« war also in Begleitung von drei Männern bei Abraham. Hat es der allmächtige Gott tatsächlich nötig, in Begleitung einer Crew von Leibwächtern aufzutreten? Erstaunlich ist auch die Ankündigung des offensichtlich auf dem Boden stehenden Jahwe, er wolle »hinabfahren«. Doch nicht genug der vielen Ungereimtheiten, denn Abraham scheint mit der geplanten Strafexpedition nicht ganz einverstanden zu sein. Er fängt – was für eine respektlose Unverfrorenheit dem »Höchsten« gegenüber – mit Jahwe auch noch zu pokern an:
»Aber Abraham blieb stehen vor dem Herrn und trat zu ihm und sprach: Willst du denn den Gerechten mit dem Gottlosen umbringen? Es könnten vielleicht fünfzig Gerechte in der Stadt sein; wolltest du die umbringen und dem Ort nicht vergeben um fünfzig Gerechter willen, die darin wären?« … »Der Herr aber sprach: Finde ich fünfzig Gerechter zu Sodom in der Stadt, so will ich um ihretwillen dem ganzen Ort vergeben.« (1. Mose, 18, Vers 23–26)

Dem vorwitzigen Abraham ist augenscheinlich nicht ganz wohl bei der Sache, er könnte sich ja mit seiner Schätzung ein ganz klein wenig vertan haben. Darum reizt er weiter:
»Ach siehe, ich habe mich unterwunden, zu reden mit dem Herrn, wiewohl ich Erde und Asche bin. Es könnten vielleicht fünf weniger als fünfzig Gerechte darin sein; wolltest du denn die ganze Stadt verderben um der fünf willen? Er (der Herr, d. Verf.) sprach: Finde ich darin fünfundvierzig, so will ich sie nicht verderben.« (1. Mose, 18, Vers 27–28)
Abraham legt unglaubliche *Chuzpe* an den Tag: Zockt er doch den verhandlungsbereiten Herrn bis auf ein »Fähnlein von zehn Aufrechten« ab, um derentwillen die geplante Vernichtungsaktion abgeblasen werden sollte. Aber anscheinend gibt es in ganz Sodom nicht so viele »Gerechte« – was immer dieser Ausdruck ursprünglich bedeutet haben mag.

Der Countdown läuft

Szenenwechsel. Zwei »Engel« erscheinen bei Vater Lot, der mit Frau und zwei Töchtern in der verruchten Stadt wohnt. Derlei Besuch muss selten in der Stadt gewesen sein, denn die Neuigkeit verbreitet sich in Windeseile unter den »Lüstlingen« am Ort. Sie drängen ins Haus und lassen sich auch nicht von Vater Lot besänftigen, als dieser ihnen – großzügigerweise oder doch wohl eher aus nackter Angst – seine beiden jüngfräulichen Mädchen ausliefern will. Im Gegenteil, die ohnehin prekäre Lage wird dadurch noch weiter angeheizt. »Sie aber sprachen: Du bist der einzige Fremdling hier und willst regieren? Wohlan, wir wollen dich noch übler plagen als jene. Und sie drangen hart ein auf den Mann Lot.« (1. Mose, 19, Vers 9)
Die Situation hat etwas Gespenstisches, ja geradezu Gettohaftes an sich. Warum wird der am Ort ansässige Lot als »Fremdling« bezeichnet, woher stammt die zum Explodieren gespannte Aggressivi-

tät der einheimischen »Lüstlinge« gegen ihn und die beiden »Engel«? Sind sie irgendwie anders, macht man sie für irgendetwas verantwortlich? Ahnen die Bewohner der Stadt, dass etwas Schlimmes im Busch ist?

Als sich die Situation schließlich zuspitzt, ziehen die beiden »Besucher« Lot ins Haus; gleichzeitig bringen sie eine wirkungsvolle Waffe zum Einsatz, die die Leute vor der Tür unvermittelt mit Blindheit schlägt, »sodass sie es aufgaben, die Tür zu finden«.

Bei der schon Jahre zurückliegenden, spektakulären Geiselbefreiung aus der von Luftpiraten gekaperten Lufthansa-Maschine »Landshut« auf dem Flughafen von Mogadischu verwendete die deutsche Eliteeinheit GSG-9 spezielle Blendgranaten, welche die arabischen Terroristen auf der Stelle außer Gefecht setzten.

Nach der unschönen Szene vor der Lotschen Haustüre kündigten die in der Bibel abwechselnd als »Engel« und als »Männer« bezeichneten Besucher für den kommenden Morgen die Vernichtung von Sodom und Gomorrha an – und gaben sich gleichzeitig als Ausführungsgehilfen des »Herrn« aus, der sie just zu demselben Zweck hergesandt hatte. Erhielten sie nur den Auftrag, Lot und seine Familie aus der Todeszone zu evakuieren, oder hatten sie über Nacht auch einen nuklearen Sprengsatz an der richtigen Stelle platziert und scharf gemacht? Vielleicht sogar im Hause Lots? Es ist müßig, hierüber zu spekulieren, und ob die Bombe »von oben« kam oder am Boden gezündet wurde, aber eins scheint sicher: Sie hatten sich an einen von vorneherein festgelegten Ablaufplan zu halten, denn die Zeit wurde zunehmend knapp, und der Aufbruch drängte.

Am darauf folgenden Morgen war tatsächlich keine Zeit mehr zu verlieren, denn als Lot nur einen Moment zögerte, packten die geheimnisvollen Fremden ihn und seine Familie, führten sie alle zur Stadt hinaus und ließen sie erst dort wieder los. Und ermahnten die Flüchtlinge:

»Rette dein Leben und sieh nicht hinter dich, bleib auch nicht stehen in dieser ganzen Gegend. Auf das Gebirge rette dich, damit du nicht umkommst.« (1. Mose, 19, Vers 17)

Lot und seine Familie flüchteten, bis sie die kleine Stadt Zoar erreichten, eine andere Ansiedlung am gegenüberliegenden Ufer des Toten Meeres. Als dann die Sonne aufging, passierte das Unvermeidliche.

Die geheimnisvolle »Salzsäule«

»Da ließ der Herr Schwefel und Feuer regnen vom Himmel herab auf Sodom und Gomorrha und vernichtete die Städte und die ganze Gegend und alle Einwohner der Städte und was auf dem Lande gewachsen war. Und Lots Weib sah hinter sich und ward zur Salzsäule.« (1. Mose, 19, Vers 24–26)
Etwas detaillierter liest sich der Sachverhalt in den 1947 in einer Höhle am Toten Meer gefundenen Schriftrollen von Qumran:
»Eine Säule aus Rauch und Staub erhob sich, gleich einer Rauchsäule, die aus dem Herzen der Erde kommt. Sie überschüttete Sodom und Gomorrha mit einem Schwefel- und Feuerregen und zerstörte die Stadt, die ganze Ebene, alle Bewohner und alle Pflanzen. Und die Frau Lots wandte sich um und verwandelte sich in eine Statue aus Salz. Und Lot lebte in Zoar, dann siedelte er sich in den Bergen an, denn er fürchtete sich, in Zoar zu bleiben ... Die Flüchtigen, die sich umdrehten, wurden blinden und starben.«[72]
In einem seiner früheren Werke[73] deutete der österreichische Autor Peter Krassa eine fantastische Möglichkeit zur Erklärung jener ominösen »Salzsäule« an. Die Idee hierzu lieferte ihm ein ostdeutscher Science-Fiction-Autor.[74]
Auf die biblische Geschichte von Sodom und Gomorrha übertragen, könnte Folgendes passiert sein: Lots Frau war während der Flucht zurückgeblieben, und als die atomare Detonation erfolgte, befand sie sich nicht mit den anderen hinter einem schützenden Felsen. Als die Familie nach ihr zu suchen begann, fand sie nur noch einen vagen Schatten auf der dem Atomblitz zugewandten Felswand.

Gibt es eine Erklärung? In meinem Erstlingswerk »Die weiße Pyramide« ging ich kurz auf den atomaren Holocaust ein, der am 6. August 1945 in der japanischen Industriestadt Hiroshima zur erschütternden Realität wurde. Dort richteten die Stadtväter zur Mahnung an diese Katastrophe einen Gedenkpark ein, wo im Epizentrum der Verwüstungen auch einige nahezu unbeschädigte Mauern stehen geblieben sind. Auf ihnen kann man die gespenstisch anmutenden Umrisse von menschlichen Gestalten erkennen. Von Opfern der unbeschreiblichen Explosion, die im Bruchteil einer Sekunde regelrecht verdampft sind. Jedoch »langsam« genug, um auf das dahinterliegende Mauerwerk etwas weniger an Lichtenergie treffen zu lassen als auf die umliegenden Partien. Es entstand – nach demselben Prinzip wie bei einer Fotografie – das schaurig-makabre Abbild eines Menschen im Augenblick seines Todes.[8]

Und in einer schwer zugänglichen Region des indischen Subkontinents machte der britische Offizier J. Campbell in den Zwanzigerjahren eine nicht minder unheimliche Entdeckung. Auf dem teilweise verglasten Boden eines Innenhofes einer vom Urwald überwucherten Ruinenstadt erkannte er schaudernd den schattenhaften Abdruck einer menschlichen Gestalt.[6]

Endete Lots bedauernswerte Frau auf dieselbe Art wie die namenlosen Opfer, an deren Existenz uns nur noch unheimliche Schatten auf den Mauern Hiroshimas erinnern?

»Da ging ein Rauch auf vom Lande«

Der im 1. Buch Mose genannte Abraham – Lots Onkel, der seine »Pokerpartie« letztlich doch verloren hatte – »machte sich früh am Morgen auf an den Ort, wo er vor dem Herrn gestanden hatte und wandte sein Angesicht gegen Sodom und Gomorrha und alles Land dieser Gegend und schaute, und siehe, da ging ein Rauch auf vom Lande wie der Rauch von einem Ofen«. (1. Mose, 9, Vers 27–28)

Es muss so ziemlich derselbe trostlose Anblick gewesen sein wie der der völlig ausgebombten japanischen Hafenstadt Hiroshima, nachdem die Besatzung des US-Air-Force-Bombers »Enola Gay« kurz nach Sonnenaufgang des 6. August 1945 ihre todbringende Fracht abgeworfen hatte. Den Befehl zu dieser totalen Vernichtung hatte der fromme Präsident Harry S. Truman (1884–1972) gegeben, nachdem er – wie an jedem Abend – vor dem Einschlafen in der Bibel gelesen hatte. Wäre es gegen die heute so gerne zum Abblocken unangenehmer Fragen vorgeschobene »Political Correctness«, zu hinterfragen, welche Stelle ihn wohl zu der Entscheidung inspiriert haben mag, die mehr als 80 000 Menschen auf der Stelle den Tod brachte?

Der eingangs erwähnte russische Professor Agrest schockierte im Jahre 1959 seine akademische Kollegenschaft, indem er den Inhalt der hier zitierten Bibelverse in eine moderne Sprache fasste: »Die Anwohner (Sodom und Gomorrhas, d. Verf.) wurden angewiesen, das für die Explosionen in Aussicht genommene Gebiet zu verlassen, nicht auf freiem Feld zu verweilen, sondern sich hinter Erdwällen (oder besser: hinter Felsen, d. Verf.) zu schützen. Die Explosion, die dann erfolgte, bildete die charakteristische Rauch- und Staubsäule einer Atom-Entladung, verursachte große Zerstörungen, vernichtete die Pflanzenwelt und die zurückgebliebenen Menschen. Wer sich von den Flüchtenden zurückwandte, erblindete und starb. Diejenigen, die sich in vorläufiger Deckung unweit des Explosionsortes befanden, wurden sodann veranlasst, den vorher gegebenen Verhaltensmaßregeln entsprechend weiter entfernte Höhlen aufzusuchen.«[71]

Woran sich Vater Lot auch peinlich genau hielt: »Und Lot zog fort von Zoar und blieb auf dem Gebirge mit seinen beiden Töchtern; denn er fürchtete sich, in Zoar zu bleiben; und so blieb er in einer Höhle mit seinen beiden Töchtern.« (1. Mose, 19, Vers 30) Die ließen sich dann dort nacheinander von ihrem Vater schwängern, doch das sei nur nebenbei erwähnt.

Es erscheint nach den vorangegangenen Ausführungen durchaus denkbar, dass die Vernichtung der Städte Sodom und Gomorrha auf die Zündung eines thermonuklearen Sprengsatzes zurückzuführen ist.
Und nicht etwa auf ein Erdbeben oder einen Vulkanausbruch, wie manche uns gerne weismachen würden.[75] Die letztgenannte Erklärung hat jedoch einen kleinen Haken: Woher soll man in dieser Gegend einen Vulkan zur Hilfe nehmen? Die Region stellt zwar – geologisch betrachtet – einen Grabenbruch dar, der sich weit in südlicher Richtung erstreckt, aber Vulkane gibt es dort keine. War es nichts mit dem Feuer aus der Tiefe, dann muss es wohl doch »von oben« gekommen sein. Oder?
Und auch die Hypothese mit dem Erdbeben zieht nicht – denn dann müsste eher von Rissen und Spalten im Boden die Rede sein, meinetwegen auch von dem »Schlund der Hölle, der sich auftat«, um die sündigen Menschlein zu verschlingen.
Vergessen wir 1. Mose, 18, Vers 21 nicht: »Darum will ich *hinabfahren* und sehen, ob sie alles getan haben nach dem Geschrei …« Dieser Hinweis zielt deutlich auf ein Unheil, welches *von oben* kommt.
Die Frage, die sich aus diesem Gedankengang als natürliche Konsequenz stellt, ist die nach dem Grund für die nukleare Vernichtung. Warum sollte eine haushoch überlegene Intelligenz Atomwaffen einsetzen gegen Menschen, deren waffentechnische Highlights allenfalls aus Hieb- und Stichwaffen bestanden?
Aus einem Zustand akuter Bedrohung? Diesen Gedanken können wir ganz schnell wieder vergessen!
Aus reiner Lust am Experimentieren? Immerhin wird erst ganz allmählich bekannt, dass die US-Behörden bereits in den Vierzigerjahren »Strahlentests« an nichts ahnenden Menschen vorgenommen haben. Man injizierte den unfreiwilligen Versuchspersonen hochradioaktive Plutoniumpräparate, um deren Wirkung auf den menschlichen Organismus zu testen. Die Mehrheit der Testperso-

nen überlebte die schauderhaften Experimente nicht – sie starben alle an Leukämie oder anderen Krebsleiden.[40]
Professor Agrest – ich lernte den sehr umgänglichen, mittlerweile hoch in die Jahre gekommenen Wissenschaftler im Sommer 1997 in den Vereinigten Staaten persönlich kennen – mutmaßte bereits 1959: »Vielleicht brachten die Gäste aus dem Weltall von ihrem Anflug überflüssigen Kernbrennstoff zur Explosion, nachdem sie die Bewohner der umliegenden Gebiete vorgewarnt und ihnen Verhaltensmaßregeln für die Explosion erteilt hatten. Dass diese denkwürdigen Ereignisse in den Überlieferungen jener Völker, die am Toten Meer lebten, ihre Widerspiegelung fanden, müsste nur zu verständlich sein.«[71]

Abb. 33: Der aus Russland stammende Wissenschaftler Dr. Matest M. Agrest (rechts) spekulierte bereits 1959 über mögliche Eingriffe außerirdischer Intelligenzen in der Vergangenheit.

Vorweg gesagt: Auch ich halte die Hypothese einer nuklearen Vernichtung von Sodom und Gomorrha für weitaus denkbarer als alle

anderen Annahmen. Trotzdem möchte ich nicht so recht an eine bloße »Entsorgung« von im Überfluss vorhandenem spaltbarem Material glauben. Zum einen hätte es zahlreiche *unbewohnte* Regionen gegeben, dies zu tun. Zum anderen erscheint es mir um vieles logischer, wenn die Fremden nach einem längeren Raumflug – so sie sich überhaupt mit einem im wahrsten Sinne des Wortes vorsintflutlichen Atomantrieb durch das Weltall bewegt haben! – doch wohl eher akuten Bedarf nach einer Auffrischung ihrer Reserven gehabt hätten.
Und außerdem ist in der Bibel stets und explizit die Rede, dass allein Lot und sein engster Familienkreis, keineswegs jedoch die anderen Bewohner der zum Untergang verdammten Städte von den »Engeln des Herrn« gerettet werden sollten. Nein, dies war eine ganz gezielte, totale Vernichtungsaktion, die dort in Szene gesetzt wurde. Und sie galt genau jenen Individuen, welche in Sodom und Gomorrha – interniert waren!
Welches schreckliche Geheimnis umgab diese sinistren Städte am Ufer des Toten Meeres?
Der Schlüssel zur Lösung dieses Rätsels liegt vielleicht in der Lage der bewussten Örtlichkeiten.

Genetisches Gruselkabinett

Was finden wir noch heute rund um diese Gegend im Nahen Osten, der auch in unseren Tagen ein wahren Pulverfass darstellt? Viel Salz, noch mehr Sand und weite Wüste. Ganz wunderbar geeignet, dort ein von aller Welt abgeschiedenes Internierungslager aus dem Boden zu stampfen. Diese Annahme findet ihre logische Fortsetzung, wenn wir – in Gedanken, oder noch besser auf der Landkarte – am Ort des grauenvollen Geschehens den Zirkel ansetzen und einen Kreis von ungefähr 1000 Kilometer Radius schlagen. Und siehe da: Plötzlich wird deutlich, dass diese höhenmäßig unter dem Meeresspiegel gelegene Gegend ziemlich genau das

Zentrum darstellt, um welches sich die folgenden alten Hochkulturen gruppierten:

- Die sumerische und die assyrische Kultur im Zweistromland (Mesopotamien).
- Die ägyptische Hochkultur, das Reich der Pharaonen an den Ufern des Nils.
- Das Reich der Hethiter im östlichen Kleinasien, auf dem Gebiet der heutigen Türkei.
- Und schließlich die kretisch-minoische Kultur, deren spärliche Überreste den heutigen Touristen auf der Ferieninsel Kreta vorgeführt werden.

Gibt es hier so etwas wie einen gemeinsamen Nenner? Ich bin mir ziemlich sicher, nach einiger Suche darauf gestoßen zu sein: In all diesen genannten Kulturen wurde ein wahrer Kult getrieben – und zwar um so genannte Chimären. Dies sind Mischkreaturen. Genetische Verrücktheiten. Unheimliche Monsterwesen. Denen – trotz vielfältigster Erscheinungsformen – eine Eigenschaft gemeinsam war: Sie wurden allesamt einer perfiden Schöpferlaune der »Götter« zugeschrieben!

Beginnen wir mit dem geografisch am nächsten gelegenen Gebiet: Ägypten. Dort verehrte man Gestalten als von göttlicher Herkunft, die geradewegs aus den finsteren Verliesen eines Dr. Frankenstein entsprungen zu sein schienen. Eusebius, Bischof von Caesarea in Palästina und anerkannter Historiker (263–339), lässt uns in seiner »Chronographie« wissen:

»Und es waren daselbst gewisse andere Untiere, von denen ein Teil selbsterzeugte waren, und mit lebenserzeugenden Formen ausgestattet; und sie hätten erzeugt Menschen, doppeltbeflügelte; dazu auch andere mit vier Flügeln und zwei Gesichtern und einem Leib und zwei Köpfen, Frauen und Männer, und zwei Naturen, männlichen und weiblichen (also Hermaphroditen, Anm. d. Autors), weiter noch andere Menschen, mit Schenkeln von Ziegen und Hörnern am Kopfe; noch andere, pferdefüßige; und andere von Pferdegestalt an der Hinterseite und Menschengestalt an der Vorderseite,

Abb. 34: Darstellung eines Zwitterwesens aus den Königsgräbern der sumerischen Stadt Ur.

welche der Hippokentauren Formen haben; erzeugt hätten sie auch Stiere, menschenköpfige ...«[76]

Bischof Eusebius seinerseits schöpfte diese Erkenntnisse aus den Aufzeichnungen eines ägyptischen Priesters mit Namen Manetho. Dieser legte dar, dass einst die Götter vom Himmel gestiegen seien, um die Menschen zu unterweisen. Und die Götter hätten dann Mischwesen aller Art entstehen lassen, welche als »heilige Tiere« bezeichnet wurden.

Welche schreckerregenden Kreaturen verließen die genetischen Laboratorien einer experimentierwütigen Clique, die da offensichtlich nichts lieber tat als sich als »Götter« aufzuspielen? Und zu welchem Zweck führten die Fremden ihre unseligen Versuche durch?

Die alten Ägypter trieben einen regelrechten Mumifizierungskult. Außer ihren reichen und mächtigen Zeitgenossen, die hofften, auf diese Weise wieder ins Leben zurückzukehren, mumifizierten sie in

Serie praktisch alles, was zwei, vier oder mehr Füße hatte, schwimmen oder fliegen konnte. Gänse und Katzen, Käfer und Krokodile, sogar Fische und natürlich Vögel aller Art. Vielleicht mit Ausnahme von Flugzeugen, aber da bin ich mir nicht mehr ganz sicher. Wer weiß schon genau, was der Wüstensand in dem alten Land am Nil noch alles bedeckt.

Verdammt in alle Ewigkeit

Auch Stiere sollen die alten Ägypter für die Nachwelt konserviert haben, heilige »Apis-Stiere«. Hierfür schufen sie in Sakkara das *Serapäum*, eine weitläufige unterirdische Nekropole mit den gigantischsten Sarkophagen der Welt. Diese Kolosse bestehen aus Granit, der in Assuan, 1000 Kilometer von Sakkara entfernt, abgebaut wurde. Ihr Gewicht beträgt zwischen 70 und 100 Tonnen, ihre Deckel bringen es noch mal auf 20 bis 30 Tonnen! Weitere Gewölbe mit »Stiersarkophagen« existieren in Heliopolis, in Baqarie und in Abusir bei Gizeh.

Dass sie einstmals Stiermumien enthielten, erzählen uns die Archäologen und das Heer von Fremdenführern, denen zu entrinnen in Ägypten schier unmöglich ist. Die Realität sieht allerdings ganz anders aus. Denn die Sarkophage enthielten, als man sie öffnete, entweder gar nichts oder eine übel riechende Masse, bestehend aus einer Art Bitumen, vermischt mit Millionen von winzigsten Knochensplittern.

Und hier beginnen die Rätsel. So wurden beispielsweise in den unterirdischen Gewölben bei Abusir zwei respektable Stiermumien gefunden. Man glaubte es zumindest, denn die Bandagen waren noch unversehrt, oben ragten sogar die Hörner heraus. Als man die mächtigen Körper vorsichtig auswickelte, war die Überraschung perfekt: Im Inneren dieser »Stiermumien« lagen kreuz und quer Knochensplitter verschiedenster Kreaturen, die sich zum Teil noch nicht einmal einer bestimmten Tiergattung zuordnen ließen. Was äußerlich wie ein perfekt einbalsamierter Stier aussah, war in Wirklichkeit nichts anderes als ein Gemisch von Knochenfragmenten verschiedenster Lebewesen, zusammengehalten durch stinkendes Bitumen und kilometerweise Leinenbandagen drumherum.

Und dafür baute man Granitsarkophage, schwerer und sicherer als jeder Banktresor? Es müssen wohl ganz besondere Hinterlassenschaften gewesen sein, für die der enorme Aufwand getrieben wurde. Waren es die sterblichen Überreste von durch Genmanipulation erzeugten Chimären?

Der französische Archäologe Auguste Mariette, der das schon erwähnte Serapäum 1852 entdeckte, fand in dessen Gewölben eine Inschrift, die dem heiligen Stier gewidmet war: »Du hast keinen Vater, du bist vom Himmel geschaffen.«[77]

Und Herodot (484–424 v. Chr.), der älteste griechische Historiker, schrieb zum selben Thema: »Der Apis-Stier hat folgende Abzeichen: Er ist schwarz, auf der Stirn trägt er einen viereckigen weißen Fleck, auf dem Rücken das Bildnis eines Adlers, die Schweifhaare sind doppelt, und unter der Zunge erkennt man das Bild eines Käfers.«[78]

Wilde Fantasie der alten Geschichtsschreiber? Eine natürliche Abart? Oder Mutanten vom »Reißbrett« außerirdischer Gentechniker? Spekuliert man von dieser Idee ausgehend weiter, erscheint das mit Hingabe betriebene Zerstückeln dieser »heiligen Tiere« durchaus logisch.

Nachdem die Außerirdischen wieder einmal für längere Zeiten diesem Planeten den Rücken gekehrt hatten, blieben zahlreiche solcher künstlich geschaffenen Mischwesen auf der Erde zurück. Warum hätten sie die Fremden auch mitnehmen sollen? Platz war knapp in deren Raumfahrzeug, und diese Kreaturen waren vielleicht auch außerordentlich aggressiv. (Als im Laborversuch zwei an und für sich friedliche Bienenarten gekreuzt wurden, entstand eine höchst angriffslustige Art, die inzwischen den halben amerikanischen Kontinent das Fürchten gelehrt hat: Die »Mörderbiene« war geboren.) So verbreiteten die Monsterwesen auf der Erde

nichts als Angst und Schrecken, bis sie endlich der Reihe nach ausstarben.
Nun bemächtigte man sich ihrer sterblichen Reste, zerhackte deren Knochen, vermischte sie mit Bitumen. Das Ganze füllte man in Sarkophage aus Granit und wuchtete noch einen bis zu 30 Tonnen schweren Deckel oben drauf. Nie wieder würden diese monströsen Ausgeburten »göttlicher« Gentechnik Angst und Schrecken verbreiten. An ihren zerstückelten Überresten entlud sich der Zorn der von ihnen einst terrorisierten Menschen. Sie wurden verdammt in alle Ewigkeit!

Autoimmunkrankheiten: Eine heiße Spur?

Obwohl wir verständlicherweise einige Probleme damit haben, genetisches Material jener sagenhaften Zwitterwesen beizubringen, um den Nachweis außerirdischer Genexperimente in unserer Vergangenheit zu führen, tut sich möglicherweise eine *ganz andere* heiße Spur auf, diese Manipulationen nachzuweisen. Wie es den Anschein hat, tragen wir nämlich die Indizien dafür in unseren eigenen Erbinformationen.
Die äußerst rasante Entwicklung unserer modernen Gentechnologie hat dabei Aspekte erbracht, die ein ganz neues Licht auf das Problem werfen. So werden wir zwar jene manipulierten Gene selbst kaum identifizieren können, aber ihre Auswirkungen – um genauer zu sein, ihre unerwünschten Nebenwirkungen – vermögen eine Spur zu legen. Denn dass artfremde Gene unangenehme Nebenwirkungen erzeugen können, wissen wir, seit es Lebewesen gibt, denen man menschliche Gene eingepflanzt hat. Es kann zum Beispiel zu einer *Allergie* gegen diese artfremden Gene kommen. Doch alles der Reihe nach.
Im Biologieunterricht haben wir gelernt, dass die Zellen eines Organismus entsprechend ihrer Erbinformation Eiweiße (Proteine) erzeugen, aber gegen Eiweiß kann man allergisch reagieren. Ärzte

wurden mit dieser Problematik erstmals bei kosmetischen Operationen an der Nase konfrontiert, als sie Problemzonen mit Rinderknorpeln ausgleichen wollten. Unglücklicherweise hielt der Erfolg solcher Operationen nie länger als zwei oder drei Wochen an – danach hatte der menschliche Organismus alles artfremde Gewebe wieder völlig abgebaut.
Weit schwerer wiegende Folgen sah man sich gegenüber, als es an die Transplantation von Organen ging. Auch innerhalb der menschlichen Spezies kommt es nämlich, auf Grund von Gewebeverschiedenheiten, zu Abstoßungsreaktionen auf die eingepflanzten Organe. Darum überlebten die ersten Empfänger eines Spenderherzens in der Geschichte unserer modernen Medizin die seinerzeit Aufsehen erregenden Eingriffe selten länger als um einige Tage. Bald erkannten die Chirurgen, dass nach Organtransplantationen das Immunsystem des Patienten mittels starker Medikamente unterdrückt werden muss, was natürlich wiederum mit unkalkulierbaren Nebenwirkungen verbunden ist.
Heute hat uns die moderne Gentechnologie die Möglichkeit an die Hand gegeben, Gene zu isolieren, zu verändern und sie dann in fremde Organismen einzusetzen. Auf der nachfolgenden Abbildung 35 habe ich den schematischen Ablauf am Beispiel pflanzlicher Erbinformationen dargestellt. Da nun aber fremde Gene den Aufbau veränderter Eiweiße bewirken, sind – so man diese artfremden Gene in einen anderen Organismus einsetzt – Allergien geradezu vorprogrammiert!

Zu den Nebenwirkungen …

Die Wiener Ärztin und Humanbiologin *Dr. Martina Steinhardt*, wissenschaftliche Mitarbeiterin des Ludwig-Boltzmann-Instituts in der österreichischen Bundeshauptstadt, stieß auf diese Spur, als tatsächlich in jüngster Zeit derartige allergische Reaktionen auf manipulierte Gene auftauchten, und zwar im Zusammenhang mit dem Ein-

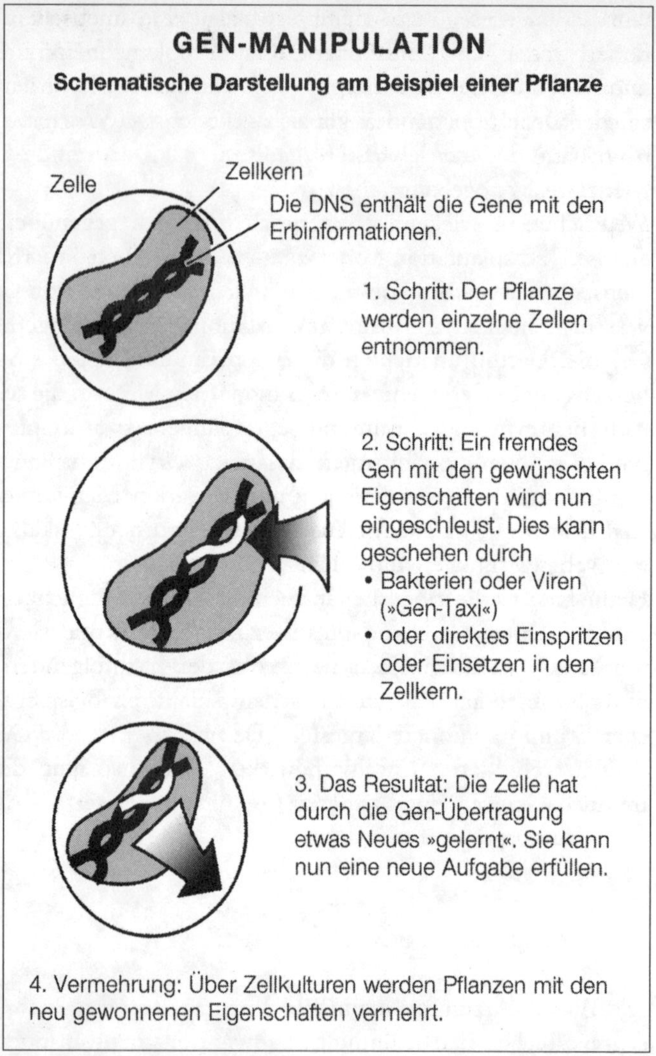

Abb. 35: Schematische Darstellung der Entnahme und Einsetzung eines fremden Gens in einen anderen Organismus, hier am Beispiel einer Pflanze.

satz der Gentherapie im Kampf gegen den Krebs. Davon ausgehend, befasste sich Dr. Steinhardt mit der Frage, inwieweit man ein artfremdes Gen auf Grund einer allergischen Reaktion erkennen kann. So stieß sie auf den klinisch noch recht wenig erforschten Komplex der *Autoimmunkrankheiten.*

Hierbei handelt es sich um zumeist entzündliche Krankheitsprozesse, die dadurch hervorgerufen werden, dass der Organismus plötzlich und ohne erkennbare Gründe auf das eigene Gewebe allergisch reagiert.

Warum geschieht das – erkennt der Körper seine eigenen Proteine nicht mehr?

Manche Menschen scheinen geradezu prädestiniert zu sein für Autoimmunkrankheiten, während andere davon nicht befallen werden. Genauso, wie der eine im Frühling unter quälendem Heuschnupfen leidet, ein anderer jedoch nicht. Die Ursachen sind in jedem Fall eindeutig: Beim Heuschnupfen sind es die Blütenpollen, bei einer Katzenallergie die Haare der schnurrenden Stubentiger. Nach einer Organtransplantation ist es das Eiweiß des Spenderorgans, das Immunreaktionen verursacht. Und neuerdings wissen wir, dass selbst artfremde Gene Allergien auslösen können.

An dieser Stelle möchte ich einige Beispiele für Autoimmunkrankheiten anführen, die sich, wie erwähnt, meist als Entzündungen manifestieren:

- ✰ Entzündungen der Muskeln, des Herzmuskels nach einem Herzinfarkt, sowie bestimmte Augenentzündungen;
- ✰ nach einer Impfung auftretende Gehirnhautentzündung;
- ✰ Magenschleimhautentzündung, die letztlich zum Verschwinden der Magenschleimhaut führt;
- ✰ Nierenentzündung mit Vergiftung der Nierenzellen;
- ✰ Schilddrüsenentzündung (Basedowsche Krankheit);
- ✰ diverse Nervenentzündungen, hierunter speziell die Multiple Sklerose (MS);
- ✰ chronische Dickdarmentzündung, einhergehend mit Schrumpfung des Darmgewebes.

Wie kommen diese Autoimmunkrankheiten zu Stande? Richtig geraten: Das wissen wir noch nicht! Bis heute haben wir keine plausible Erklärung dafür, warum der Körper sein eigenes Gewebe, sprich: sein eigenes Eiweiß, als fremdartig ansieht und mit Hilfe des Immunsystems bekämpft. Was ist also fremd am eigenen Gewebe? Häufig treten Autoimmunkrankheiten in der Folge von »normalen« Erkrankungen auf, so wie auch andere Allergien nach einer Sensibilisierung durch Krankheit oder Kontakt mit der allergieauslösenden Substanz auftreten. Und dies in der Regel urplötzlich und ohne jede Warnung.

Derlei Ungereimtheiten sind es, welche die eingangs erwähnte Wiener Ärztin zu einer kühnen Spekulation bewegen. So fragt Dr. Steinhardt: »Könnte es sein, dass die Autoimmunkrankheiten dadurch entstehen, dass wir gegen ehemals fremde Gene sensibilisiert werden, die auch nach Jahrtausenden noch fremd sind, da sie immer fremd bleiben?«[79]

Eine gewagte Theorie. Aber ich bin überzeugt, dass mit dem Fortschritt in unserer Gentechnologie sich die Nebel lichten, die Konturen klarer hervortreten und wir erkennen werden, was die außerirdischen Protagonisten jenes unglaublich weit in die Vergangenheit zurückreichenden *Experiments Erde* auf dem dritten Planeten eines unbedeutenden Sonnensystems wirklich getan haben und wahrscheinlich noch immer tun.

Wir schicken uns derweil an, es dem Zauberlehrling aus Goethes *Faust* gleichzutun, und in deren Fußstapfen zu treten. Bereits 1987 schufen amerikanische Gentechniker die *Schiege* – eine genetische Kreuzung zwischen Schaf und Ziege. Und der Tag ist wohl nicht mehr fern, an dem die Forscher in der Lage sein werden, die Bausequenz der menschlichen DNS, der Trägersubstanz aller Erbinformationen, nachzubauen.[80] Werden Lebensformen denn nach der neuesten Mode »designed«?

»Today is only yesterday's tomorrow – Heute ist nur die Zukunft von Gestern« (die englische Rock-Gruppe »Uriah Heep« in ihrem Song »Circle of Hands«).

Mischwesen weltweit

Der Erholung suchende Urlauber, der sich heute auf der griechischen Touristeninsel Kreta die Sonne auf den Bauch scheinen lässt, ahnt in aller Regel nicht, dass auch dort in grauer Vorzeit Genexperimente durchgeführt wurden, welche Schauder erregende Ergebnisse hervorbrachten.

Aus der griechischen Mythologie erfahren wir vom Minotaurus, einem Ungeheuer mit Menschenleib und Stierkopf. Minos, der legendäre König Kretas, war sicherlich alles andere als erfreut, als seine Gattin durch den Gott Poseidon zu widernatürlichen erotischen Spielen mit einem Stier getrieben wurde. Als Ergebnis jener ausgefallenen Liaison – vielleicht eine in mythologischen Umschreibungen verhüllte Erinnerung an unheimliche Genmanipulationen außerirdischer Intelligenzen – gebar diese in der Folge das Zwitterwesen Minotaurus.

Mit diesem war jedoch nicht allzugut Kirschen essen, denn er entwickelte sich zu einer permanenten Gefahr für seine Umgebung. König Minos beauftragte daher seinen Baumeister Daedalos, unter der Hauptstadt Knossos das Labyrinth zu bauen, in welchem das Ungeheuer eingesperrt und durch regelmäßige Menschenopfer »ruhig gestellt« wurde.

Erst Theseus befreite seine in arge Bedrängnis geratenen Mitmenschen von dieser Gefahr, als er in das berüchtigte Labyrinth eindrang und dem wildgewordenen Gen-Mutanten den Garaus machte.

Auch bei den Hethitern – einem indogermanischen Stamm, der sich um 2000 v. Chr. im östlichen Kleinasien, auf dem Gebiet der heutigen Türkei, ansiedelte – gab es Mischwesen, also regelrechte genetische Verrücktheiten. Ihre Darstellungen sind noch heute im Hethiter-Museum in der türkischen Metropole Ankara zu bewundern.

Innerhalb desselben Radius liegt das Zweistromland, Mesopotamien. Sumerische und assyrische Rollsiegel, Tempelwände sowie

Stelen tragen zu Hunderten die Abbilder geflügelter Genien, Sphingen, »Tieren« mit menschlichen Köpfen und anderer, offenbar aus Albträumen entsprungener Wesen. Als besonders illustres Beispiel sei hier nur eine Stele genannt, die den legendären Assyrerkönig Assurbanipal II. (668–626 v. Chr.) verherrlicht. Sie steht heute im Britischen Museum in London und zeigt, wie und welche Schätze von Kriegszügen und Plünderungen heimgeschleppt wurden. Außer wohl gefüllten Säcken und Gefäßen sieht man lebendes Beutegut – neben Elefanten auch Zwitterwesen. Ein Soldat trägt ein affenartiges Geschöpf mit Menschenkopf auf den Schultern. An einer Leine führt er eine schäferhundgroße Kreatur, die aufrecht geht auf menschlich anmutenden Füßen, sogar menschliche Hände und Kopf besitzt, aber den Körper und Schwanz eines wilden Tieres.[81]

Unternehmen wir noch, um die Beispiele abzuschließen, einen kurzen Abstecher ins Reich der Mitte, und wir werden auch dort mit Leichtigkeit fündig. Im »Shaanxi Historical Museum« in Xian stieß ich auf mehrere Mischkreaturen von seltsamer Gestalt. Beispielsweise eine hundegroße Figur aus Bronze, deren gezackter Rückenkamm erstaunliche Ähnlichkeit mit einem Stegosaurus aus dem Erdmittelalter (auch Mesozoikum, etwa 220–60 Millionen Jahre v. u. Z.) hat. Es muss wohl ein globaler »Götterspleen« gewesen sein: Denn selbst die »gelben Götter« des alten Reichs der Mitte hatten wohl ihre helle Freude an genetischen Experimenten – und deren schaurigen Resultaten, an denen sie ihren Forscherdrang austobten.

Overkill

Aber kehren wir zurück in den vorderasiatischen Raum. Nach diesem Streifzug durch die Geschichte gewordenen Hochkulturen der Ägypter, Kreter, Hethiter, Assyrer und Sumerer wird dem Leser vielleicht schon klar, auf welche gewagte Spekulation ich hier hinaus will.

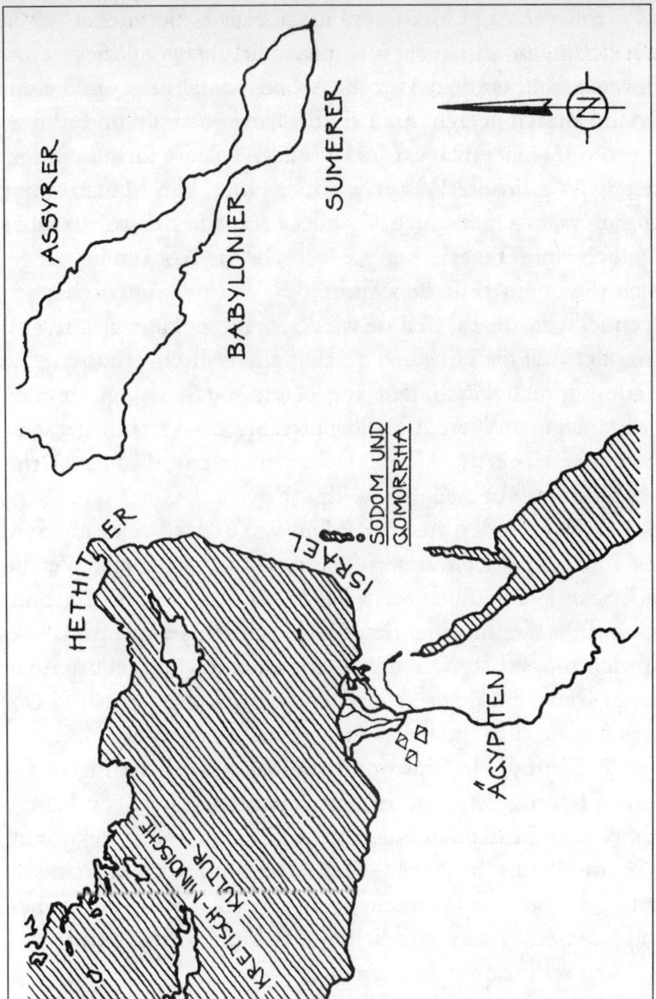

Abb. 36: Die Übersichtskarte macht eine erschreckende Konsequenz deutlich: Sodom und Gomorrha waren möglicherweise Vernichtungslager für genmanipulierte Wesen aus den Forschungslaboren fremder Intelligenzen!

Die Außerirdischen unternahmen ausgiebige Experimente durch Genveränderungen, wobei sie wahrscheinlich keine Spezies ausließen. Vielleicht wollten sie die für die Lebensverhältnisse auf diesem Planeten am besten geeigneten Lebensformen *designen* und *optimieren*. Ebenso wahrscheinlich war es aber auch schiere Lust am Experimentieren: Wie unsere Wissenschaftler hinter den Mauern ihrer Versuchslabors machten auch sie alles, was überhaupt machbar schien! Doch eines Tages sahen sie sich vor die Notwendigkeit gestellt, sich dieser im wahrsten Sinne des Wortes unmenschlichen Brut zu entledigen. Sei es, weil sie wieder zu ihrem Heimatstern aufbrachen, oder weil die künstlich geschaffenen Mischkreaturen eine wachsende Aggressivität an den Tag legten, sodass sie der von den Außerirdischen favorisierten intelligenten Spezies – richtig geraten: dem *Homo sapiens* – ernsthaft gefährlich zu werden drohten. Dringende Abhilfe war angesagt.
So richteten die Fremden aus dem All mitten in der Wüste am Südrand des Toten Meeres ein zentrales Vernichtungslager ein. Wie die Karte auf Seite 191 deutlich zeigt, liegt diese Region tatsächlich im Hinblick auf die sie umgebenden Hochkulturen sehr zentral. Von dort wurden möglichst viele der albtraumhaften Ausgeburten gewissenloser Gentechnologie abgeholt, in die Städte Sodom und Gomorrha gebracht, dort interniert und vernichtet.
Das mag der Grund sein, warum man in den Überlieferungen von Sumerern, Kretern, Assyrern und Hethitern zwar stets von Mischwesen hört und diese auch auf Abbildungen zu sehen bekommt, jedoch – soweit uns bekannt – bei Ausgrabungen auf keinerlei Überreste gestoßen ist. Jedenfalls nicht offiziell. In Ägypten scheinen einige dieser Wesen »göttlicher« Herkunft dem Abtransport entgangen zu sein. Zumindest legen die wenigen Funde von sorgsam zerhackten Kreaturen Schlüsse wie diesen nahe. Genau wie die vorsorglich dafür bereit gestellten, unter Garantie ausbruchsicheren Riesensarkophage.
Was geschah nun mit der Mehrzahl der von den Außerirdischen geschaffenen Monster?

Es war ein sonniger Morgen, der ein strahlend schöner Tag zu werden versprach, und tatsächlich auch »strahlend« wurde – nur leider in einer viel schlimmeren, wahrhaft apokalyptischen Bedeutung. Zwei Mitglieder eines schnellen Eingreifkommandos hatten den Hebräer Lot, der aus wer weiß welchen Gründen in einer dieser todgeweihten Städte am Südufer des Toten Meeres lebte, mitsamt Frau und Töchtern aus der Gefahrenzone evakuiert. Keine Minute zu früh, denn die Adressaten der Rettungsaktion waren nur sehr schwer zum Aufbruch zu bewegen gewesen, und die Zeit wurde bereits gefährlich knapp.
Die Bombe war scharf gemacht, der Countdown für die Zündung lief unaufhaltsam. Nichts konnte die kommenden Ereignisse mehr aufhalten. Dann, exakt zum vorausberechneten Zeitpunkt, detonierte der nukleare Sprengsatz. Ein ohrenbetäubender Knall zerriss die morgendliche Stille, und die schnell aufsteigende, charakteristische pilzförmige Rauch- und Feuersäule riss alles mit sich in die Höhe. Es war, als würden »Feuer und Schwefel vom Himmel regnen«. In Bruchteilen von Sekunden schnellten die Temperaturen in dem grellen Atomblitz in unvorstellbare Höhen, verdampfte jegliches Leben, das sich im Epizentrum dieser alles zerstörenden Schreckenswaffe befand.
Sodom und Gomorrha waren nur noch Asche. Mit einem flammenden Inferno wurde beendet, was in den Laboratorien der Gentechniker aus dem Kosmos, im Rahmen von »Experiment Erde« begonnen hatte.

9 Die Kompassnadel spielt verrückt!

Unglaubliche Entdeckungen im Hochland der Anden

In den 45 Jahren meines irdischen Daseins habe ich schon eine Menge unglaublicher Dinge zu Gesicht bekommen, die mit unserem derzeit gültigen Weltbild zwangsläufig in Konflikt geraten müssen.

Mit Erich von Däniken bin ich in der stickigen »Pyramide der Inschriften« von Palenque (Mexiko) gewesen und die zahlreichen gefährlich glitschigen Stufen hinabgestiegen, bis ich vor jener weltberühmt gewordenen Grabplatte stand, welche eine Szene wieder gibt, auf der ein Raumfahrer in seinem Vehikel dargestellt zu sein scheint. Steht man unvoreingenommen vor diesem Relikt, so scheint die Deutung im Sinne eines »fantastischen Realismus« in der Tat am plausibelsten.

Auch die Pyramiden im ägyptischen Gizeh habe ich besucht, deren Nachbau uns heute vor schier unüberwindbare technische und finanzielle Schwierigkeiten stellen würde.

In Changsha, der Hauptstadt der Provinz Hunan, stand ich staunend vor einer 2200 Jahre alten Landkarte, deren *Vorbild* nach Ansicht eines hochrangigen chinesischen Archäologen ein Satellitenfoto sein könnte – aufgenommen vor Tausenden von Jahren von einem außerirdischen Flugkörper, der unseren Planeten aus dem Erdorbit heraus kartografiert haben soll.

Last but not least führte mich mein angeborener Eigensinn in einige

streng verbotene Gebiete in der Volksrepublik China. Ich hatte das unglaubliche Glück, als erster Ausländer an die hundert Pyramiden sehen zu dürfen, die dort seit Tausenden von Jahren stehen. Filmaufnahmen, die ich machte, wurden bereits weltweit von zahlreichen Sendern ausgestrahlt; hier zu Lande vom Zweiten Deutschen Fernsehen in deren renommierter Reihe »TERRA-X«.[82] Zeitungen und Magazine vieler Länder berichteten über meine Entdeckungen, und meine Bücher erscheinen unter anderem sogar in den USA und in China.[83-89]
In der dünnen, klaren Luft auf der Hochebene in den bolivianischen Anden, 4000 Meter über dem Meeresspiegel gelegen, ist jedoch alles irgendwie anders.
Zweimal war ich bislang an diesem Ort, mithin eine der geheimnisvollsten Stätten auf unserem Planeten. Das erste Mal im Herbst 1993, ein weiteres Mal im Februar 1996, gemeinsam mit meinem leider viel zu früh verstorbenen Freund und Autorenkollegen Dr. Johannes Fiebag, dem renommiertesten Erforscher des UFO-Phänomens im deutschen Sprachraum. Für uns beide war es bereits der zweite Besuch in *Tiahuanaco* und *Puma Punku*. Es sind dies zwei faszinierende Orte, deren Ursprung sich im Grau der Zeiten verliert.

Rätselraten am Ende der Welt

Kein Mensch – so berichtet die Überlieferung – habe Tiahuanaco anders als in Ruinen gesehen, denn es sei »in einer einzigen Nacht von den Göttern erbaut worden«.[90, 91] Über diesen Ruinen, die ein unvorstellbares Alter haben müssen, liegen die Nebel der Vergangenheit und ihrer undurchdringlichsten Rätsel.
Viele Tonnen schwere Bauelemente aus härtestem vulkanischem Gestein begrenzen den »Tempel«, auch Kalasasaya genannt. Während der letzten Jahre wurden von den dort tätigen Archäologen haarsträubende, kaum wiedergutzumachende Sünden begangen:

Zwischenräume, die zwischen den mächtigen Monolithen klafften, wurden vollkommen willkürlich mit Steinquadern aufgefüllt. Man »rekonstruierte« damit eine Mauer, die es in dieser Machart niemals gegeben hatte. Selbst dem Laien fällt ins Auge, wie deplatziert manche Steine in dieser Mauer sind!

In Erich von Dänikens zweitem Buch »Zurück zu den Sternen« können wir diese frei stehenden, bis zu 10 Meter hohen sowie viele Tonnen schweren Monolithen noch bewundern.[92] Diese Bilder gehören dank der archäologischen »Meisterleistung« leider der Vergangenheit an.

Wer schützt die Überreste unserer Vergangenheit eigentlich vor wildgewordenen Archäologen?

Sehr viel wurde bisher über das so genannte »Sonnentor« von Tiahuanaco geschrieben, in ungezählten Büchern findet man es abgebildet. Auf der Vorderseite dieses Tores sind 48 Figuren eingemeißelt, die ihren fliegenden Hauptgott zu beiden Seiten flankieren. Keinem Archäologen unserer Tage gelang es, auch nur eine annähernde Deutung dieser Figuren auf dem 3 Meter hohen und 4 Meter breiten Sonnentor zu geben.

Der französische Autor Robert Charroux (1909–1978) glaubte, aus dem Fries auf der Vorderseite des Tores eine fantastische Geschichte herausinterpretieren zu können. Eine Geschichte, in welcher von einer Göttin mit Namen Orejona berichtet wird, die vom Planeten Venus gekommen war. Sie soll sich mit einem Tapir gepaart haben, und aus dieser reichlich seltsamen Verbindung sei unsere Menschheit hervorgegangen.[93]

Ich weiß nicht, ob Charroux selbst tatsächlich an diese obskure Story geglaubt hat; ich für meinen Teil habe da die allergrößten Probleme. Ich verstehe auch nicht, warum man Zuflucht zu derartigen Fantastereien suchen muss – denn die Realität, welche sich dort oben auf dem Altiplano abgespielt hat und sich noch immer abspielt, ist weit fantastischer!

Etwas plausibler klingen da schon die Lösungsansätze, die Professor Hans Schindler-Bellamy erarbeitet hat. Er vermeinte diese 48

Gestalten in ihrem technisch anmutenden Design als Kalender zu entziffern, der 22 000 Jahre in die Vergangenheit zurückreicht.[94,95] Über die Datierung lässt sich streiten. Doch werde ich wohl nie verstehen, warum man das »Sonnentor« stets nur von vorne abbildet – die Rückseite des aus einem einzigen Monolithen gefertigten Tores

Abb 37: Beinahe noch interessanter sind die millimeter-genauen Steinbearbeitungen auf der Rückseite des Sonnentores von Tiahuanaco.

ist nämlich noch weit interessanter. Hat man aus dem Grund einen rostigen Stacheldrahtzaun drumherum gezogen, weil es mit dem Weltbild, wie es die Archäologen in aller Regel noch immer vertreten, nichts, aber auch gar nichts mehr zu tun hat? Die Bearbeitungen dieses aus härtestem Tiefengestein gefertigten Stückes sind, untertrieben gesagt, faszinierend. Hier muss eine Technologie angewandt worden sein, die der unseren um Längen voraus war. Wie mit dem Lineal gezogen – oder sollte man vielleicht besser sagen, wie mit dem Laser herausgeschnitten? –, sind Rillen, Kanten und

Winkel exakt herausgearbeitet. Nicht die Spur einer Abweichung ist zu finden. Alles ist millimetergenau gearbeitet!
Wie konnten die Aymara-Indianer, nach Lesart der offiziellen Archäologie die Schöpfer der fantastischen Anlage, mit bescheidenen *Steinwerkzeugen* dreidimensionale, komplizierte Arbeiten an dem beinahe stahlharten Stein ausführen? Wir »modernen« Zeitgenossen benutzen hierfür laser- oder computergesteuerte Präzisionswerkzeuge. Sorry, aber die klugen Herren Archäologen gestehen den angeblichen Erbauern außer weichem Kupfer keinerlei Metalle zu.[96,97] Vielleicht sollte man sie zur Strafe einmal dazu anhalten, mit primitivsten Werkzeugen wenigstens *eine* von diesen zahllosen staunenswerten Steinbearbeitungen nachzuvollziehen. Das wäre zwar reichlich sadistisch, würde aber vielleicht einige schiefe Vorstellungen gerade rücken.
Aller Wahrscheinlichkeit nach wurde diese unglaubliche Anlage auf 4000 Meter Höhe sowieso von jemand *ganz anderem* errichtet. Und vor weit längerer Zeit, als die klassische Archäologie den Ruinen zugesteht.[98]

Basislager Puma Punku

Versagen unsere traditionellen Erklärungsversuche bereits am Beispiel von Tiahuanaco, so werden wir vollends sprachlos angesichts der Stätte von Puma Punku, gerade einen Kilometer Luftlinie entfernt. Hier stehen wir – ich kann es nicht anders beschreiben – offensichtlich vor den gesprengten Überresten eines ehemaligen Basislagers. Kreuz und quer liegen die unzähligen, zum Teil gigantischen Bauelemente, die dem Betrachter den Eindruck von Betonfertigteilen vermitteln. Allerdings bestehen sie nicht aus Beton, sondern aus den ungleich härteren vulkanischen Ergussgesteinen Andesit und Diorit. In ihrer Härte sind diese vergleichbar mit Granit.
Lässt uns Tiahuanaco schon über die Maßen staunen, so lehrt uns Puma Punku im Gegensatz dazu das Fürchten.

Abb. 38: War Puma Punku ein Basislager, das fremde Astronauten im Hochland der Anden Boliviens errichteten – und später in die Luft jagten?

Wer hat in dieser Einsamkeit am Ende der Welt, in der dünnen Luft des Andengebirges, die uns das Atmen schwer macht, so eine gigantische Anlage aus dem Boden gestampft? Das Gewicht der größten Plattformen – bis zu 40 Meter lang – wird auf rund eintausend Tonnen geschätzt!

Wer die überaus erfolgreiche Fernsehserie »Auf den Spuren der All-Mächtigen« von Erich von Däniken verfolgt hat, der mag sich vielleicht noch jener Computer-Animation entsinnen, die mit einer Reihe in Puma Punku gefundener Bauteile vorgenommen wurde. Hierbei kam man einer geradezu unglaublichen Sache auf die Spur: Sämtliche Rillen und Nuten passen fugenlos ineinander. Es entstand eine Mauer aus vorgefertigten Werkstücken, quasi im Baukastensystem. Luft- und wasserdicht sowie absolut erdbebensicher. Wer, so frage ich hier noch einmal, kommt eigentlich als Erbauer dieser fantastischen Anlage in Betracht?[17]

Doch wer angesichts solcher Indizien behauptet, hier handle es sich nicht um etwas eindeutig Hochtechnisches, sondern einmal mehr mit der ewigen alten Leier mit den »Kulten« daherkommt, dem kann ich eigentlich nur noch zur Anschaffung eines weißen Stockes raten. Oder besser noch, zu einem gut ausgebildeten Blindenhund. Zu eindeutig ist der technische Bezug, insbesondere bei einem Bauelement, das auf nachstehendem Foto zu erkennen ist. Gleich einem modernen Piktogramm weist der exakt eingearbeitete Pfeil auf ein für die Benützer der Anlage wichtiges Equipment hin: »Wartungstrupp links von diesem Zeichen nachsehen!«
Wir können heute nicht einmal erahnen, wie das ursprüngliche, unzerstörte Puma Punku vor Jahrtausenden ausgesehen hat.
Was mochte sich in der exakt ausgeschnittenen Öffnung links des Hinweispfeiles wohl verborgen haben? Ich persönlich vermute – weitere Hinweise siehe im Verlauf dieser Ausführungen – eine Apparatur, die mit hochfrequenter Energie betrieben wurde. Vor allen Unbilden der Witterung und auch unbefugtem Zugriff bestens geschützt, war diese einst in dem stahlharten, aus Tiefengestein gefertigten Block eingebettet. Eine breiter gearbeitete Aussparung deutet allem Anschein nach auf etwas wie eine Klappe hin, die die gesamte Einheit nach außen hin abschloss. Und der nicht zu übersehende Hinweispfeil war nichts anderes als ein Piktogramm, ein Zeichen für die Wartungsmannschaft der geheimnisvollen Anlage.
Mit Sicherheit gingen Gefahren für Leib und Seele von jenen vormaligen Apparaturen aus. Und nachdem der Stützpunkt auf dem Altiplano geräumt und unbrauchbar gemacht wurde, nahmen die unbekannten Besucher ihre Gerätschaften wieder mit. Möglicherweise benötigten sie diese auf ihrem Heimflug in die Tiefen des Weltalls.
Gibt es noch weitere Hinweise auf den Einsatz elektrischer Geräte in dem mysteriösen Basislager auf dem Dach der bolivianischen Anden?

Abb. 39: Hinweise für den Wartungstrupp? Wie ein modernes Piktogramm macht dieser exakt ausgeschnittene Pfeil auf eine Apparatur aufmerksam, die einst in dem Andesitzblock eingebettet gewesen sein musste.

Wenn der Kompass rotiert

Es existieren in der Tat auffallende Indizien dafür, dass manche der rätselhaften Steinbearbeitungen zum Schutz vor mit Hochfrequenzenergie arbeitenden Geräten dienten – ich stieß darauf Ende Februar 1996. Ein Gedanke hierzu vorweg: Bereits 1969 vermutete Erich von Däniken anhand seltsamer, von den Archäologen als »Wasserleitungen« betitelten Halbröhren, es könne sich dabei wohl eher um *Schutzhüllen für Energiekabel* gehandelt haben. Ihm fiel insbesondere auf, dass einzig die Oberteile dieser ominösen Röhren existierten. Wären es tatsächlich Wasserleitungen gewesen, hätte man doch allenfalls auf die Oberteile verzichten können, keineswegs jedoch auf die Unterteile.[92] Wahrscheinlich hat Erich von Däniken Recht, und mit meinen Entdeckungen könnte sich der Kreis nun schließen.

Wir schreiben den 25. Februar 1996. Zusammen mit dem eingangs erwähnten Forscher Dr. Johannes Fiebag und einer Gruppe unserer Leser befand ich mich an dem geheimnisträchtigen Ort.

Unser Berliner Freund Wolfgang Siebenhaar hatte – wohl nicht ganz zufällig – auch einen Kompass in seinem Marschgepäck. Ich erbat das Instrument von ihm und legte es auf einige der größeren Blöcke in der Anlage von Tiahuanaco. Plötzlich – wir trauten unseren Augen nicht mehr – begann sich die Nadel in ihrem Gehäuse

Abb. 40: Bei diesem Bauelement verdoppelt sich die Kompassabweichung jeweils von einer Vertiefung zur nächsten. Natürlicher Magnetismus dürfte als Erklärung für dieses Phänomen ausscheiden.

merklich zu bewegen. An einigen Stellen sogar mit ungewöhnlicher Heftigkeit. Dies war etwas Neues, darauf hatte vorher offenbar noch niemand geachtet!

Wolfgangs Kompass war auch kein Einzelfall, denn zwei, drei andere Instrumente zeigten denselben Effekt.

Nun wurde ich erst richtig neugierig und startete regelrechte Versuchsreihen. Und siehe da: An allen Bauelementen, an allen Monolithen war der Ablenkungseffekt festzustellen. Ganz besonders übrigens an den schon erwähnten »Fertigbauteilen«, die in Puma Punku ohne jeden Sinn in einer Reihe aufgestellt worden waren. Von Archäologen, die zwar den Sinn und Zweck dieser uralten Anlage nicht erfasst haben, sich aber trotzdem nicht verkneifen konnten, aus den zahllosen Steinen willkürlich ein paar Mäuerchen zusammenzuschustern.

Wie es aussieht, waren alle Bauelemente dort einer hochfrequenten Energie ausgesetzt.

Schier unglaublich waren die Ergebnisse, welche ich – in mehrfacher Wiederholung – an einem Monolithen feststellen konnte, der ein wenig abseits der größten Steinplatten von Puma Punku sein Schattendasein fristet. Dieser müßte sich eigentlich zum Lieblingsobjekt der exakten Naturwissenschaften mausern. Denn an ihm lässt sich zuverlässig ein Phänomen experimentell nachweisen, und immer wieder startete ich aufs Neue eine Aufsehen erregende Messreihe.

In diesem Steinblock zählt man von links nach rechts fünf genau gleiche Vertiefungen, die – wie sollte es auch anders sein – vollkommen exakt gearbeitet sind. Mit scharfen Kanten, an denen man sich noch heute seine Finger aufschneiden kann. Ich führte also den Kompass in die erste Vertiefung von links ein und bemerkte eine Abweichung, die ziemlich genau 5 Winkelgrade ausmachte. »Probier es doch einmal ein Loch weiter!«, schoss es mir durch den Kopf. Gedacht, getan, und dieses Mal konnte ich sogar eine Abweichung von genau 10 Grad ablesen.

»Eine seltsame Sache«, dachte ich mir noch, als ich das Instrument in die nächste Nische, die Dritte von links, einführte. Und ich kam aus dem Staunen nicht mehr heraus: Dieses Mal waren es exakt 20 Grad Abweichung!

Was um alles in der Welt ging an dieser unheimlichen Stätte nur vor? Meine Verwirrung wurde indes keinen Deut geringer, da der Kompass in der nächsten Vertiefung 40 Grad Abweichung zeigte. Und, um die Verblüffung vollends auf die Spitze zu treiben, haargenau 80 Winkelgrade bei der letzten Aussparung, am rechten Ende des Blockes.

Im Klartext: Von Vertiefung zu Vertiefung *verdoppelte* sich jeweils die Deklination der Kompassnadel. Das ist, ich kann es leider nicht anders ausdrücken, vollkommen verrückt. Und trotz allem: Ein Phänomen, welches in einem *jederzeit wiederholbaren Experiment* dargestellt werden kann!

Was sich in diesem geheimnisumwitterten Bauelement vor unbekannten Zeiten befunden haben mag, darüber kann ich an dieser Stelle nur spekulieren. Die am plausibelsten klingende Erklärung dürfte sein, dass es sich um eine Apparatur gehandelt hat, welche man im weitesten Sinne mit einem *Transformator* vergleichen kann. Ein Transformator – wer kennt ihn nicht von der elektrischen Modelleisenbahn? – hat die Aufgabe, Stromspannungen zu verändern. Zum Beispiel, wenn die Netzspannung für den ihr zugedachten Zweck entweder zu stark oder zu schwach ist. Die Leistung wird auf der primaren Seite zugeführt, umgespannt, um dann auf der sekundären Seite abgenommen zu werden.

Hier muss es sich wohl um eine Anordnung von fünf *in Reihe* geschalteten Transformatoren gehandelt haben, die lange Zeiten in diesem Block gearbeitet haben. Mit einem elektromagnetischen Effekt, der noch immer messbar ist. Die festgestellten Kompassabweichungen machen nachdenklich, ja ratlos: Geologen wissen zwar um eine natürliche Magnetisierung, wie sie speziell auch bei Tiefenge-

steinen vorkommt; diese beruht auf der Ausrichtung kleinster magnetischer Teilchen vor dem Erkalten des Gesteins. Den Wissenschaftlern wurde es dadurch ermöglicht, anhand der magnetischen Ausrichtung des Gesteins Rückschlüsse auf wiederholte Änderungen des Erdmagnetfeldes im Verlauf der Erdgeschichte zu ziehen.[99]
Doch was ich an den Bauelementen, die ungezählt in Tiahuanaco und Puma Punku herumliegen, messen konnte, ist eindeutig zu viel des Guten, beruht keinesfalls auf natürlichem Magnetismus. Etwas anderes war dort im Gange: Benötigten außerirdische Besucher Unmengen von Energie für ihr Basislager?
Mit sichtlichem Interesse verfolgte unser deutschsprachiger Fremdenführer, was ich da fortwährend mit dem Kompass anstellte. Ganz beiläufig bemerkte ich noch, dass magnetische Anomalien immer wieder an solchen Orten gemessen werden konnten, die Schauplatz einer Sichtung oder gar einer Landung unidentifizierbarer Flugobjekte, also UFOs, waren.
Damit hatte ich eine unerwartete Lawine losgetreten. Señor Reinaldo, unser Dolmetscher, schien an dieser Thematik keineswegs uninteressiert zu sein. Ganz im Gegenteil: Wusste er doch von ungeheuerlichen Vorkommnissen zu berichten, die sich in den letzten Jahren bei und über den Ruinenstädten auf der Hochebene Boliviens abgespielt hatten. Mehr noch, er arrangierte ein exklusives Interview mit einer dort ansässigen Zeugin, die eine unheimliche Begegnung der dritten Art erlebt hatte.

Kehren die Götter von Tiahuanaco zurück?

Gloria al Diaga Cortez ist die Wirtin des kleinen, von den in letzter Zeit seltener werdenden Touristen besuchten Restaurants »La Cabana«, welches sich gerade einen Steinwurf entfernt, gegenüber den eingezäunten Ruinen von Tiahuanaco befindet.
Eines Abends – es muss etwa im April oder Mai 1989 gewesen sein – trat die Zeugin zu Fuß den Rückweg von dem ungefähr 800

Meter entfernten Dorf zu ihrem Restaurant an. Bereits beim Losgehen war ihr aufgefallen, dass immer wieder der Strom ausfiel. Noch dachte sie sich nichts weiter dabei, denn derlei Unzulänglichkeiten stehen in den abgelegenen Landstrichen Südamerikas ja beinahe auf der Tagesordnung. Ein paar Minuten später erreichte sie auch wohlbehalten die »Cabana«.

Als sie dann das Haus betrat, fielen ihr plötzlich ihre beiden Hunde auf, die starr vor Angst am Boden kauerten und leise winselten. Irgendetwas schien nicht zu stimmen. Da gewahrte sie auch schon den hellen Lichtschein, der grell ins Haus fiel – viel zu grell, um zu einem der hier und da vorbeifahrenden Lastwagen zu gehören.

Und als sie aus dem Fenster schaute, erkannte sie über der großen Wiese, die sich im eingezäunten Bereich der Anlage befindet, eine riesige, hell erleuchtete Scheibe, die dort schwebte!

Nie zuvor hatte Gloria al Diaga Cortez an diese verrückten Geschichten über »Fliegende Untertassen« geglaubt, doch jetzt bekam sie es mit der nackten Angst zu tun. Zwei- oder dreimal wagte sie sich jedoch vor die Tür, um beim letzten Mal Zeuge zu werden, wie sich das Flugobjekt mit unfassbarer Geschwindigkeit am Himmel entfernte.

Schon am darauf folgenden Tag begann auf der Wiese, über der das UFO schwebend verharrt hatte, im Bereich einer kreisrunden Fläche das Gras abzusterben. Drei Jahre lang wuchs dort nichts, dann erst begann sich die Vegetation langsam wieder zu erholen. Selbst heute noch ist diese Stelle bei genauerem Hinsehen unschwer auszumachen.

Gloria war indes nicht die einzige Augenzeugin der Vorgänge jener Nacht: Auch einige Dorfbewohner, darunter ein Nachtwächter, konnten das UFO genau über der Ruinenstätte schwebend beobachten. Und ein anderes Mal, an einem nicht mehr genau zu bestimmenden Tag im Jahre 1992 oder 1993, sahen Zeugen über dem »Mondtor« von Tiahuanaco gegen zwei Uhr morgens ein sehr grelles Licht. Dieses ging gleichfalls von einer nur knapp über dem Boden schwebenden Scheibe aus.

Am Boden konnten die zu Tode erschrockenen Zeugen ein paar große, weiße Gestalten erkennen.[100]
Sind die alten »Götter«, die vor ungezählten Jahrtausenden das Basislager Tiahuanaco/Puma Punku errichtet hatten, in unseren Tagen wieder zurückgekehrt?

Tote von den Sternen

Nicht weniger erregend sind die Rätsel, die kaum 1000 Kilometer südlich, im Norden des Andenstaates Chile ihrer Lösungen harren. Das Ganze fing mit einer jener Zeitungsmeldungen an, von denen man nicht weiß, ob man sie glauben oder nicht besser auf der Stelle unter der Rubrik »Gelesen und vergessen« einordnen sollte. Am 29. April 1975 schrieb die deutsche Tageszeitung »BILD« unter der Überschrift: »In Gräbern aus uralter Zeit: Tote von anderen Sternen«:
»Der belgische Geistliche Gustavo LePaige ist davon überzeugt, dass menschenähnliche Lebewesen von anderen Planeten vor vielen tausend Jahren auf unserer Erde begraben worden sind. Padre LePaige lebt als Missionar in Chile. Seit über 20 Jahren betreibt er Forschungsarbeiten als Archäologe. Der 72-jährige Missionspater hat 5424 Grabstellen von Menschen freigelegt, von denen einige nach seinen Angaben vor mehr als 100 000 Jahren gestorben sind. Einem chilenischen Reporter vertraute Padre LePaige jetzt an: ›Ich glaube, dass in den Gräbern außerirdische Wesen mitbeerdigt wurden. Einige der Mumien, die ich fand, hatten Gesichtsformen, wie wir sie auf unserer Erde nicht kennen.‹«[101]
Über seine ersten Recherchen zu dieser Meldung berichtete Erich von Däniken in seinem Bestseller »Reise nach Kiribati«. Darin ärgert er sich, dass der Zeitungsausschnitt zu lange in seinem Archiv geschmort hat – ausgerechnet unter der Rubrik »Unwahrscheinlich«. Denn als er sich endlich entschlossen hatte, vor Ort nachzurecherchieren, lag der archäologisch versierte Kirchenmann schon im Sterben. Am 19. Mai 1980 schließlich segnete Padre Gustavo LePaige das Zeitliche.[102]

Ohne Zweifel war hier eine gute Gelegenheit unwiederbringlich verloren gegangen, weitere Informationen aus erster Hand zu bekommen.
Über verpasste Gelegenheiten zu lamentieren, ist bekanntlich mehr als müßig. Erich von Däniken erwähnte im Zusammenhang mit dem Padre – der an seinem Wirkungsort San Pedro de Atacama ein archäologisches Museum mit reichhaltigen Exponaten aus seiner Grabungstätigkeit aufgebaut hat – auch eine kleine Holzfigur. Deren Kopfbedeckung würde einem Astronautenhelm auf einem zylindrischen Rumpf ähneln. Nach Meinung des Padres sollte diese Figur eine Grabbeigabe darstellen, die aus dem Grab eines Außerirdischen stamme.

Der »Astronaut« von San Pedro

Wörtlich sagte der belgische Missionar: »Man würde es mir nicht glauben, wenn ich erzählen würde, was ich sonst noch in den Gräbern gefunden habe!«
Im Januar 1992 gelangte der Schweizer Willi Dünnenberger, damals noch Erich von Dänikens Sekretär, in das Wüstennest San Pedro de Atacama. Dort stattete er dem »Museo Arquéologico R. P. Gustavo LePaige«, vor dem eine überlebensgroße Bronzefigur an den Gründer erinnert, einen Besuch ab. Sein hauptsächliches Interesse galt natürlich jenem Artefakt, das er in seinem späteren Bericht als »versteinerte Holzfigur« charakterisierte. Ein Irrtum, allerdings ein entschuldbarer, wie sich nun herausstellen sollte. Ich übernahm ihn ebenfalls, als ich in einem früheren Buch darüber berichtete.[8] Auf diesen speziellen Punkt werde ich aber noch genauer eingehen.
Willi Dünnenberger musste einen der Museumsaufseher um den Gefallen bitten, ihm die Figur zu zeigen, nachdem sie ihm auch bei mehrmaliger Durchsicht der Exponate nicht aufgefallen war. Schließlich fand er sie »unscheinbar neben anderen kleinen Figür-

chen«, und sie war »wegen (der) schrägen Position in einem Glaskasten auch nicht gut zu fotografieren«.[103] An dieser Stelle steht die Figur übrigens noch heute.
Immerhin – ein Foto gelang. Ich durfte es, mit freundlicher Genehmigung Erich von Dänikens, im Bildteil meines Buches »Die weiße Pyramide« veröffentlichen. Im Zusammenhang mit einer berichteten Begegnung eines Abenteurers mit »Toten von anderen Sternen« in der Mongolei, hatte ich auch über Padre LePaige, dessen Funde und natürlich über jene Astronautenfigur aus dem Museum von San Pedro de Atacama berichtet.[8] Es schien hier gewisse Parallelen zu geben …

Ein Hohes Lied auf Schweizer Taschenmesser

Am 29. Februar 1996 hatte ich endlich selbst die Gelegenheit, dem Museum des Wüstenfleckens einen Besuch abzustatten. Normalerweise verschlägt es nur wenige Reisende dorthin, denn für den 08/15-Urlauber ist San Pedro völlig uninteressant. Für an unkonventionellen Rätseln interessierte Insider jedoch ist das Museum ein ganz besonderes Highlight. Der Besuch desselben sollte sich auch als Erfolg erweisen!
Dank einer äußerst rührigen und an unserer Thematik durchaus nicht uninteressierten Dolmetscherin sowie eines mitgeführten Exemplares meines vorerwähnten Buches gelang, woran bisherige Besucher des Museums scheiterten.
Ohne rot zu werden, avisierte mich unsere Reiseführerin als »einen der bedeutendsten Archäologen Deutschlands« und wedelte dabei noch bedeutungsschwanger mit der entsprechenden Seite in meinem Buch. Mir war die ganze Sache verdammt peinlich – aber *sie* schaffte das Unmögliche: Ich erhielt von der Museumsleitung die Erlaubnis, die betreffende Vitrine zu öffnen und die kleine »Astronautenfigur« eingehend zu untersuchen.
Im selben Moment streckten sich mir fast ein Dutzend Schweizer

Taschenmesser entgegen. Mit zittrigen Fingern, den Erfindergeist der Schweizer lobpreisend, hebelte ich die Glasscheibe aus ihrem hölzernen Rahmen.

Nun war ich also der erste Forscher unserer *Prä-Astronautik* genannten Fachrichtung, dem es vergönnt war, die kleine Wunderstatue in Händen zu halten und untersuchen zu dürfen. Wie das nachstehende Foto deutlich erkennen lässt, misst das Figürchen gerade einmal bescheidene 10 bis 11 Zentimeter in der Höhe.

Zugegeben, ich war einige Momente lang enttäuscht, denn *so* mickrig hätte ich mir den Grund des Museumsbesuches nicht vorgestellt. Zu allem Überfluss besteht das Artefakt aus zwei Teilen: Der Kopf ist eine Art Stöpsel, den man von dem zylinderförmigen Rumpf abziehen kann. Scherzhaft meinte ich noch, dies könne wohl die Schnupfdose eines Kokainkonsumenten sein – Schnee von gestern, wenn man so will. Auch ist der Kleine nicht versteinert, sondern es handelt sich um ganz normales, dabei sehr leichtes Holz.

Abb. 41: Die fremdartigen Züge der »Astronautenfigur« erinnern tatsächlich an einen Raumfahrerhelm.

Womit wir wieder bei Willi Dünnenberger – ich deutete es bereits kurz an – entschuldbarem Irrtum wären. Seit ich diese kleine Figur in meinen Händen hielt, weiß ich, wie Willi auf die Idee gekommen sein mag, es handle sich hier um *versteinertes* Holz: Der »Kleine« ist rundum mit Sandverkrustungen bedeckt, und es gelang mir, einige Sandkörnchen mit den Fingern abzurubbeln. Eine behutsame Reinigungsaktion würde dem Exponat sicher nicht schaden.[104]

Außerdem musste Willi das Objekt durch die geschlossene Vitrine fotografieren, durfte es nicht herausnehmen und hatte somit auch nicht die Möglichkeit, das Material einer genaueren Sichtprüfung zu unterziehen.

Die Faszination bleibt

Eingedenk dieser neuen Erkenntnisse bin ich also sehr vorsichtig geworden, was die Altersbestimmung des kleinen Holzfigürchens betrifft. Sicher, es kann einige tausend Jahre auf dem Buckel haben – genauso gut können es aber auch nur ein paar hundert sein.

Was jedoch dem Fund, nach eingehender Abwägung aller nun bekannten Informationen, nichts von seiner ursprünglichen Faszination zu nehmen vermag. Im Gegenteil: Die reichlich fremdartigen Züge, insbesondere im Bereich der Ohren, die eher an die Ausbuchtungen für in den Helm integrierte Kopfhörer erinnern, geben nach wie vor zu denken!

An seinem angestammten Platz in der Glasvitrine besitzt unser kleiner »Astronaut« übrigens eine recht interessante Nachbarschaft, von der bislang in keiner Publikation die Rede war. Rechts von ihm steht ein weiteres hölzernes Artefakt ähnlicher Bauart, dessen oberer Teil vermutlich verloren gegangen ist. Auffallend an diesem Stück ist jedoch die Darstellung einer Figur mit ausgeprägtem Strahlenkranz um den Kopf. Eine Gemeinsamkeit übrigens, die »Götter«-Figuren rund um unseren Globus aufweisen.

Ob auf Höhlenzeichnungen in den Vereinigten Staaten oder im Outback von Australien, ob auf den »Incisioni rupestri« im Val Camonica in Norditalien oder eben auf dem kleinen Exponat aus dem Archäologischen Museum von San Pedro de Atacama: Es sind immer wieder diese strahlenumkränzten »Helmträger«, welche uns nachdenklich machen.

In der Umgebung des Wüstenortes gibt es weite Landstriche, die so öde sind, dass man sie gerne mit Mondlandschaften vergleicht. Was mag sich noch immer in den Weiten dieser endlosen Salzwüste verbergen? Und welche unglaublichen Funde hat der verstorbene Padre dort gemacht, dass er es vorgezogen hat, die Geheimnisse darum mit ins Grab zu nehmen?

Deformierte Schädel

Dank der mehrere Jahrzehnte währenden Grabungstätigkeit des dahingegangenen Padre Gustavo LePaige ist das von ihm gegründete Museum eine wahre Fundgrube, auch für menschliche Exponate. In Willi Dünnenbergers Bericht war denn auch die Rede von bis zu 5000 Schädeln, welche auch noch die verschiedenartigsten Deformationen aufweisen sollen.[103] In einer Vitrine im Eingangsbereich hat man einige besonders gut erhaltene, deformierte Totenschädel aufgestellt.

Abb. 42: Das Archäologische Museum von San Pedro de Atacama ist auch eine wahre Fundgrube für menschliche deformierte Schädel.

Ungleich mehr schaurige Relikte dieser Art findet man in einem für die Öffentlichkeit nicht zugänglichen Lagerraum des kleinen Museums. Dem Engagement der eingangs erwähnten Reiseführerin – und natürlich ein paar Dollars »Bakschisch« für das Personal – war es zu verdanken, dass sich auch die Türen dieses Arsenals für uns öffneten. Auf Regalen, die vom Boden bis zur Decke reichen, sahen wir einige tausend Totenschädel fein säuberlich aufgestapelt. Einige von ihnen sind auch mit jenen charakteristischen Deformationen versehen.

Nach überwiegender Meinung der Archäologen wurden Schädeldeformationen nur bei Angehörigen adeliger oder ähnlich hoch stehender Personenkreise durchgeführt. Und sie seien nichts anderes als eine »spleenige Mode« gewesen, denn ein deformierter Kopf habe als »Schönheitsideal« gegolten.[105,106]

Dann muss es wohl so etwas wie ein *globaler Modespleen* gewesen sein. Denn Schädeldeformationen – der medizinisch exakte Terminus hierfür lautet *Dolichozephalii* – kommen buchstäblich weltweit vor: Im alten Ägypten wie im ganzen Orient und China. Auch Afrika macht da keine Ausnahme, ebenso wenig Nord-, Mittel- und Südamerika, wo diese vermeintliche Modeerscheinung vor allem bei den Hochkulturen in den Anden auftrat. Und selbst heimische Gefilde können mithalten. Wissen wir doch von zwölf Funden künstlich deformierter Schädel aus bajuwarischen Gräberfeldern des 5. und 6. nachchristlichen Jahrhunderts, die samt und sonders im Bereich des Regensburger Donaubogens sowie des Erdinger Umlandes gefunden wurden.[87,107]

Von den Inka in Peru ist bekannt, dass deren Priester Knaben in sehr jungen Jahren auswählten und ihre kleinen, noch weichen Köpfe zwischen gepolsterte Bretter legten. Durch Scharniere wurden Schnüre gezogen, die langsam und stetig den Zwischenraum verkleinerten. Unerbittlich wuchs der Druck auf die kleinen Köpfe. Und doch müssen etliche der bedauernswerten Geschöpfe die Prozedur überstanden haben, sonst gäbe es nämlich keine deformierten Schädel ausgewachsener Männer.[108]

Allerdings gehen die Meinungen über die durch die Deformationsprozudur verursachten Schmerzen etwas auseinander. Wie mir der Münchner Archäologe Dr. P. Schröter im Gespräch erläuterte, hängt die Intensität der Schmerzempfindung stark von dem Kulturkreis ab, in den die betreffende Person eingebunden ist. Sind wir es gewöhnt, beim geringsten Anlass ein Aspirin einzuwerfen, so nehmen andere den Schmerz als ganz natürlichen Aspekt des täglichen Lebens hin.[87] »Ein Indianer kennt keinen Schmerz«, heißt es ja auch im Volksmund, wenn's wieder mal besonders wehtut.
Bis in neuerer Zeit war die Sitte, Schädel zu verformen, in Lappland und auf der griechischen Insel Kreta üblich. In meinem Buch »X-Reisen« habe ich eine Fotografie aus den Fünfzigerjahren wiedergegeben, die einen Säugling von einem südamerikanischen Indianerstamm zeigt, bei dem eine Schädeldeformation vorgenommen wird. Und jetzt, an der Schwelle zum 3. Jahrtausend, wird diese Tortur noch beim Stamm der Mangbetu in Zaire und bei diversen Populationen im Amazonasbecken, ebenso wie im südlichen Patagonien praktiziert.[87, 109]
An dieser Stelle muß nun die Frage erlaubt sein, welche Perversionen die Menschen in aller Welt dazu brachten, die noch ungefestigten Schädel ihrer eigenen Kinder in die Länge zu quetschen. Dieser seltsame Brauch muss durch einen Einfluss verursacht worden sein, welcher auf dem gesamten Globus präsent war, denn dass die Altvorderen in aller Herren Länder nur *rein zufällig* auf dieselbe Idee kamen, würde unsere Gutgläubigkeit wohl über Gebühr strapazieren. Und so es wirklich ein »Schönheitsideal« war, was sollten diese umgeformten Köpfe darstellen – oder besser gefragt, *wen* sollten sie imitieren?
Eine natürliche Schädelform in dieser oder einer ähnlichen Art kommt auf unserem Planeten, so weit bekannt, nicht vor. Der Mensch ahmte jedoch schon von jeher mit Hingabe alles Mögliche nach, und so wäre es eher verwunderlich, wenn er *nicht* versucht hätte, das Aussehen seiner »Götter« zu imitieren. Damit hätten jene so prägnant veränderten Köpfe keinen anderen Sinn gehabt, als das

Aussehen der außerirdischen Besucher zu kopieren. Sei es, um diese zu verehren, oder durch die offensichtliche äußere Ähnlichkeit mit den »Göttern« Macht über die Menschen zu erringen. Der Anfang mancher Religion.

Was doch möglicherweise nicht so ganz im Sinne des Erfinders – sprich: jener unfreiwillig imitierten Außerirdischen – gewesen sein dürfte.

10 Experiment: Erde

Designerwelt aus dem Versuchslabor der »Götter«

Vor unsagbar langen Zeiten kamen hoch entwickelte Wesen von fernen Planeten auf unsere Erde und trieben hier unglaubliche Dinge. Mit dem vorhandenen biologischen »Material«, sprich: den verschiedenen hier existierenden Lebensformen, experimentierten jene Fremden und schufen durch kompromisslose Anwendung ihrer weit fortgeschrittenen Gentechnologie schließlich den heutigen Menschen. Es müssen eigentlich nicht einmal stets dieselben gewesen sein, Raumfahrer nur einer *einzigen* außerirdischen Zivilisation. Vielleicht statteten schon Vertreter der verschiedensten kosmischen Kulturen unserer Welt ihre Besuche ab. Begannen ein Experiment, brachen es irgendwann wieder ab. Andere folgten, machten an anderer Stelle weiter, oder fingen wieder ganz von vorne an. Denkbar ist alles, unmöglich erscheint nichts – und spekulieren sollte erlaubt sein, solange wir uns nicht im Besitz der absoluten, endgültigen Wahrheit wissen.

Für das »Produkt« dieser Versuche, das damals noch kaum intelligenter war als jene (irdischen) Geschöpfe, die zur »Züchtung« des *Homo sapiens* herangezogen wurden, konnten jene fremden Raumfahrer nichts anderes denn übernatürliche Wesen sein. Die vermochten Dinge zu tun, zu denen der Mensch nicht im Stande war, von denen er nicht einmal träumen konnte. Folgerichtig mussten es – *Götter* sein! Aus diesen Konfrontationen mit Außerirdischen, aus der Verehrung, die ihnen durch die Menschen zuteil wurde, entstanden auf der ganzen Welt die Religionen.

Was der Mensch daraus gemacht hat, ist eine beispiellose Serie von blindem Fanatismus, roher Gewalt und daraus resultierendem grenzenlosen Leid.

Diese nicht unumstrittene Theorie, wie es zur Genese und Intelligentwerdung der auf diesem Planeten vorherrschenden Spezies gekommen sein könnte, versucht seit mittlerweile mehr als 30 Jahren die Denkrichtung der *Präastronautik* (auch: »Paläo-SETI«) mit immer neuen Indizien zu untermauern. Anfänglich als »hirnrissiger Unsinn« oder »bar jeglicher wissenschaftlicher Akzeptanz« gebrandmarkt, wird diese Möglichkeit auch in Kreisen der etablierten Wissenschaft mit jeder bahnbrechenden Innovation stärker ins Kalkül gezogen. Insbesondere dann, wenn diese auf zukunftsträchtigen Gebieten wie der Nanotechnik, der Raumfahrt oder gar der Gentechnologie erreicht wurde. Das erscheint einleuchtend: Was gestern noch wie Science-Fiction klang und heute bereits von uns realisiert wird, kann ohne weiteres bereits vor undenklichen Zeiten von aus dem Kosmos gekommenen Vertretern einer uns überlegenen Zivilisation beherrscht worden sein.

Die Astrophysiker schätzen heute das Alter unseres Universums auf wenigstens 10 bis 20 Milliarden Jahre. Das ist eine unvorstellbar lange Zeit, noch ein Mehrfaches jener 3 bis 4 Milliarden Jahre, die unser vergleichsweise »junges« Sonnensystem erst hinter sich hat.

Reise in die Erdgeschichte

Der Gedanke ist also nur logisch, dass sich in den unendlichen Weiten des Weltalls Zivilisationen entwickeln konnten, die sich von der unseren vielleicht so weit unterscheiden, wie der Mensch von einer Ameise. Und dies noch lange, bevor die Atome zusammenfanden, die einmal unser Sonnensystem bilden würden. Gesellschaften, die möglicherweise schon zu interstellaren Raumfahrt fähig waren, als unsere Vorfahren noch lustvoll auf den Bäumen herumturnten. Oder bereits viel, viel früher …

Wann könnte der erste Eingriff fremder Intelligenzen in die biologischen Abläufe auf diesem dritten Planeten eines kleinen solaren Systems in einem Seitenarm unserer Galaxis stattgefunden haben? Als die ersten Urmenschen, wie man sie immer noch gern klischeehaft darzustellen beliebt, grunzend und keulenschwingend durch die Savannen der Tertiärzeit zogen?

Vielleicht etwas früher, als sich ein von den Biologen als »Primaten« bezeichneter Stamm der Säugetiere für das Leben auf den Bäumen spezialisierte?

Oder schon gegen Ende der Kreidezeit, vor etwa 60 Millionen Jahren, als das Geschlecht der riesenhaften Saurier ausstarb und endlich eine ökologische Nische für die Entwicklung der von der Natur bis dahin eher stiefmütterlich behandelten Säugetiere frei wurde?

Am Ende gar noch in viel weiter zurückreichenden Zeiten, in denen so etwas wie *Leben* in unserem landläufigen Sinne auf der Erde noch nicht existierte?

Läuft auf diesem Planeten vielleicht seit undenklichen Zeiten ein Experiment ab, dessen Urheber letztendlich uns geschaffen haben?

Es ist nicht leicht – und dessen bin ich mir durchaus bewusst – glaubwürdige Hinweise für Eingriffe außerirdischer Wesen bereits in erdgeschichtlicher Zeit zu finden. Solche Indizien sind noch ungleich schwerer zu verifizieren als beispielsweise auf die Präsenz der Fremden in Epochen, aus denen uns wenigstens Informationen in Form von Mythen oder archäologischen Relikten vorliegen. Hunderttausende von Jahren in einer weit zurückliegenden Periode der Erdgeschichte: Alles, was davon übrig blieb, sind Sedimentschichten von bestenfalls ein paar Millimeter oder Zentimeter Dicke, zusammengepresst in Ewigkeiten von Millionen von Jahren. Vom Menschen, dem in diesem Ozean der Zeit nur eine winzige Spanne an Lebenserwartung beschieden ist, sind diese Zeiträume nicht annähernd zu erfassen.

Wo soll man beginnen mit der Suche nach Hinweisen auf die Anwesenheit außerirdischer Besucher in der langen Geschichte unseres Heimatplaneten? Macht ein solches Unterfangen überhaupt Sinn? Die meisten Zeitgenossen werden müde abwinken, am Erfolg selbst tief schürfender Recherchen zweifeln.
Und doch stößt man auf ein paar Tatsachen, die auf unerhörte Ereignisse schließen lassen. Gehen wir also ganz weit zurück und machen eine fantastische Reise in die Geschichte unserer Erde.

Atomreaktoren vor 1,7 Milliarden Jahren

Oklo, im zentralafrikanischen Staat Gabun. In einer Uranmine, deren Entstehungszeit in die *präkambrische* Epoche (vor etwa 2 Milliarden bis 600 Millionen Jahre v. u. Z.) datiert wird, machten französische Wissenschaftler im Jahre 1972 eine völlig unglaubliche Entdeckung. Die Proben des dort abgebauten Erzes wiesen nämlich einen dramatisch niedrigen Anteil an U^{235} auf. Für gewöhnlich enthält Uranerz etwa 0,72 Prozent dieses Isotops U^{235}. Die Vorkommen aus dem gabunesischen Oklo enthalten jedoch weit weniger hiervon!
Zur Erklärung: U^{235} ist das radioaktive Isotop, das sich in einer Kernreaktion spaltet. Stattdessen wurden in der Mine bedeutende Mengen an Spaltungsprodukten gefunden, so auch das hochradioaktive Plutonium. Dieses gefürchtete Element zählt zu den so genannten *Transuranen* (Atomgewicht 242) und ist erst 1945 durch Neutronenbeschuss künstlich hergestellt worden. Plutonium ist heute von großer militärischer Bedeutung, da es als eigentlicher Kernbrennstoff den Ausgangsstoff für Atombomben stellt. Allen radioaktiven Isotopen gemeinsam ist, dass diese oft unglaublich lange strahlen, bis sie zerfallen. Aus diesem Grund sah sich die Regierung der Vereinigten Staaten gezwungen, Südseeinseln, auf denen sie nukleare Testsprengsätze zum Detonieren gebracht hat, für die Zeit von sage und schreibe *24 000 Jahren* für jeglichen Zu-

tritt zu sperren. Ich wage zu bezweifeln, ob es dann die Vereinigten Staaten von Nordamerika überhaupt noch gibt.

Doch zurück ins zentralafrikanische Oklo-Gebiet. Die Konsequenzen, die sich aus den oben genannten Erkenntnissen ergeben können, sind schlichtweg ungeheuerlich. Die französischen Wissenschaftler unter der Leitung von Dr. F. Perrin, dem ehemaligen Vorsitzenden des *Commissariat à l'Energie Atomique* (CEA), kamen zu dem schockierenden Schluss: »Als einzig mögliche Erklärung scheint sich in diesem Fall ... anzubieten, dass sich hier vor Tausenden von Millionen Jahren eine spontane Kernreaktion ereignete.«

Die plausibelste Datierung, was das Alter dieses Reaktors betrifft, beträgt 1,7 *Milliarden* Jahre und basiert auf der Bestimmung der Verhältnisse von Uran und Blei sowie von Strontium und Rubidium im umliegenden Terrain. Das Ergebnis stimmt jedoch auch mit einer Schätzung überein, die auf der Ermittlung des totalen Urangehaltes des Erzes und der Verhältnisse der Isotope U^{238} und U^{235} beruht.[110]

Was hatte sich dort in unfassbar weit zurückliegenden Zeiten abgespielt?

Die mit dem Phänomen befassten Forscher spekulierten, dass urzeitliche Flüsse das Uran aus dem Erz ausgewaschen und angereichert hatten. So lange, bis mit der Zeit die »kritische Menge« erreicht war und es zu einer »natürlichen« Kettenreaktion kommen musste. Tatsächlich war das Oklo-Gebiet in präkambrischer Zeit auch ein Flussdelta.

Zu einer nuklearen Kettenreaktion kommt es, wenn Neutronen, die durch den Zerfall von Uran entstehen, andere Uranatome bombardieren und dabei noch mehr Neutronen produzieren. Dazu müssen genau festgelegte Bedingungen erfüllt sein: Die Urankonzentration muss sehr hoch sein. Ein »Moderator« und ein »Kühler« müssen zur Verfügung stehen, und auch die Umgebung der Anordnung muss relativ frei von Neutronen absorbierenden Substanzen sein, da diese einer Kettenreaktion entgegenwirken. Sind dagegen zu wenige dieser Moderatoren vorhanden, so kommt es zu einer plötzli-

chen atomaren Explosion. Es kommt also peinlich genau an auf das richtige Verhältnis der benötigten Substanzen!
Trotzdem glauben die meisten der Wissenschaftler, es handle sich in Oklo um ein – wenn auch unglaublich seltenes – Naturphänomen, um einen »zufällig« entstandenen Atomreaktor aus der Frühzeit unserer Erde.

An vierzehn Stellen

Aber die Sache hat einige ganz gewaltige Haken. Einmal abgesehen von einer statistisch überhaupt nicht mehr quantifizierbaren Wahrscheinlichkeit, dass ein Vorgang, der in hochmodernen Kernkraftwerken einen immensen Einsatz an Technologie und Kontrolle erfordert, einfach auch aus einer puren Laune der Natur resultieren könnte. Wie mir ein Mitglied der Schweizer Atomenergiekommission versicherte, wurden untrügliche Spuren einer gebremsten Kernschmelze in den Uranminen von Oklo an mittlerweile vierzehn Stellen gefunden!
Und eine weitere Erkenntnis versetzt der Hypothese von der »natürlichen« Entstehung der Oklo-Reaktoren den Todesstoß. Die Druckverhältnisse, die zum Anstoß einer gesteuert ablaufenden Kettenreaktion notwendig gewesen wären, sind erst in einer Tiefe von mindestens 11 000 Metern gegeben. Das passt nun endgültig nicht mehr zu der Annahme, das spaltfähige Uran wäre durch fließendes Wasser ausgespült und angereichert worden.[111]
Last but not least legt noch die folgende Tatsache die Vermutung nahe, dass vor 1,7 Milliarden Jahren in Oklo *keine natürlich entstandenen* Kernreaktoren am Werk gewesen sein können: Uranproben

Abb. 43: Die Uranminen von Oklo in Gabun (Westafrika). Wer betrieb dort vor 1,7 Milliarden Jahren 14 leistungsfähige Reaktorblöcke? Energie für den Auftakt zum »Experiment Erde«?

wiesen vier Spurenelemente auf, deren Isotop-Anteile bisher nur bei von Menschenhand hergestellten Reaktoren beobachtet werden konnten. Das waren die Elemente Neodym, Samarium, Europium und Cerium.
Man kann die Tatsachen drehen und wenden, wie man will. Wenn es aber doch kein Zufall war, auf den die Kernreaktoren von Oklo zurückzuführen sind, dann erhebt sich die Frage: Wer war vor über 1 Milliarde Jahren auf unserem Planeten technisch in der Lage, kontrollierte Kettenreaktionen ablaufen zu lassen, wie sie in modernen Druckwasserreaktoren gang und gäbe sind? Für welchen Bedarf? Das »Uralt-AKW« Oklo, so wurde festgestellt, hatte einen Energieausstoß, gegen den unsere Kernkraftwerke halb leeren Taschenlampenbatterien gleichen!
Es erscheint ungeheuerlich, an dieser Stelle noch weiterzuspekulieren, aber wir können, wir dürfen dieser Frage nicht länger ausweichen: Waren es außerirdische Besucher, die in den Anfängen unseres Blauen Planeten einen Atommeiler installiert hatten?
Diese über alle Maßen mysteriöse Angelegenheit ist in meinen Augen ein recht gutes Indiz für die wahrscheinlichen Manipulationen fremder Intelligenzen bereits in so frühen Zeiten, als die Entwicklung einer den Planeten dominierenden Spezies noch gar nicht abzusehen war. Da auch die Ökosphäre dieser Erde erst am Anfang ihrer Existenz stand.
Und als dann die ersten Lebensformen begannen, unsere noch junge Welt zu erobern, ergaben sich weitere vielfältige Möglichkeiten, das »Experiment Erde« voranzutreiben.

Austauschaktion

Ein Naturwissenschaftler, der die Problematik um gezielte Evolutionsmanipulationen sehr gut beurteilen konnte, war der 1999 im Alter von nur 43 Jahren verstorbene deutsche Geologe Dr. Johannes Fiebag. Er fand gewichtige Argumente für die Annahme, in den Fossilien einer präkambrischen Gesteinsformation Anzeichen dahingehend deuten zu können, dass ein ganz frühes Experiment außerirdischer Intelligenzen damals abgebrochen wurde. Fossilienfunde belegen, dass sämtliche bis zu jenem Zeitpunkt im »Großlabor Erde« entwickelten Organismen durch neue Lebensformen ersetzt wurden.

Vor knapp 600 Millionen Jahren, am Übergang der Erdfrühzeit zum Kambrium, der ältesten Formation des *Paläozoikum* (Erdaltertum), ereignete sich etwas absolut Rätselhaftes. Bis zu diesem Abschnitt hatten in den Urmeeren nur ein- oder mehrzellige Lebewesen existiert, deren höchstentwickelte Formen bestenfalls mit den heutigen Quallen (Medusen) zu vergleichen sind. Jedoch zu Beginn des Kambriums verschwand diese als »Ediacara-Fauna« bezeichnete Lebensform buchstäblich auf einen Schlag. Genauso unvermittelt waren dann – mit Ausnahme der Wirbeltiere, welche erst im Silur auftraten – alle bedeutenden Tierstämme auf dem Schauplatz des Lebens vertreten. Gerade so, als ob sie aus dem Nichts aufgetaucht wären!

Die Paläontologen sind zugegebenermaßen ratlos, wie es denn zu dieser plötzlichen »Lebensexplosion« gekommen sein mag. Bis auf den heutigen Tag konnten noch keine Spuren gefunden werden, durch welche eine Entwicklung zu erkennen wäre. Trotzdem wimmelte es zu Beginn des Kambrium-Zeitalters in den irdischen Urmeeren nur so von Schwämmen, Hohltieren, Korallen, Weichtieren, Gliederfüßlern und vielem mehr.

Woher kamen diese zumeist mit einem Skelett ausgestatteten Tierstämme so plötzlich, wie aus heiterem Himmel gewissermaßen? Was mag da geschehen sein, am Übergang des *Eozoikums* (Erdfrühzeit) zu der erdgeschichtlich erfassten Zeit, ab deren Beginn sich die Lebensformen unsere Erde erobert haben?

Bis zu jenem abrupten Faunenschnitt hatte die besagte Ediacara-Fauna in den irdischen Urmeeren existiert. Darunter versteht man eine Tierwelt, deren Fossilien erstmals in 680 Millionen Jahre altem Quarzsandstein in Australien, später auch in England, Südafrika,

Neufundland und Sibirien entdeckt wurden. Über einen Zeitraum von an die 100 Millionen Jahren hielt sich diese Fauna erstaunlich stabil: evolutionäre Schritte konnten nicht festgestellt werden.
Lange Zeit galten die Ediacara-Organismen als Vorläufer aller später aufgetretenen Tierstämme. Doch gerade diese Schlussfolgerung erscheint in höchstem Maße unwahrscheinlich, hatten die vorkambrischen Lebewesen doch einen von den nachfolgenden Tieren gänzlich verschiedenen Körperbauplan. Und weil sie völlig anders funktionierten, können sie *nicht* die Vorfahren der späteren Vielzeller gewesen sein.
Was waren sie dann?

Ein schief gelaufenes Experiment?

Der Tübinger Professor für Paläontologie (Erdgeschichtsforschung) und Spezialist für frühe Lebensformen, Adolf Seilacher, nennt denn diese immerhin 100 Millionen Jahre existierenden Lebewesen wörtlich »ein Experiment der Evolution, das schief gegangen ist«.
Professor Seilacher könnte mit diesem Statement – wohl eher unfreiwillig – geradezu ins Schwarze getroffen haben, denn er stellt weiter fest: »Das Konstruktionsprinzip dieser Ediacara-Wesen ist so wenig vergleichbar mit den Bauprinzipien sämtlicher späteren und heutigen Vielzeller, dass sie eigentlich eher die Lebensform darstellen könnten, die wir immer auf irgendwelchen Planeten im All vermuten.«[112]
Man muss dieses Statement wirklich zweimal lesen und es sich geradezu auf der Zunge zergehen lassen, denn daraus sollten sich zwei erregende Konsequenzen ergeben:
1. Die Ediacara-Fauna stellt die *eigentliche* ursprünglich irdische Lebensform dar, wie sie im Präkambrium aufkam. Ihre Entwicklung endete jedoch in einer Sackgasse, und so wurde diese Fauna künstlich durch das gezielte Einsetzen neuer Tierstämme beendet.

2. Die Ediacara-Fauna war ein frühes Experiment außerirdischer Intelligenz auf der Erde, das nicht zum gewünschten Erfolg geführt hatte und daher nach 100 Millionen Jahren unserer Zeitrechnung durch ein neues und positiver verlaufendes ersetzt wurde. Jenes neue Experiment läutete die Epoche des *Kambrium* ein, in welcher das Leben auf unserem Planeten geradezu »explodierte«.[113]

Jeder dieser beiden möglichen Fälle beinhaltet einen dramatischen Eingriff: Eine ganze – heute würde man es so nennen – »Software« wurde einfach ausgetauscht. Unseren heutigen Genforschern, die einige Gene auszutauschen versuchen, haftet der unselige Verdacht an, »Gott spielen« zu wollen. Um wie viel mehr gerechtfertigt wäre dieser Vorwurf dann bei jenen außerirdischen Intelligenzen, von deren Möglichkeiten wir vielleicht nicht erst zu träumen versuchen sollten!

An dieser Stelle erhebt sich unweigerlich die Frage, ob es denn überhaupt im Bereich des Denkbaren liegt, dass eine – wenn auch beispiellos fortgeschrittene – Superzivilisation in der Lage ist, über derart lange Zeitspannen hinweg ihre Experimente voranzutreiben. Aber erinnern wir uns an die eingangs getroffene Feststellung: Bei einem geschätzten Alter unseres Universums von bis zu 20 Milliarden Jahren ist die Sonne ein Stern erst der dritten Generation. Kulturen, die auf älteren Sonnensystemen entstanden sind, hatten im besten Fall ein paar *Milliarden* Jahre zur Verfügung, um sich weiterzuentwickeln – so sie sich nicht zuvor gegenseitig ausgerottet hätten. Die menschliche Vorstellungskraft reicht bei weitem nicht aus, um sich die buchstäblich unbegrenzten Möglichkeiten solcher Hyperzivilisationen zu vergegenwärtigen.

Möglicherweise hatten sie sich die Auswirkungen der *Zeitdilatation* zu Nutze gemacht, und so kamen sie alle 100 Millionen Jahre einmal vorbei. Und wahrscheinlich waren sie nicht permanent am Werk, wenn sie die Entwicklungsgeschichte dieses Planeten nach ihren Vorstellungen gesteuert haben. Dr. Fiebag vermutete maximal zehn dieser regulierenden Eingriffe im Verlauf unserer ganzen Erdgeschichte.[113]

Das ist eine sehr vorsichtige Schätzung, mit der man Fiebag sicher nicht den Vorwurf übersteigerter Fantasie machen kann. Denn schon 1963 stellte der amerikanische Astronom Professor Carl Sagan fest: »Wenn es eine Million bewohnter Welten in der Galaxis gibt, die derartige Errungenschaften aufzuweisen haben, werden sie sich ungefähr einmal in 1000 Jahren untereinander besuchen. Daraus folgt, dass in der Vergangenheit sicher schon mehrmals Kundschafterschiffe unsere Erde erreicht haben – vielleicht 10 000-mal während der gesamten Erdgeschichte.«[114]

Für meine hier angestellten Untersuchungen ist es nicht von primärer Bedeutung, ob es letztlich nur 10 oder sogar 10 000 Besuche fremder Intelligenzen in erdgeschichtlicher Zeit waren – die Realität dürfte wohl wie immer irgendwo in der Mitte liegen. Ich will in diesem Zusammenhang vielmehr versuchen, nach weiteren Indizien für eine *von außen* gesteuerte Evolution auf unserem Planeten Ausschau zu halten. Gibt es – ähnlich dem ungeklärten Rätsel um das plötzliche Verschwinden der Ediacara-Fauna – weitere »Unregelmäßigkeiten« in der Entwicklungsgeschichte der irdischen Lebensformen?

»Kurzschluss«

Eine noch immer weit verbreitete und biologisch außergewöhnlich erfolgreiche Klasse von Lebewesen hätte auf einer buchstäblich schnurgeraden Entwicklungslinie ganz »nach oben« gelangen können, wäre ihnen nicht von anderen Lebensformen diese Vorherrschaft auf der Erde streitig gemacht worden. Die Rede ist von der unglaublich artenreichen Klasse der Insekten, die etwa zwei Drittel der gesamten Tierwelt ausmachen. Etwa 800 000 Arten sind den Zoologen bekannt.

An der Schwelle des Devon zur Karbonzeit, vor über 350 Millionen Jahren, bevölkerten sie die Steinkohlewälder. Darunter befanden sich Libellenarten mit einer Spannweite von 80 Zentimetern und mehr. Sie waren bereits in einer schier unübersehbaren Artenfülle da, als von den gewaltigen Dinosauriern noch weit und breit nichts zu sehen war. Diese erschienen erst in der Triasperiode, der ältesten Formation des Erdmittelalters (Mesozoikum, siehe auch die nachstehende Zeittafel der Erdgeschichte) vor etwas über 200 Millionen Jahren. Die Insekten aber hatten ungleich mehr Zeit als sämtliche anderen Lebensformen der Erde, um sich weiterzuentwickeln.

In der Geschichte des Lebens auf diesem Planeten zählen die Insekten zu den erfolgreichsten und anpassungsfähigsten Organismen überhaupt. Dadurch konnten sie auch die extremsten Lebensräume besiedeln, wie etwa die Namibwüste oder die Antarktis. Nur einen vagen Ansatzpunkt, wie weit sie es tatsächlich hätten bringen können, bietet die Betrachtung einiger ihrer noch heute bemerkenswerten Leistungen.

In den Insektengesellschaften existieren so hoch entwickelte Merkmale wie Arbeitsteilung und soziale Hierarchie. Das allerbeste Beispiel hierfür bieten ein Bienenstock oder ein Ameisenhaufen. Daneben betätigen sich Ameisen regelrecht als »Farmer«, indem sie Blattläuse wie Kühe halten. Sie veranlassen diese, Blatthonig abzusondern, von dem sie sich dann selbst ernähren. Und nicht nur das. Manche Ameisenarten bauen sogar aus papierähnlichem Material richtige »Schutzhülsen« um die Pflanzenstängel, auf denen »ihre« Blattläuse grasen. Sie tragen die Läuse von Pflanze zu Pflanze und schützen sogar deren Nachkommenschaft während der Wintermonate, indem sie die Eier in ihre eigenen unterirdischen Brutkammern mitnehmen. Bei solchen Verhaltensweisen kommt man nicht daran vorbei, Intelligenz in einer sehr hoch ausgeprägten Form vorauszusetzen.

Und die hoch entwickelten sozialen Strukturen in den Bauten der Bienen, Wespen, Termiten und Ameisen lassen durchaus viel versprechende Ansätze zu noch weitaus komplexeren Gesellschaften erkennen, die diese intelligenten Geschöpfe in ihrer Entwicklung hätte vervollkommnen können.[115]

Känozoikum (Erdneuzeit)	Quartär	2	Mensch	Wiederholte Genmanipulationen. Ziel: *Homo sapiens*
	Tertiär	60	Prähominiden	
Mesozoikum (Erdmittelalter)	Kreide	140	Aussterben der Saurier	Intelligenter Stenoychosaurus (?)
	Jura	200	Blütezeit der Saurier	
	Trias	240	Erste primitive Säuger	Genetische Experimente. Ziel: Säugetiere
Paläozoikum oder Erdaltertum	Perm	290	Entfaltung der Reptilien	»Kurzschluss« in der Entwicklung der Insekten
	Karbon	380	Steinkohlenwälder	
	Devon	420	Erste Insekten	Wiederholte Eingriffe zur Spezialisierung der Wirbeltiere
	Silur	520	Erste Wirbeltiere	
	Kambrium	600	Leben nur im Meer	
Eozoikum oder Erdfrühzeit	Präkambrium		Ediacara-Fauna	Austausch einer Fauna
	Entstehung der Erde	4000		Oklo-Reaktor im heutigen Gabun

Abb. 44: Erdgeschichte Zeittafel. Die Zahlen entsprechen Jahrmillionen. In der mittleren Spalte die Stationen der Entstehung des Lebens auf unserem Planeten, ganz rechts mögliche außerirdische Eingriffe zur Steuerung des gigantischen »Experiments Erde«.

Vielleicht ist dies auf irgendwelchen fernen Welten auch bereits geschehen. Doch auf unserer Erde muss es in der Evolution der Insekten irgendwann einmal so etwas wie einen »Kurzschluss« gegeben haben, der die Entwicklung zu einem plötzlichen Stillstand gebracht hat. Und das war ein Glück für uns: Sonst wären möglicherweise sie die vorherrschende Spezies auf diesem Planeten, die sich technisch entwickelt hat.
War es aber tatsächlich nur »Glück«, »Zufall« – oder was sonst? Etwa ein weiterer Eingriff »von außen«, Teil der Strategie einer überlegenen Zivilisation, die seit Millionen Jahren ihr gigantisches »Projekt Erde« auf diesem Planeten durchzieht? In der Tat sollte dieser »Kurzschluss« zu denken geben. Und uns zu dem nächsten bemerkenswerten Vorfall in der Erdgeschichte führen, bei dem eine bis dahin dominierende Gattung von Lebewesen die Bühne des Lebens räumen musste.
Ohne den Kreationisten das Wort zu reden: Was in der Geschichte dieses Planeten abgelaufen ist, lässt in der Tat Organisation erkennen!

Das große Sterben

Beinahe 200 Millionen Jahre beherrschten sie unseren Planeten – vom Beginn der Triasperiode das ganze Erdmittelalter hindurch, bis zum Ende der Kreidezeit vor etwa 60 Millionen Jahren: die Dinosaurier.
Nachdem in der jüngsten Karbonperiode und im Perm nur wenige Arten existierten, explodierte ihr Artenreichtum zu Beginn der Trias förmlich, und sie nahmen eine allesbeherrschende Stellung ein. Sie bevölkerten Festland und Meere, erhoben sich sogar in die Luft, und zeigten in weit über 100 Unterarten eine fast unübersehbare Vielfalt. Es gab sie in allen Größen: Unter den Landsauriern galt bis vor kurzem noch der *Brontosaurus* mit bis zu 24 Meter Länge als der gewaltigste Vertreter der Dinosaurier. Allerdings lassen im

Herbst 1995 in Südamerika gemachte Funde den Schluss zu, dass man auf eine noch größere Saurierart gestoßen ist! Der gefürchtetste Vertreter jener Monster aber war der *Tyrannosaurus rex*, ein aggressiver Räuber und Fleischfresser im Gegensatz zu den anderen, meist pflanzenfressenden Arten. Die allesamt aber eines gemeinsam zu haben scheinen: Als wären sie dem Gen-Laboratorium irgendeines verrückten Forschers entsprungen …

Und plötzlich, vor geschätzten 60 Millionen Jahren, war der ganze Spuk zu Ende! Es schien, als ob auf allen Erdteilen zur selben Zeit das gleiche Virus ausgebrochen wäre, das vornehmlich die Saurier befiel. Von den Paläontologen wurden bis auf den heutigen Tag die verschiedensten Theorien aufgestellt, die das Rätsel lösen sollten. So vermutete man einen globalen Klimaumschwung, der den gigantischen Fleischbergen den Garaus machte, oder auch den abnormen Riesenwuchs selbst, der die einstigen Beherrscher des Planeten degenerieren und lebensunfähig werden ließ. Andere Forscher vermuteten, dass die ersten Säugetiere in räuberischer Manier die Eigelege der Echsen plünderten. Tatsächlich fand man in der Wüste Gobi Sauriergelege, und daneben die Skelette kleiner nagetierartiger Säuger, die wohl beim Ausräubern der Nester den Tod gefunden hatten. Doch dies mögen Ausnahmefälle gewesen sein, der Grund für das Aussterben der Riesensaurier waren sie sicherlich nicht.

Die derzeit favorisierte Version geht vom Einschlag eines gewaltigen Meteoriten aus, in dessen Folge Staubwolken die Erde verfinsterten, saurer Regen niederging, die Temperaturen in empfindlicher Weise sanken. Durch diese katastrophale Verschlechterung sei dann das Ende der Dinosaurier eingeläutet worden.

Was lange Zeit fehlte, war die mögliche Einschlagstelle jenes besagten Meteoriten. Seit 1991 aber scheint man fündig geworden zu sein. Bereits in den Jahren zuvor hatten Geologen in der Karibik mächtige Ablagerungen von Schutt und geschmolzenem Gestein in der Grenzschicht der Formationen Kreide und Tertiär gefunden. Das ließ die Annahme zu, dass der dazugehörige Krater nicht weit

entfernt sein konnte. Bei der Auswertung von Satellitenaufnahmen der NASA gab es dann eine Sensation: Man war im Gebiet der mexikanischen Halbinsel Yucatan auf einen zirka 200 Kilometer durchmessenden Halbkreis aus *Cenoten* (mit Wasser gefüllte Karstlöcher) gestoßen. Heute sind sich die Geologen darüber einig, dass dieser Ring den Rand einer gigantischen Einschlagsstruktur bildet, die auf den todbringenden Meteoriten zurückzuführen ist.[116]
Zufälliger Meteoriteneinschlag oder – ich gebe es ja zu, dass es reichlich fantastisch klingt! – von »irgendwem« gesteuert? Wie dem auch sei: Fest steht, dass die artenreichen Riesenechsen einer neuen Gattung weichen mussten: den Säugetieren. Vielleicht »mussten« sie wirklich gehen. Denn die plötzliche und rapide Entwicklung der Säugetiere, die dann im Tertiär einsetzte, hat in Fachkreisen zu lebhaften Diskussionen geführt. Nach dem Verschwinden der Saurier hatten die Säuger schon in verhältnismäßig kurzer Zeit in den verschiedenartigsten Formen alle ökologischen Nischen besetzt, die zuvor die Reptilien innehatten. Als die große »Konkurrenz« gegangen war, okkupierten sie sofort in »explosiven Evolutionsphasen«, wie die Paläontologen sich ausdrücken, die freigewordenen Räume.[34]
»Es könnte ja sein, dass die riesigen Urviecher irgendeine Gefahr für die Erde darstellten, vielleicht weil sie alles ratzekahl gefressen hätten – Pflanzen und Tiere – und so eine vormenschliche Evolution unmöglich machten«, fragt sich Erich von Däniken nicht zu Unrecht. »Vielleicht verhinderte *jemand*, dass ein idealer Planet wie die Erde – nicht zu heiß und nicht zu kalt – dummen, riesigen Kreaturen unter die Pranken geriet, die keinerlei Voraussetzungen für Intelligenz und Werkzeugbau boten.«[117]

Ein intelligenter Saurier?

Bereits in den Sechzigerjahren äußerten sowjetische Paläontologen eine ebenso sensationelle wie beunruhigende Vermutung. Zahlreiche Knochen von Sauriern des Erdmittelalters, die diese

Wissenschaftler untersucht hatten, sind ihrer Meinung nach von Explosionsgeschossen zersplittert worden! Sie gelangten zu dieser Schlussfolgerung, weil viele der Funde Trümmerfrakturen aufwiesen, die keine andere Erklärung zuließen.[6]

Haben unsere Besucher aus dem All regelrecht Jagd auf diese überdimensionalen Fleischberge gemacht? Auch der deutsche Paläontologe Edwin Hennig wunderte sich über die absolut chaotische Anordnung der gigantischen Reptilienknochen, als er in den Jahren 1909 bis 1911 im damaligen Tanganjika (Ostafrika) die Ausgrabungen leitete: »Die Überreste dieser Riesen, also die Beinknochen, Wirbelkörper und Zähne waren fast ausnahmslos wirr im Einbettungsgestein verstreut. Wenn wir aber meinten, die Teile eines Tieres allmählich zusammen zu bekommen, spielte uns allzu gerne ein ›Saurierkobold‹ einen Possenstreich: Drei gleiche Schenkelknochen, zwei Beckengebilde oder dergleichen ließen fast immer auf andere Exemplare der gleichen Art an einer Stelle schließen – aber sehr, sehr lange wollte sich der besonders begehrte Schädel nicht finden lassen …«[118]

Ja, vielleicht gehen auch der »Kurzschluss« in der Evolution der Insekten sowie das große Sauriersterben auf ein und dasselbe Konto. Dann waren es notwendige Vorgänge in einem gigantischen Experiment, an dessen – vorläufigem – Ende wir Menschen der Jetztzeit stehen. Möglicherweise gäbe es ohne diese selektierenden Eingriffe keine Menschen auf diesem Planeten, wäre unter Umständen irgendeine reptilische Lebensform als intelligente und den Planeten beherrschende Art hervorgegangen. So wenig wie wir uns als »Krone der Schöpfung« ansehen dürfen, sind wir ebenso niemals der einzige Anwärter auf Ausbildung von Intelligenz unter unserer Sonne gewesen.

Als aussichtsreichster Kandidat für die hypothetische Möglichkeit eines intelligenten Reptils gilt der *Stenonychosaurus* aus der späten Kreidezeit, der bereits ein relativ großes Hirn besessen hat. Der kanadische Forscher Dale Russell hält es für wahrscheinlich, dass diese Saurierart – wäre ihr ein Überleben vergönnt gewesen – ein

noch größeres Hirn und die Chance zur Entwicklung einer Zivilisation gehabt hätte.[119]
Auf jeden Fall war nun, am Übergang der Kreidezeit zum Tertiär, die notwendige ökologische Lücke geschaffen, der Weg geebnet für die Entwicklung einer Spezies aus der Klasse der Säugetiere, die genügend Aussicht auf die Ausbildung von Intelligenz versprach. In den 60 Millionen Jahren Dauer, auf die die Paläontologen das Tertiär datieren, traten nun eine Reihe affenartiger Lebewesen in Afrika und Asien auf. Aus ihnen gingen einige vormenschliche Arten hervor, die vor – hierüber gehen die Schätzungen etwas auseinander – ungefähr 2 bis 3 Millionen Jahren menschenähnlicher wurden. Und erst in den vergangenen 100 000 Jahren hat der Mensch zu seiner heutigen Gestalt gefunden.

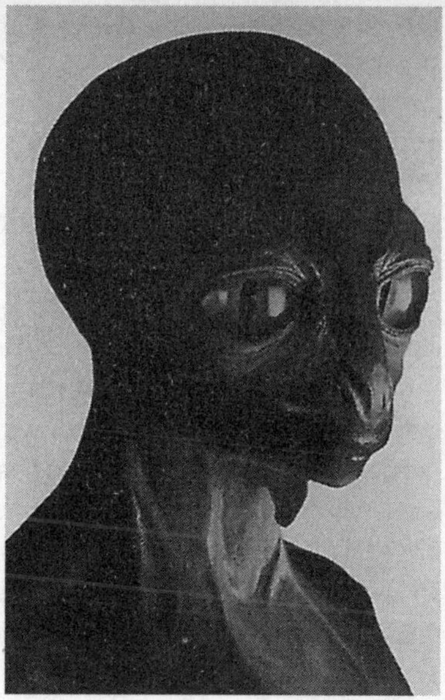

Abb. 45: Sähe so die dominante Spezies auf der Erde aus, wenn die Saurier nicht ausgestorben wären?

In diesem relativ eng einzugrenzenden Zeitraum, also vor etwa 3 Millionen bis 100 000 Jahren, müssen dann jene entscheidenden Genmanipulationen durchgeführt worden sein, die uns zu dem machten, was wir heute sind. Abgesehen wohl von einer Reihe »korrigierender« Maßnahmen in der Folgezeit. Nur den Faktor Zufall in der Evolution anzunehmen, überzeugt mich immer weniger. Denn gemessen an unendlich langen Zeiträumen, in denen sich die Evolution quasi im »Zeitlupentempo« vorwärts bewegte, explodierte hier geradezu eine Bombe.

Diese »Bombe« hieß *Intelligenz*. Warum sie sich so plötzlich und vehement entwickelte, ist sogar für die orthodoxe Wissenschaft eines der größten Rätsel unserer Existenz schlechthin.

Auf der Suche nach dem »Missing Link«

Kritiker der Theorie von der »Beschleunigung« der Evolution durch Genmanipulationen der Außerirdischen argumentieren gern mit der Behauptung, die Ontogenese (Einzelentwicklung) des Menschen, die während des Heranwachsens des Embryos im Mutterleib gewissermaßen die ganze Stammesgeschichte der Wirbeltiere wiederholt, zeige keinerlei Hinweise für solche künstlich erfolgten Eingriffe.

In der Tat tragen wir alle eine 500 Millionen Jahre währende Geschichte in uns. So bildet der menschliche Embryo in seinem frühen Stadium Kiemenspalten aus, wie wir sie von den Fischen her kennen. Auch das Herz ist anfänglich ein einfacher Schlauch und erreicht seine endgültige Gestalt über Zwischenstadien, die den Ausbildungsformen bei Amphibien und Reptilien entsprechen. Die Leibeshöhle, in der alle lebenswichtigen Organe eingebettet sind, wird während der Entwicklung im Mutterleib ebenfalls komplizierter untergliedert. Der Mensch als Embryo wiederholt also gewissermaßen im Zeitraffertempo die wichtigsten Phasen »seiner« frühesten Vergangenheit.

Sollten tatsächlich keine Indizien für eine künstlich vorgenommene Mutation im Verlauf der menschlichen Evolution zu erkennen sein?

Dies wäre ein Trugschluss, ein Knick in der Logik. Denn erst mit dem Menschen, wie er seit einigen -zigtausend Jahren existiert – nach erdgeschichtlichen Maßstäben ein Klacks! –, ist die Ähnlichkeit mit unseren außerirdischen »Erzeugern« gegeben. Erst ganz zuletzt, nach vielen Millionen Jahren irdischer Entwicklung, in denen es, wie ich auf den vorangegangenen Seiten ausgeführt habe, zahlreiche Impulse »von außen« gegeben haben mag, fand der rätselhafte Sprung zum *Homo sapiens* statt. Darum können logischerweise im Verlauf der Ontogenese keine Hinweise auf diese künstlich vorgenommene Genmanipulation in Erscheinung treten. Erst das »Produkt« am Ende einer langen Reihe, sprich: der Mensch selbst, stellt diesen Hinweis dar!

Unterstützen lässt sich diese Argumentation durch eine jedem Paläontologen geläufige Tatsache: Seit ein paar Jahrhunderten suchen die Forscher wie von Sinnen nach dem von Charles Darwin postulierten *fehlenden Bindeglied* (»Missing Link«) in der menschlichen Ahnenreihe. Bislang allerdings ohne Erfolg.

Dies wird sofort verständlich, wenn man die Theorie von der genetischen Beeinflussung durch außerirdische Intelligenzen in Betracht zieht. Dann wird aber auch schlagartig klar, dass wir dieses fieberhaft gesuchte »Missing Link« auf unserem Planeten niemals aufstöbern werden.

Die in prähistorischen Zeiten zuletzt durchgeführten genetischen Veränderungen am Menschen dürften in einer unseren Tagen bereits relativ nahen Periode realisiert worden sein. Möglicherweise sind es gerade mal 10 000 Jahre, die uns davon trennen. Und ein noch geringerer zeitlicher Abstand könnte zwischen uns und jenen Versuchen liegen, die zu monströsen Mischkreaturen führten – zu Hippokentauren, Minotauren und den anderen Scheußlichkeiten aus den Sagen alter Hochkulturen. Bei welchen es den Anschein hat – wie auch bei manchen Dinosauriern –, als wären sie allesamt der Genküche eines verrückten Wissenschaftlers entsprungen. Ein Versuch mehr, der aus dem Ruder gelaufen ist.

Designerfauna I: Des Menschen treueste Freunde

Mehr Fingerspitzengefühl scheinen die Protagonisten des gigantischen Projekts, dem wir nach Möglichkeit unseren gesamten Lebensraum verdanken, beim »Design« anderer Vertreter der irdischen Fauna bewiesen zu haben: bei unseren Haustieren, denn mit einem Mal erschienen in der Altsteinzeit des Menschen treueste Begleiter. Man nimmt heute an, dass das erste domestizierte Lebewesen der Hund war. Die Zeit, da dieser gezähmt wurde, liegt im Dunkel der Vergangenheit und entzieht sich unserer Kenntnis. Wahrscheinlich erfolgte dieser Vorgang in der mittleren Steinzeit (Mesolithikum), vor durchschnittlich 10 000 Jahren. Jedenfalls fand man in den Pfahlbauten der mitteleuropäischen Jungsteinzeit die Knochen eines nicht allzu großen Haushundes, des so genannten »Torfspitzes«.

Ungeachtet dessen müssen wir uns jedoch bewusst machen, dass der Vorfahre des Haushundes nicht definitiv bekannt ist. Biologen vermuten, unser Hund sei ein Hybride aus Wolf und Schakal, der von den Urjägern gefangen und domestiziert wurde. Wenn das zutreffen sollte, so wäre der Hund also ein so genannter *Zwischenarthybride*. Doch Vorsicht: Genau dies, nämlich einen widerstandsfähigen und zur Fortpflanzung verwendbaren Zwischenarthybriden zu schaffen, ist so gut wie unmöglich! Das beste Beispiel hierfür ist das Maultier – der unfruchtbare Nachkomme eines männlichen Esels und eines weiblichen Pferdes. Hier liegt also, buchstäblich, der Hund begraben.

Zwar können Hunde und Wölfe gekreuzt werden, aber die Nachkommen spalten sich spätestens nach fünf bis sechs Generationen wieder in Hunde und Wölfe auf.

Und was ist mit den speziellen Fähigkeiten, durch die sich der Hund – wie auch andere Haustiere – von ihren wild lebenden Verwandten unterscheiden? Eine Reihe von Instinkten des Hundes sind unterdrückt, dafür besitzt er andere, für Wildtiere vollkommen atypische Instinkte, so etwa die Treue dem Menschen gegenüber oder seine Fähigkeit, einen Gegenstand zu apportieren. Der springende Punkt bei derartigen Überlegungen ist, dass solche Instinkte vererbt werden, das heißt in den genetischen Code des Hundes eingetragen sind. Es ist nicht möglich, anhand von irgendwelchen Selektionen die in das Erbgut programmierten Angaben zu verändern. Hierfür bedarf es ausgefeilterer Methoden.[120] Ich glaube, spätestens jetzt müsste es klar sein, dass primitive Jäger und Sammler kaum in der Lage gewesen sein dürften, im Genpool wild lebender Tiere grundlegende Änderungen zu verursachen. Die Frage lautet daher: Wer machte wilde Kreaturen zu Haustieren?

Designerfauna II: Der rätselhafte Steppensprinter

Noch viel geheimnisvoller ist die Abstammung eines Tieres, das die Steppen Afrikas sowie einige Gebiete Arabiens und Vorderindiens bewohnt: der Gepard. Im Altertum zur Jagd benutzt, sieht man Darstellungen des Tieres nicht selten auf altägyptischen Fresken. Auch die Maharadschas Indiens und die persischen Herrscher wussten die schnellen Läufer zu schätzen.

Die britische Biologin Joy Adamson stellte fest, dass Geparden leichter als jede andere Raubkatze zu zähmen sind. Niemals wurde berichtet, dass ein Gepard einen Menschen angefallen hätte – etwas, das dem einen oder anderen Dompteur im Zirkus ohne weiteres bei seiner Arbeit mit Löwen, Tigern und Leoparden passieren kann und zumeist tragisch endet.

Die Biologin stellte sich sogar ernsthaft die Frage, ob der Gepard nicht »für einen Schnelllauf geschaffen wurde«.[121] Bekanntlich ist er der absolute Sprinter-Champion unter allen Landtieren: Auf kurzen Distanzen ist er im Stande, Geschwindigkeiten von mehr als 100 Kilometern in der Stunde zu erreichen. Seine »technischen Daten« könnten von einem Ingenieur nicht besser ersonnen sein. Der Kopf mit dem kurzen Kinn ist nicht allzu groß, sein Skelett weist einen leichten Bau auf. Die Beine sind lang und schlank wie die eines Windhundes; Herz, Lunge, Blutgefäßsystem und Nebennieren sind vergrößert. Während seines Spurts beschleunigt sich die Atemfrequenz von 60- auf 150-mal pro Minute, sodass ihm auf den offenen Steppen und Halbwüsten die schnellsten Antilopen nicht entkommen können.

Auf geradezu unglaubliche Art vereinigt der Gepard Merkmale zweier grundverschiedener Tierfamilien in sich, und zwar jene der Hunde und der Katzen. Obwohl er im Allgemeinen den Katzenarten *(Felidae)* zugerechnet wird, ähnelt er in seinem Aussehen eher einem langbeinigen Hund. Wie beim Hund ziehen sich seine Krallen nicht ein, und auch die Sitzhaltung des Geparden entspricht exakt der eines Hundes.

Gleich den Katzen benutzt er die erste Kralle der Vorderpfote, wenn er auf Bäume klettert. Sein goldgelber Pelz ähnelt dem Fell glatthaariger Hunde – gleichzeitig sind die schwarzen Flecken darauf flaumig wie Katzenhaare. Geparden vereinigen in sich also Eigenschaften von Hunden und Katzen – und leiden zudem an Krankheiten *beider* Familien, wie etwa Hundebabesiosum. Dies ist eine von durch Zecken übertragenen Protozoen hervorgerufene Seuche, in deren Verlauf die roten Blutkörperchen zerstört werden. Oder an Katzenenteritis, einer entzündlichen Erkrankung des Verdauungssystems.

Kurzum: Der Gepard ist ein normalerweise »unmögliches« Kreuzungsprodukt zwischen zwei Tiergattungen – und wir könnten ihn demzufolge in dieselbe Kategorie stellen wie jene »Mischwesen« oder Chimären, die wir von den sumerischen und assyrischen Reliefdarstellungen her kennen. Auf dem Wissen unserer modernen Genetik basierend, kann dieses Tier tatsächlich nur durch Genmanipulation, also künstlich, geschaffen worden sein. Aber es kommt noch besser!

Die Resultate einer genetischen Untersuchung des Erbmaterials von Geparden legen exakt die zuvor erwähnten Schlussfolgerungen nahe. Blutproben, die von fünfzig verschiedenen Geparden entnommen wurden, ergaben, dass alle diese Tiere genetisch identisch sind. Und das ist eine echte Sensation, denn es würde be-

Abb. 46: Geparden: Sind sie ein Produkt aus den Genlabors außerirdischer Intelligenzen?

deuten, dass man jedem x-beliebigen Gepard Gewebe eines anderen x-beliebigen Geparden transplantieren könnte, ohne eine Abstoßungsreaktion befürchten zu müssen. Man stelle sich dies einmal auf uns Menschen übertragen vor!
Ein solch hohes Niveau an genetischer Identität ist, so weit bekannt, bei keiner anderen wild lebenden Spezies zu beobachten. Unsere Wissenschaftler, die in ihren Genlabors experimentieren, beobachten diesen Effekt jedoch bei *durch Selektion zielgerichtet gezüchteten Tieren.* So weit so unverständlich: Gemeint sind Laborratten und -mäuse.[120]
Ganz schön starker Tobak, das Ganze!

Die Komoren: Biosphäre II der Astronautengötter?

Zu guter Letzt möchte ich, im Zusammenhang mit dem »Design« ganzer Lebensformen, einige Details berichten, die ich über ein tropisches Paradies in einer fast vergessenen Ecke unserer Welt in Erfahrung bringen konnte. Um die Inselgruppe der *Komoren*, östlich des afrikanischen Kontinents gelegen, ranken sich ebenfalls einige bislang ungelöste Mysterien.
Auf diesen ursprünglich »Mond-Inseln« genannten Eilanden im Indischen Ozean gedeihen eine Reihe äußerst rätselhafter Nutzpflanzen. Beispielsweise eine im Lavaboden wachsende, den Roten Rüben ähnelnde Frucht mit dem Geschmack einer Melone, oder eine Art Tomate, die die Größe eines Fußballs erreicht. Die Samen dieser beiden sowie eines guten Dutzend anderer Komorenpflanzen vermögen Temperaturen von 200 Grad Celsius zu widerstehen, wenn sie im glühend heißen Boden keimen. Und die Schutzhülle, welche die Keimlinge umgibt, wehrt sogar Temperaturen von weit mehr als 400 Grad Celsius ab, ohne auch nur den geringsten Schaden zu nehmen.
Versuche von Botanikern haben ergeben, dass sich die beiden oben

genannten Nutzgewächse unter dem Einfluss von starker, mit Höhenstrahlern künstlich erzeugter Höhensonne zum fast *fünffachen Größenwachstum* im Vergleich zur gewöhnlichen Sonnenbestrahlung in den Tropen entwickeln. Alle anderen auf diesem Planeten bekannten Pflanzen würden bei dieser Art und Intensität der Bestrahlung sofort verwelken, letztlich sogar verkohlen. Stammen diese Gewächse vielleicht nicht von unserer Welt? Wurden diese – übrigens *ausschließlich* auf den Komoren beheimateten – Nutzpflanzen irgendwann aus einem fremden Sonnensystem eingeführt?
Nicht genug jedoch der Rätsel um diese Eilande am Rande der Welt, es gibt nur noch äußerst spärliche Zeugnisse aus vergangenen Zeiten, welche die Jahrtausende überdauert haben. Auf einer der Insel sind vor Jahren beim Einsturz zweier Berghöhlen Schrifttafeln zum Vorschein gekommen. Ihr Alter ist nicht zu datieren, ihre Inschriften konnten bislang nicht übersetzt werden. Texte jüngeren Datums erweisen sich zwar teilweise als übersetzbar, bleiben aber nicht weniger mysteriös.
So lautet die Übersetzung einer Inschrift, deren Alter auf etwa 2500 Jahre datiert wurde: »Die Gasleiber flogen davon und ließen sich nieder … bekamen feste Gestalt in den Tälern … gingen davon … lebten weiter … zentnerschwer und angekettet …«[122]
Ist dies eine, mangels passender, technischer Terminologie unbeholfene Schilderung von Wesen, die nach längerem Verweilen unter verminderter Schwerkraft im Weltraum wieder in den Einfluss eines planetaren Gravitationsfeldes gerieten?

Ängstlich gemieden

Völlig ungewöhnlich ist die Physiognomie der letzten im Moment noch existierenden Ureinwohner der Komoren. Sie besitzen eine merkwürdige Kopfform, schwefelgelbe Augen, und ihre mitunter wie Flechten wirkende Haut der Schulterregion sowie an ihren Fersen hat keinerlei Parallelen zu anderen Populationen dieses Planeten. Diese Ureinwohner mit ihrem fremdartigen und durchdringenden Blick werden von der übrigen Bevölkerung arabischer, madagassischer und polynesischer Herkunft aus unerfindlichen Gründen ängstlich gemieden. Stellen sie gleichfalls ein »Produkt« der ausgiebigen Experimente unserer kosmischen Lehrmeister und Vorfahren dar?

Und eignete sich diese abgelegene Inselgruppe besonders gut als abgeschlossenes Versuchssystem, gewissermaßen als *Biosphäre II* der Astronautengötter?

Wir Nachfahren jener Protagonisten von »Experiment Erde« sind unsererseits schon eifrig dabei, in deren Fußspuren zu treten. Am 26. September 1991 begaben sich acht Wissenschaftler in ein gläsernes Forschungslabor, um dort – hermetisch abgeschlossen von der Außenwelt – zwei Jahre zu verbringen und sich diversen Forschungsaufgaben zu widmen. Das Projekt wurde »Biosphere II« genannt und in der Nähe von Tucson im US-Bundesstaat Arizona realisiert. In dieser isolierten Versuchswelt lebten die »Bionauten« unter simulierten, erdähnlichen Lebensbedingungen. Ziel dieses ehrgeizigen Projekts war es herauszufinden, ob der Mensch das Umweltsystem seines Heimatplaneten künstlich errichten und auch aufrechterhalten könnte.[123]

Erklärtermaßen war »Biosphäre II« als Modell auch für künftige Raumbasen auf dem Mond oder auf unserem roten Nachbarplaneten Mars konzipiert. In letzter Konsequenz jedoch handelte es sich wohl um ein ähnliches Experiment, wie es außerirdische Intelligenzen bereits durchführten, als das Leben auf diesen Planeten noch – wenn überhaupt! – in seinen allerersten Anfängen steckte. Die Zukunft, die schon gestern war: Wir haben die ersten Meter auf einem langen Weg eingeschlagen, der uns am Ende vielleicht in dieselbe Situation führen wird, in der sich jene Fremden schon am Morgen unserer Zeit befanden.

Werden wir ihn weitergehen?

11 Winds of Change

Ein neues Denken für eine neue Zeit

Stellen Sie sich vor, Sie sitzen eines Morgens, nichts Böses ahnend, am Frühstückstisch, den Kopf voller banaler Alltagsdinge. Das Radio oder der Fernseher läuft, und plötzlich wird das Programm für eine Meldung unterbrochen, die Sie im ersten Moment für einen Aprilscherz halten.

Irgendwo im amerikanischen Mittelwesten (es muss nicht immer Roswell sein!) ist ein Flugobjekt von eindeutig außerirdischer Herkunft gelandet. Aus nicht mehr nachvollziehbaren Gründen ließ sich der Vorfall nicht vertuschen, und so blieb der Regierung einzig die Flucht nach vorn: Vorbehaltlose und vollständige Aufklärung statt der üblichen Pressezensur. Ich weiß, gerade das hört sich verdächtig danach an, was dieses Beispiel *im Moment vielleicht noch* ist: Science-Fiction.

Im nächsten Moment fällt Ihnen möglicherweise Orson Welles' berühmt-berüchtigtes Hörspiel nach H. G. Wells, »Krieg der Welten« (»War of the Worlds«) ein, das im Jahre 1938 im Osten der Vereinigten Staaten zu einer heillosen Panik geführt hat, und auch ein weiteres Mal anlässlich seiner neuerlichen Ausstrahlung durch einen portugiesischen Radiosender, auf den Tag genau 50 Jahre später. Dieses Mal war es das Städtchen Braga im Norden Portugals, wo sich 1988 beinahe dieselben Szenen abspielten wie 1938 im Osten der USA.[124]

Sie werden womöglich ein wenig überlegen lächeln und sagen: »Das kann uns doch nicht passieren.«

Wirklich nicht?

Als Nächstes werden Sie sich daran erinnern, über solch »unmögliche« Dinge schon etwas gehört oder gelesen zu haben. Aber die offiziellen Kanäle wussten dies stets geschickt herunterzuspielen, zu dementieren und ins Reich der Fabel zu verweisen. In den Talkshows wurde das Thema zuweilen der Lächerlichkeit preisgegeben, und man warf Leute, die sich seriös mit der Materie auseinander zu setzen versuchten, in denselben Topf mit notorischen Radkappenwerfern und solchen, die, ohne rot zu werden, von ihrem Leben auf der Venus erzählten.

Hand aufs Herz: Ist es nicht ein prägnanter Unterschied zwischen der bloßen Möglichkeit, dass ein Ereignis eintreten *könnte*, und dem real werdenden Geschehen? Wir wiegen uns doch alle in einer gefährlichen und trügerischen Sicherheit, hinter der jedoch alle möglichen Unwägbarkeiten, Überraschungen und Gefahren lauern. Nur was uns direkt und unmittelbar betrifft, macht uns betroffen, alles andere wird verdrängt.

Und nun ist es passiert: Ihr altes Weltbild hat einen deutlichen Sprung bekommen. Von gestern auf heute ist alles, was Sie bis dato als »gesichertes« Wissen angesehen haben, was Ihnen in der Schule beigebracht wurde und was Sie unaufhörlich von den Medien eingetrichtert bekamen, keinen Pfifferling mehr wert. Es ist nurmehr eine Frage der Zeit, bis Ihr altes Weltbild endgültig zusammenbricht.

Ein weltweites Chaos droht!

Falls Sie übrigens der Meinung sein sollten, dass sich durch eine unvorbereitete Kontaktaufnahme außerirdischer Intelligenzen mit uns Erdbewohnern sowieso nichts ändern würde, Sie also schulterzuckend zur Tagesordnung übergehen könnten, so muss ich Ihnen jetzt eine Illusion rauben.

Es gibt ungezählte Hinweise dafür, dass Wesen von anderen Gestirnen, uns haushoch überlegenen Zivilisationen, seit ewigen Zeiten auf unseren Planeten kommen. Früher noch viel ungenierter, heute mehr im Verborgenen agierend, treiben sie nach wie vor unerhörte Dinge. Doch käme es unerwartet und ohne jede Vorbereitung zu einer offenen Kontaktaufnahme – auf breiter Basis –, so wären tief greifende, ja revolutionäre Veränderungen in unserer Gesellschaft nicht zu vermeiden. Eine »kulturelle Zeitbombe« tickt, die jederzeit explodieren und unsere Zivilisation unvermittelt in ein globales Chaos stürzen kann!

Was würde geschehen, wenn UFOs, statt hektisch über die Radarschirme zu huschen und nachts harmlose Bürger zu erschrecken, sich offen über unseren Großstädten zeigten und in den Metropolen der Großmächte zur Landung ansetzten?

Eine weltweite Autoritätskrise unabsehbaren Ausmaßes, nicht nur auf Religionen und Wissenschaftsdisziplinen beschränkt, sondern mit Auswirkungen vor allem auf politische und soziale Strukturen, wäre die unausweichliche Folge.[125]

Die Militärs würden verrückt spielen, wenn sie endlich gezwungen wären, zuzugeben, dass unendliche Summen an Steuergeldern nutzlos in Hightech-Waffensysteme und Überwachungselektronik verpulvert wurden. Diese hochgezüchteten Aufklärungssysteme haben in den vergangenen Jahren mehr als einmal den Beweis geliefert, dass sie relativ einfach irrezuführen sind. Wer den Film »War Games« gesehen hat, wird verstehen, was ich meine.

Die weltweit agierenden und fusionierenden Pharma-Konzerne müssten die Produktion ihrer Chemo-Bomben einstellen. Es ist anzunehmen, dass eine interstellare Raumfahrt betreibende Zivilisation über bessere und weit wirkungsvollere – gleichzeitig ungiftigere – Medikamente verfügt.

Auch die multinationalen Ölkonzerne könnten ihre Bohrungen einstellen. Eine Gesellschaft, die uns viele Jahrtausende in ihrer Entwicklung voraus ist, hätte selbstverständlich auch ihre Energieprobleme längst auf saubere Art und Weise gelöst.

Selbst unser monetäres System, ausgerichtet auf größtmögliche Ungleichheit im Geber-Nehmer-Verhältnis, würde den endgültigen Todesstoß erhalten. Klafft doch, um nur ein ganz simples Beispiel zu nennen, eine sich permanent vergrößernde Lücke zwischen unserem Einkommen und dem, was wir umgekehrt für Leistungen aufwenden müssen. Der »kleine Mann« lebt auf Pump, und die immer beängstigender werdende Verschuldung selbst großer Staaten brauche ich hier wohl nicht näher kommentieren. Und da alle politischen Machtstrukturen auch aufs Engste mit der Wirtschaft verknüpft sind, wäre deren Crash eine bloße Frage der Zeit.
Wem ist schon, nebenbei gefragt, bewusst, dass alles geschäftige Treiben der Bankiers und Börsenspekulanten nur die künstliche Aufblähung von *Nichts* bewirkt, gewissermaßen die Erzeugung einer virtuellen Realität? Man häuft astronomische Summen auf, die sich ebensoschnell wieder in Wohlgefallen aufzulösen pflegen. Ein kleiner Angestellter einer einst bedeutenden britischen Bank hat uns vorgemacht, wie so etwas geht.
Außerdem wären auch unsere großen Religionen in Frage gestellt, die nie müde wurden, den Menschen als absolute »Krone der Schöpfung« zu preisen. In dasselbe Horn stoßen auch die sich exakt nennenden Wissenschaften. Ein wenig anders als bei den Religionen sind wir hier die *Spitze der Evolution*, was jedoch im Grunde genommen auf dasselbe hinausläuft. Stets sind wir die Größten, die Besten, die Einzigsten. Wir betreiben eitle Nabelschau und vergessen darüber, dass wir nur die Bewohner des dritten Planeten einer kleinen Sonne von mittlerer Lichtstärke in einem Spiralarm einer Galaxis von vielen im unendlichen Universum sind.

Zeichen und Wunder

Hoffentlich habe ich hiermit einigermaßen deutlich aufzeigen können, warum eine medienwirksame UFO-Landung auf der grünen Wiese vor dem Weißen Haus wohl erst einmal noch unterbleiben sollte. Schade eigentlich – wäre doch solch ein Spektakel der erklärte Wunsch (und gleichzeitig Horrorvision!) so manch eines Erzskeptikers und die einzig denkbare Möglichkeit zu deren Wandlung »vom Saulus zum Paulus«.

Vielleicht geschehen je bereits Zeichen und Wunder. Ende August 1996 zitierten die Zeitungen den Sprecher des Erzbistums München, Winfried Röhmel, anlässlich der möglichen Entdeckung von Lebensspuren in einem vom Mars stammenden Meteoriten. Röhmel: »Auch Außerirdische dürfen am Jüngsten Tag auf Erlösung hoffen. Falls es kosmisches Leben jenseits der Erde geben sollte, dann gehört es zu Gottes Schöpfung.«

Röhmel führte weiter aus, dass, wenn die Bibel von Erlösung spreche, immer der ganze Kosmos gemeint sei, nicht nur unsere Erde. Und auch die katholische Bischofskonferenz in Fulda beeilte sich zu erklären, die katholische Theologie »werde durch intergalaktisches Leben nicht tangiert«. Die Bibel spreche von Himmel und Erde und meine damit den ganzen Kosmos.[126]

Das ist starker Tobak, und er riecht verdächtig danach, dass sich langsam aber sicher die Erkenntnis einen Weg bahnt, dass gewisse Positionen in Zukunft nicht länger zu halten sind. Aber wie dem auch sei: Die Geschichte der Menschheit steckt voller Konfrontationen »einfacherer« (um nicht »primitiver« sagen zu müssen) mit höher entwickelten Kulturen. Und stets war – welch zuverlässiger Automatismus! – die weniger entwickelte Kultur auch die unterlegene.

Ähnlich muss es dem Menschen während seiner Konfrontationen mit Außerirdischen in der Vergangenheit ergangen sein, und genauso wird es ihm auch bei einer neuerlichen, offenen Begegnung, die in nicht mehr allzuferner Zukunft erfolgen wird, ergehen. Mit ziemlich großer Wahrscheinlichkeit dürfte diese uns bevorstehende Konfrontation noch weit folgenschwerer ausfallen. Denn im Gegensatz zu vergangenen Zeiten ist in unserem neuzeitlichen Weltbild kein Platz mehr vorhanden für die Begegnung mit einer anderen Intelligenz.

In unser aller Bewusstsein sollte sich daher schleunigst etwas ändern. Der Weg hierzu ist mittlerweile geebnet, davon bin ich überzeugt.

Wegbereiter einer neuen Weltsicht

Ein berühmter Zeitgenosse, der wohl den maßgeblichsten Einfluss auf den unaufhaltsamen Wandel unseres Weltbildes und auf das Denken unserer Zeit hat, ist der Schweizer Bestsellerautor *Erich von Däniken.* Exklusiv für dieses Buch hatte er aufschlussreiche Antworten zu diesem Kontext parat, als ich ihm eine Reihe von Fragen zu genau den Veränderungen stellte, an denen er seit mehr als drei Jahrzehnten arbeitet.

Hartwig Hausdorf: Als vor gut dreißig Jahren das Buch »Erinnerungen an die Zukunft« erschien, war dies ja gewissermaßen das erste, laut vornehmliche Rütteln an den Fundamenten unseres traditionellen Weltbildes. Wie war damals die Resonanz?

Erich von Däniken: Einige Wochen lang herrschte in den Medien helle Begeisterung, und die Öffentlichkeit war fasziniert und gleichzeitig irgendwie geschockt. Doch dann sammelten sich die Kritiker, und es kam zum großen Entrüstungssturm. Zahllose Artikel und mehrere Bücher wurden *gegen* meine »Erinnerungen an die Zukunft« geschrieben. Es wurden Dinge behauptet, die ich nirgendwo gesagt, nirgendwo geschrieben hatte, und auf Grund dieses Nicht-Geschriebenen wurde ich blendend »widerlegt«. Man stellte mich in den Regen der Lächerlichkeit und verunglimpfte mich zudem als Scharlatan, Spinner und falschen Propheten, der sein Buch allein des Geldes wegen geschrieben und lediglich eine »Marktlücke« entdeckt habe. Ich wusste ja, dass dem nicht so war, und sagte mir: »Jetzt erst recht!«

HH: Diese Ablehnung durch das wissenschaftliche »Establishment« scheint mir in den vergangenen Jahren doch schon ein wenig abgebröckelt zu sein. Gibt es besonders prägnante Beispiele, wie derlei Kritik und Ablehnung vielleicht sogar ins Gegenteil umgeschlagen ist?

EvD: Die meisten Wissenschaftler sind integre Persönlichkeiten mit viel Humor und natürlich einem breiten Wissen über ihren Fachbereich. Die anderen sind die Wichtigtuer. Einige der integren Persönlichkeiten lasen schließlich »Erinnerungen an die Zukunft«, und sie fanden darin Gedankengänge, die sie aus ihrem Fachwissen heraus widerlegen wollten. Sowie sie sich aber ernsthaft mit der Materie auseinander setzten, erfasste sie mit einem Mal ein *Aha-Erlebnis*, und aus der geplanten Widerlegung wurde das Gegenteil. Pionier dafür ist der NASA-Chefkonstrukteur Josef Blumrich, der eigentlich meine Gedanken zum biblischen Propheten Hesekiel auseinander nehmen wollte und überraschenderweise schließlich ein fundiertes Pro-Däniken-Buch herausgab. Dann folgten die Philosophieprofessoren Dr. Pasqual S. Schievella und Dr. Luis Navia, schließlich der Indologe Dr. D. Kanjilal aus Kalkutta sowie der Geologe Dr. Johannes Fiebag. Sie alle schrieben Artikel und Bücher zu Gunsten eines Erich von Däniken, und mit den Jahren folgten immer mehr aufgeschlossene Wissenschaftler diesem neuen Trend.

Selbstverständlich blieben die Gegner stur bei ihren Ansichten. Kein Archäologe oder gar Theologe hat sich je für Erich von Däniken stark gemacht!

Da ich selbst alle anderthalb Jahre ein neues Buch herausbrachte, bis auf den heutigen Tag in unzähligen TV-Shows aufgetreten bin und Tausende von Vorträgen in aller Welt hielt, bröckelte die gegnerische Front. Die integren Leute fingen an, Dänikens Gedanken für möglich zu halten. Das Positive am Skeptiker ist ja, dass er alles für möglich hält! Es ist so gelaufen, wie erwartet: Am Anfang wird gelacht und gespottet, dann folgt eine Zeit des Schweigens, und schließlich sagt jeder: Das habe ich doch schon immer gewusst!

HH: Wie lässt sich heute die allgemeine Einstellung zur Präastronautik-Theorie einschätzen, die ja untrennbar mit der Persönlichkeit Erich von Däniken verbunden ist?

EvD: Ich selbst habe in der weltweiten Meinung hinzugewonnen. Dies liegt auch an meinem Verhalten und an den Erfahrungen. Jedes Buch soll besser recherchiert und damit unangreifbarer als sein Vorgänger sein. Und in keinster Weise darf ich dogmatisch oder sektiererisch auftreten. Die Theorie vom Besuch der Außerirdischen in grauer Vorzeit ist heute sehr gut begründet. Viele der von mir vorgebrachten Indizien sind schlichtweg unwiderlegbar – sofern man sich ernsthaft damit auseinander setzt. Erich von Däniken ist weltweit zu einer Art »Markenprodukt« geworden. Der Name wird sofort mit Außerirdischen identifiziert. Mir soll's recht sein.

HH: Und wie urteilt EvD über EvD? Was ist im Vergleich zu 1968 schon alles erreicht worden?

EvD: Er ist besser geworden in der Argumentation, ruhiger im Streitgespräch, überzeugender in Vorträgen und öffentlichen Auftritten. Das ergibt sich aus der Erfahrung. Erreicht wurde eine weltweite Diskussion, die nicht mehr zu stoppen ist. Das Gedankengut hat Eingang in unzählige Publikationen gefunden. Wer noch immer nichts darüber weiß, der schläft oder will es nicht wissen. Zudem haben wir die Ancient Astronaut Society (A.A.S. – sie wurde kürzlich aus Gründen der besseren Verständlichkeit in Forschungsgesellschaft für Archäologie, Astronautik und SETI umbenannt; genaue Informationen über die A.A.S. finden Sie im Anhang dieses Buches, H.H.) gegründet. Das ist eine internationale Gemeinschaft, der jeder beitreten kann. Allein im deutschsprachigen Raum sind wir über 9000 Mitglieder – das soll mir mal einer nachmachen!

HH: Was dürfte der Grund sein, dass einige Zeitgenossen geradezu verbohrt an ihrem alten Weltbild fest halten und beispielsweise die mögliche Existenz außerirdischer Intelligenzen kategorisch ablehnen? Ich kann mich zuweilen des Eindrucks nicht mehr erwehren, dass diese Ablehnung schon regelrecht panische Züge annimmt.

EvD: Diese Zeitgenossen sind entweder dogmatisch verbohrt oder haben schlicht und einfach »Schiss«! Es gibt ja grundsätzlich zwei Arten von Menschen: Die einen sind religiös erzogen, und denen hat man beigebracht, der *liebe Gott* habe den Menschen erschaffen, als »Krone der Schöpfung«. Die andere Gruppe denkt wissenschaftlich und glaubt, nach einer Millionen Jahre währenden Evolutionskette sei der Mensch die »Spitze der Evolution«. In beiden Fällen sind *wir* die Größten. Wir betreiben kurzsichtige Nabelschau und betrachten uns als etwas Einzigartiges im gesamten Universum: So etwas wie uns gibt es nicht noch einmal! Alle so denkenden Menschen – ob religiös oder wissenschaftlich – haben Angst davor, ihre Einzigartigkeit durch Außerirdische zu verlieren. Sie schaffen es nicht, diese geistige Blockade zu überspringen. Sie wollen es auch gar nicht. *Sie* sind es, die dogmatisch sind – nicht wir! Im Übrigen dürfte Dogmatismus und Rechthaberei in der Wissenschaft nichts zu suchen haben. Eine dogmatische Wissenschaft – so und nicht anderes ist es leider – wird zur Religion, und die kann mir gestohlen bleiben!

HH: Abschließend bitte noch eine ganz persönliche Prognose: Wann dürfte sich eine Änderung des bisherigen Weltbildes auf *breitester Basis* vollziehen, und was wird – oder muss – hierfür noch alles geschehen?

EvD: Diese Änderung erfolgt bereits. Sie kommt auf leisen Sohlen und schleicht sich seit Jahren in die Medien und durch die Filme (diesen Eindruck habe ich auch: Man denke nur ein-

mal an den Kinofilm und die daran anschließende TV-Serie »Stargate« oder auch an die über alle Maßen erfolgreiche US-Serie »X-Files« und andere »Mystery-Serien«; H.H.) und auch durch unsere Wissenschaft und Technologie. Denn je mehr Planeten außerhalb unseres Sonnensystems entdeckt werden – umso besser! Je fortschrittlicher unsere Raumfahrttechnologie, die den Weg zu fremden Sternen zumindest theoretisch realisierbar macht – umso besser! Je mehr UFOs gesehen werden und die Menschen zum Staunen bringen – umso besser! Je raffinierter unsere Gen-Technologie wird und dem Menschen verdeutlicht, was wir alles verändern können – umso besser! Je mehr Menschen reisen, Tempel besichtigen und über die religiösen Überlieferungen anderer Kulturen etwas erfahren – umso besser! Und je mehr die großen Religionen und die dummen Sekten ins Schwimmen kommen, weil sie stupiden Glauben fordern statt fundiertes Wissen – umso besser!

Die Zeit wird tagtäglich reifer für ein neues Weltbild und eine Philosophie, die Außerirdische mitberücksichtigt. Und die Entdeckungen reißen nicht ab. Ich jedenfalls lasse die Medien nicht zur Ruhe kommen. Und die unvernünftige Kritik – nichts gegen die vernünftige! – läuft an mir ab wie Jauche an einer Marmorsäule.[127]

»Krone der Schöpfung« oder Auslaufmodell?

Den ehrlichen Ausführungen Erich von Dänikens ist an dieser Stelle nichts hinzuzufügen, außer meinem innigsten Wunsch, dass unser wehrhafter Schweizer »Götterforscher« noch eine sehr lange

Abb. 47: Erich von Däniken (links), gemeinsam mit dem Autor vor der Mondpyramide von Teotihuacan (Mexiko).

Zeit gegen Ignoranz und Selbstgefälligkeit im Elfenbeinturm längst überholter Dogmen ankämpfen möge. Nur der *stete* Tropfen höhlt den Stein …

Ich habe zu Anfang dieses Kapitels zu umreißen versucht, wie wir auf eine neuerliche, offene Konfrontation mit außerirdischen Intelligenzen reagieren würden, die uns auf allen Gebieten haushoch überlegen sind. Doch wie steht es eigentlich im umgekehrten Fall? Was stünde jenen »Göttern« ins Haus, wenn sie ihr Versprechen, wieder zu kommen – was sich wie ein roter Faden durch sämtliche Religionen zieht –, einlösen und ganz plötzlich »auf unserer Matte stehen« würden?

Spielen wir den Gedanken durch: Möglicherweise setzten sich ja unsere kosmischen Erzeuger und Lehrmeister eine Frist, abzuchecken, inwieweit sich ihr »Produkt« – das sich leider immer noch in maßloser Selbstüberschätzung als »Krone der Schöpfung« versteht – in Sachen Moral, Ethik und Zivilisation weiterentwickelt hat, und hätten ein Programm, ihre Schützlinge wieder ganz behutsam an ihre Präsenz zu erinnern, ohne gleich einen nie wieder gutzumachenden Kulturschock auszulösen. Sollte hinter dem bizarren UFO-Phänomenen der letzten 50 Jahre doch mehr stecken als nur Schwindel, Partyballons, Massensuggestionen oder der Planet Venus, der allen physikalischen Gesetzen spottend über den Himmel rast?

Das Erwachen muss grausam und ernüchternd sein! Am Übergang zum 3. Jahrtausend finden sie eine Menschheit vor, die noch bestialischer als je zuvor all ihr Wissen, ihre Errungenschaften und ihre Energie zum gegenseitigen Töten benutzt; deren technisches Potenzial nicht zum Wohl, sondern zur zunehmend perfekteren Massenvernichtung eingesetzt wird. Sie finden eine Welt vor, in der die reichen Nationen tonnenweise Lebensmittel vernichten, während auf demselben Planeten in derselben Sekunde Tausende von Menschen vor Hunger sterben. Der ganze Irrsinn wird von 15 goldenen Sternen auf blauen Grund symbolisiert, und von restlos verblödeten sowie unendlich korrupten Politikern unablässig beweihräuchert. Selbstgefälligkeit und ein ausgeprägter Hang zur Selbstbedienung ist ihnen eigen, und so richtig aktiv werden sie erst, wenn es um ihre eigenen Vorteile geht. Dieselben »ehrenwerten« Herren und Damen übrigens, die tatenlos zusehen, wenn blutige Kriege unter ehemals friedlich geeinten Völkern mit einer Grausamkeit geführt werden, die ihresgleichen sucht.

Ein hoffnungsvoll gestartetes Raumfahrtprogramm, an dem sogar die »Supermächte« gemeinsam arbeiteten, wurde auf Grund gestiegener Rüstungsbudgets auf Sparflamme gesetzt. Die Raumstation »MIR« (»Frieden«), einstmals der ganze Stolz des sowjetischen Raumfahrtprogramms, dümpelt marode in ihrem Erdorbit vor sich hin – die Lichter an Bord gehen aus, weil notwendige Reparaturen am Geldmangel scheitern.

In Politik und Wirtschaft, selbst im intimsten zwischenmenschlichen Bereich, herrschen Niedertracht und Lüge, Korruption und Täuschung vor. Während ich diese Zeilen schreibe, werden beinahe tagtäglich neue Enthüllungen über Politiker aller Parteien in Deutschland offenbar, die dem Bürger ohnmächtige Zornesröte ins Gesicht treiben. Wobei sich die Ertappten aber keinesfalls in Reue und Besserung üben, sondern vielmehr auch noch ihr »dummes Volk« verhöhnen.

Wie weit sind wir nur gekommen, wer vertraut überhaupt noch irgendjemandem?

Haben wir uns endgültig disqualifiziert, um nicht das Modewort *geoutet* zu strapazieren? Sind wir in den Augen der zurückgekehrten »Götter« noch immer Wesen, mit denen man bestenfalls experimentiert, jedoch nicht auf gleicher Ebene kommuniziert? Der englische Historiker und Theologe an der Universität von Oxford, Clive Staples Lewis (1898–1963), fasste diesen Gedanken in ungemein treffende Worte: »Die Götter werden erst von Angesicht zu Angesicht mit uns sprechen, wenn wir selbst ein Gesicht haben.«[128]

Sind wir reif für einen neuen Schöpfungsakt, hat die »alte« Spezies Mensch endgültig ausgedient?

Angst vor dem Zorn der Götter

Angesichts einer beängstigenden Welle von »Unheimlichen Begegnungen der vierten Art« – also Entführungen von Menschen durch möglicherweise nicht von unserem Planeten stammenden Intelligenzen – und dabei durchgeführten medizinisch-genetischen Experimenten fragen sich längst nicht mehr nur UFO-Gläubige, ob jene mutmaßlich Außerirdischen irgendwelche für das Überleben ihrer Art notwendigen Substanzen suchen. Langsam aber sicher entsteht hier ein ganz anderer Verdacht.

Sind es am Ende *wir selbst*, die ganz dringend etwas benötigen? Könnte es zutreffen, dass jene Fremden in aller Verschwiegenheit, dafür aber umso gründlicher, mit jenen Manipulationen fortfahren, denen wir unsere Existenz verdanken?

Der Mensch ist ein Geschöpf, wie es inkonsequenter und schizophrener wirklich nicht mehr möglich ist. Er begeistert sich für Umwelt und Natur – um sie langsam, aber gründlich und vollkommen zu ruinieren. Er liebt Tiere – um sie unendlich grausam zu Tode zu quälen. Und er hängt beinahe abgöttisch an seinen Kindern – um sie zu vergewaltigen, zu schänden, zu verkaufen und ihnen frühzeitig die Macht des Stärkeren zu zeigen.

Mit anderen Worten: Gäbe es den *Homo sapiens* nicht, so müsste man eindringlich davor warnen, ihn zu erschaffen!

Sind unsere alten »Götter«, die vor unglaublich langer Zeit ein Projekt mit dem Namen »Erde« gestartet haben, in der Zwickmühle, ihr hochgradig unvollkommenes Produkt Mensch nachbessern zu müssen, da mit den Jahren die gleichfalls in uns schlummernden tierischen Gene übermäßig dominant geworden sind? In den Kreisen der Abstammungsforscher macht der Begriff vom *Reptilienhirn* die Runde: Gemeint ist damit der entwicklungsgeschichtlich wohl älteste Teil des Gehirns, der noch auf die Saurier zurückgeht und zugleich Sitz aller ererbten aggressiven Verhaltensweisen ist – ein unangenehmer, aber keineswegs von der Hand zu weisender Gedanke. Erleben wir es doch nicht selten bei so mancher domestizierten Gattung – ob tierischer oder pflanzlicher Natur –, dass diese mit der Zeit »verwildert«.

Liefert uns der momentan an allen Ecken und Enden, in sämtlichen Lebensbereichen zu beobachtende, angsterregende Verfall elementarer Grundzüge eines zivilisierten Zusammenlebens nicht das beste Indiz dafür, dass wir nur zu 50 Prozent die Gene unserer außerirdischen Schöpfer in uns tragen?

Der Mensch hatte von jeher eine heilige Angst vor dem Zorn seiner Götter, wenn diese aus den Weiten des Weltraums zurückkehren würden. Ohne Umschweife: Ich bin sicher, er hat derzeit allen Grund dazu. Erleben wir es nicht auch bei unseren eigenen Wissenschaftlern, dass diese ein Experiment beenden, sollten die Resultate nicht ihren Erwartungen entsprechen?

Besinnen wir uns auf eine bessere Zukunft – und hoffen wir, dass es noch nicht zu spät ist …

Epilog

Abgesang auf »Experiment Terra«

Der Hohe Rat des Planeten Lamat, des vierten Planeten einer Sonne im 103 Lichtjahre von der Erde entfernten Sternensystem Epsilon Bootis, war zu einer außerordentlichen Sondersitzung zusammengetreten. Eine sich mit ihren Ansichten zahlenmäßig in der Minderheit befindliche Gruppe kritischer Mahner, die schon lange das Langzeitexperiment »Terra« als gescheitert angesehen hatten, konnte sich offenbar gegen die Übermacht der Befürworter Gehör verschaffen.

Hierzu muss angemerkt werden, dass die Zivilisation von Lamat schon seit etlichen Millionen von Jahren existierte. Man hatte bereits sehr bald erkannt, dass Knappheit und Nachfrage, typische Kennzeichen unserer irdischen Wirtschaftssysteme, im Grunde nur dazu geschaffen wurden, um Krieg und Zwist zwischen den Angehörigen einer Zivilisation zu säen. Nach Äonen der Forschung war es gelungen, Krankheit auf gentechnischem Weg für immer zu besiegen, und die allgemeine Lebenserwartung war auf einen Wert gestiegen, der bis zu 900 Jahre unserer irdischen Zeitrechnung beträgt. Dies brachte wiederum die Notwendigkeit einer strengen Geburtenkontrolle mit sich – was man jedoch ganz gut in den Griff bekommen hatte, da die Bewohner von Lamat von alters her als friedliche und disziplinierte, humanoide Rasse galt, deren Probleme stets am Verhandlungstisch gelöst werden konnten. Was natürlich nicht besagen soll, dass es in der langen Vergangenheit dieser Rasse nicht zu Kriegen und Konflikten gekommen ist, die eigentlich – bis zu einem gewissen Punkt – typisch sind in der Entwicklung einer Zivilisation.

Ebenso betrieb man schon seit Ewigkeiten interstellare Raumfahrt, wobei man mit vielen anderen Zivilisationen im Weltraum Kontakte knüpfen konnte. In diesem Rahmen hatte man frühzeitig damit begonnen, auf Planeten, deren Grundbedingungen nicht ungünstig waren für die Entwicklung von Leben, Experimente mit verschiedenen Lebensformen durchzuführen. Dies geschah mit dem Ziel, auf lange Sicht aus jener Form, die sich auf diesen Planeten am geeignetsten erwies, eine intelligent-dominante, zivilisationsbildende Spezies zu entwickeln. Da man sich bei Langzeitexperimenten dieser Art vor allem auf genetisches Material stützte, das man problemlos von den Lebensformen auf Lamat gewinnen konnte – das der eigenen Spezies eingeschlossen –, war es kaum verwunderlich, dass die Entwicklung des Lebens auf diesen Versuchsplaneten im Großen und Ganzen der auf Lamat sehr ähnlich war. Hier und da entschloss man sich zu ein paar korrigierenden Eingriffen, was jedoch eher der Zeitersparnis zugute kam als einer möglichen, grundsätzlichen Änderung in dem Verlauf des Experiments.

Einer dieser Planeten war der dritte eines noch recht jungen Sonnensystems, das sich vor etwa 4 Milliarden Jahren unserer irdischen Zeitrechnung in einem Seitenarm einer Galaxis gebildet hatte. Die damals für den Start der Versuche Verantwortlichen waren geradezu begeistert – konnte man doch zum ersten Mal mit den Versuchen in einem so frühen Stadium beginnen, in dem die Oberfläche des Planeten gerade erst im Abkühlen begriffen und folglich noch absolut steril war.

Aber kehren wir zurück zu jener außerordentlichen Sondersitzung, welche der Hohe Rat von Lamat einberufen hatte. Offensichtlich war irgendetwas mit einem der Experimente schief gelaufen. Es handelte sich um den soeben erwähnten dritten Planeten einer Sonne mittlerer Helligkeit, welcher dem Vernehmen nach Anlass zu allergrößter Sorge bereitete.

Hab ich dir heute schon gesagt, dass ich dich liebe?

Binnen kürzester Zeit war eine heftige Diskussion im Gange. »Der Großversuch ist völlig aus dem Ruder gelaufen«, ereiferte sich Kumar-Abi, ein Politiker, der zwar als ausgesprochen impulsiv galt, dessen kompetente Argumente aber vom Hohen Rat stets sehr geschätzt waren. »Wenn wir nicht sehr bald etwas unternehmen, wird die aggressive, humanoide Spezies auf Terra bald zu einer akuten Gefahr nicht nur für ihren eigenen Lebensraum.«

Maru-Vindok, ein Naturwissenschaftler, der periodisch neueste Informationen von allen Versuchsplaneten auswertete, hielt Kumar-Abi entgegen, dass der Entwicklungsverlauf jener Spezies, die sich selbst als »Mensch« bezeichnete, doch relativ vergleichbar zu der Entwicklung ihrer eigenen Rasse abliefe. »Von gewissen Entgleisungen abgesehen«, fügte der Forscher fast entschuldigend hinzu.

Das rief Sarút-Tane auf den Plan, prominentester Verfechter einer »harten Linie gegenüber den heranwachsenden Wilden«, der sich bislang kein allzugroßes Gehör verschaffen konnte, da er im Ruf stand, mit seinen Äußerungen gern und oft gegen die geübte Praxis der *Political Correctness* zu verstoßen. Unter dem etwas unwilligen Gemurmel der anderen Ratsmitglieder begann er mit seinen Ausführungen:

»Ich schätze Maru-Vindok als weisen Wissenschaftler, jedoch halte ich dessen Einschätzung der menschlichen Entwicklung für gefährlich blauäugig. Bei nüchterner Betrachtung ist hierbei alles schief gelaufen, was nur schief laufen konnte. Bereits die Kopfzahl der menschlichen Spezies droht das ökologische Gleichgewicht des Planeten zu zerstören. Denn die Tendenz zu ungezügelter Vermehrung hat Terra mit Massenansiedlungen überzogen, die so beängstigend wachsen wie eine gefürchtete Krankheit aus unserer Vergangenheit, die man – wenn ich recht informiert bin – mit dem Namen Krebs bezeichnete. Diese Massen werden von ihren »Führern«, die verschiedene Ideologien gegen jede Vernunft mit Brachialgewalt durchsetzen, in regelmäßigen Abständen aufeinandergehetzt, was immense Verluste an Individuen und Rohmaterialien mit sich bringt. Nun sollte man meinen, dass derartige Dinge bei diesen Individuen mit

"Ich liebe Dich"
13-01-03 Deine Maya

einem natürlichen Selbsterhaltungstrieb kollidieren – aber weit gefehlt! Durch subtile Methoden schaffen es die dort Herrschenden, dass die in ihrem Einflussbereich lebenden Geschöpfe es als eine Ehre ansehen, sich bei jenen Streitigkeiten in einer Art und Weise zu beteiligen, die meist mit dem Tod des Einzelnen endet.«

Im Saal war es seltsam still geworden, denn die Ratsversammlung folgte gespannt den Ausführungen Sarút-Tanes. Dieser hatte übri gens – zur Illustration seines Vortrages – eine nicht kommentierte Dokumentation verschiedener Filmsequenzen vorbereitet, die ein Assistent nun auf sein Zeichen hin auf eine Art dreidimensionalen Videoschirm einspielte. Die Versammlung, deren Mitgliedern man mittlerweile große Betroffenheit anmerken konnte, bekam nicht gerade schöne Bilder zu sehen: Es war beinahe ausschließlich allerneuestes Material, das seine Wirkung nicht verfehlte. Bilder aus Regionen mit Namen Kosovo, Tschetschenien und Ruanda, auf denen die entsetzlichsten Gräueltaten zu verfolgen waren. Eine andere Sequenz spielte offenbar in einer ausgesprochenen Wüstenregion von Terra. Man erkannte einen schnauzbärtigen Mann, dem ungezählte andere zujubelten. Diese Bilder glichen seltsamerweise anderen, die auf Grund technischer Accessoires im Hintergrund schon etwas älter wirkten. Auch dort jubelte eine schier unübersehbare Menschenmenge einem Individuum mit einem Schnauzbärtchen zu, dessen Gestik und Mimik den versammelten Ratsmitgliedern Heiterkeit abrang, die ihnen allerdings im Hals stecken blieb, als die nächsten Bildsequenzen über die Videowand flimmerten. Denn die zeigten Berge toter Menschen, die vor ihrem Ableben offensichtlich den fürchterlichsten Misshandlungen ausgesetzt waren.

Sarút-Tane verbarg seine Zufriedenheit darüber, dass die veränderte Stimmung im Saal seinen Intentionen entgegenkam. Und so führte er seine Erläuterungen in sachlichem, wenn auch nicht gänzlich emotionslosem Ton fort.

»An vielen dieser Gräueltaten, die Sie hier zu sehen bekommen, ist ein Phänomen schuld, das auf Terra unter der Bezeichnung *Religion* verbreitet ist. Es basiert – und dies können wir nur als pervers ansehen – eigentlich auf der periodischen Präsenz unserer Vorfahren, die an der Durchführung des Experimentes Terra arbeiteten. Hieraus entwickelten sich obskure Kulte und Glaubensauffassungen, deren jede aber von sich in Anspruch nimmt, *unfehlbar und im Besitz der Wahrheit* zu sein. Was wirklich dahinter steckt, wurde allenfalls von einigen wenigen Bewohnern dieses Planeten einigermaßen korrekt eingeschätzt, die hierfür im Gegenzug von der überwiegenden Mehrzahl der Individuen als geistig nicht ganz gesund angesehen wurden. Überhaupt ist es ein Phänomen für sich, wie konsequent das Diktat einer selbst ernannten Mehrheit sich auf die Meinungsbildung und Verbreitung derselben auswirkt.«

Akko-Ré, der Sarút-Tane in dessen Ansichten sehr nahe stand, meldete sich zu Wort und warf ergänzend ein:

»Und überdies zeigt diese Spezies keinerlei Verantwortungsgefühl gegenüber ihrem Lebensraum.« Während noch darüber diskutiert wurde, ob dieser Umstand darauf zurückzuführen sei, dass die Spezies künstlich geschaffen worden war, meldete sich der Genetiker Usam-Bwane und erläuterte das Problem aus seiner Sicht. »Die animalischen Gene«, sagte Usam-Bwane, »entstammen bei dieser Spezies Mensch einer viel früher auf dem Planeten beheimateten Reptiliengattung, die auf einem gleichermaßen gescheiterten Gen-Experiment einer befreundeten Zivilisation beruhte. Irgendwie muss genetisches Material übrig geblieben sein, und im Nachhinein – es sind seither Millionen von Jahren in der Zeitrechnung von Terra vergangen – lässt sich nicht mehr rekonstruieren, warum es zur Verwendung dieses Gen-Materials bei der Erschaffung der heute dort dominanten Spezies gekommen ist. Es sieht danach aus, als ob diese uralten Reptilien-Gene bei den Menschen des Planeten Terra in letzter Zeit dominanter geworden sind, was wenigstens zum Teil die unglaublich gestiegene Aggressivität erklären mag.«

»Kein Wunder«, ließ sich der Wissenschaftler Maru-Vindok in einem Zwischenruf vernehmen, »wir haben ja in genetischer Hinsicht

schon länger keinen korrektiven Eingriff mehr auf Terra vorgenommen! Dadurch ist es zu einem Rückfall in die Barbarei gekommen, die jetzt, um das Jahr 2000 in der auf dem Planeten am meisten verbreiteten Zeitrechnung, mehr und mehr um sich greift. Ich sage es nicht gern, aber ich selbst habe keine Antwort darauf, wie wir das wieder in den Griff bekommen sollen.«
Inzwischen hatten die Diskussionen zu ungewöhnlich heftigen Reaktionen geführt, sodass Ratsvorsitzender Kublai-Krim, der bis dahin nur zugehört hatte, von seinem Recht Gebrauch machen musste, angemessene Disziplin einzufordern.
Sarút-Tane, der mittlerweile mit seiner Meinung – Political Correctness hin oder her – nicht mehr allein schien, meldete sich noch einmal zu Wort, da er überzeugt war, die Diskussion nun endlich auf den entscheidenden Punkt gebracht zu haben. »Aggressivität und Kriege sind nur eine Seite. Einen weiteren Aspekt hat bereits der ehrenwerte Ratskollege Akko-Ré angesprochen – und zwar die absolute Gleichgültigkeit der Menschen gegenüber ihrem Lebensraum.« Und während auf sein Handzeichen in die Videowand noch einmal dreidimensionale Bilder eingespielt wurden, auf denen verheerende Umweltkatastrophen zu sehen waren wie die Ölpest an der bretonischen Küste im Winter 1999 auf 2000, beendete Sarút-Tane sein Plädoyer:
»Durch Gifte in der Nahrungskette ist das gesamte Ökosystem des Planeten nachhaltig zerstört und der Untergang dieser ehemals intakten planetarischen Lebensgemeinschaft vorprogrammiert. Ein Weiterführen des Projektes würde uns bestenfalls zu Zeugen einer riesigen Katastrophe machen. Eine rasche Beendigung von Experiment Terra würde allen Lebensformen auf dem Planeten unendliches Leid ersparen!«
Im Saal herrschte für einige Momente eine Stille wie im unendlichen All. Akko-Ré war der Erste, der zu applaudieren begann, und nach und nach folgte fast die ganze Ratsversammlung. Schließlich meldete sich Ratsvorsitzender Kublai-Krim zu Wort:
»Ehrenwerte Mitglieder des Hohen Rates. Sie haben verschiedene

Meinungen, aber noch mehr Fakten über die herrschenden Zustände auf dem Versuchsplaneten Terra vernommen. Ich habe die Aufgabe, hier und heute über Fortführung oder Beendigung jenes Experimentes zu entscheiden, und bitte die ehrenwerten Mitglieder um ihr geschätztes Votum.«

Dieses fiel mit 46 zu 5 Stimmen – um Pattsituationen zu vermeiden, besteht der Hohe Rat von Lamat aus einer ungeraden Anzahl von Mitgliedern – klar und deutlich *gegen* eine Weiterführung aus. Das Langzeitexperiment wurde offiziell als gescheitert erklärt. Dessen Gegner, die in der Vergangenheit stets Probleme hatten, überhaupt Gehör zu finden, hatten die vormaligen Befürworter schließlich eines Besseren belehrt.

Szenenwechsel. Wieder einmal war auf der Erde eine der »G7-Konferenzen« zu Ende gegangen, auf denen die reichsten Nationen lauthals über die Verteilung ihrer Pfründe gestritten hatten. Die Proteste am Rande des Wirtschaftsgipfels sowie die Tatsache, dass die immer ärmer werdenden Länder der Dritten Welt ein weiteres Mal das Nachsehen hatten, waren den Redaktionen der meisten großen Tageszeitungen allenfalls eine kurze Notiz auf der letzten Seite wert.

Dafür schockierten die Medien ein paar Tage später die Bevölkerung des gesamten Planeten mit einer Entdeckung, die Astronomen des Mount-Palomar-Observatoriums gemacht hatten. Diese hatten mit ihren Teleskopen einen Asteroiden ausgemacht, der auf direktem Kollisionskurs zur Erde war. Sein Durchmesser betrage gut 20 Kilometer, und in spätestens 42 Tagen, so die Forscher, sei mit einem verheerenden Einschlag auf der Erdoberfläche zu rechnen, der alles Vergleichbare in der Geschichte unseres Planeten mühelos in den Schatten stellen werde.

Begriffserklärungen

Alluvial (von *Alluvium* abgeleitet), Bezeichnung im Zusammenhang mit geologisch jungen, das heißt, seit der letzten Eiszeit erfolgten Anschwemmungen. Unter Alluvium versteht man die geologische Gegenwart, den jüngeren Abschnitt der Quartärformation, heute auch als Holozän bezeichnet.

Bedroom-Visitor (zu Deutsch: »Schlafzimmer-Besucher«). Ein bei der ganzen Entführungs-Thematik recht verbreitetes Szenario, in dessen Verlauf die unbekannten, mutmaßlichen außerirdischen Besucher unvermittelt im Schlafzimmer des Betroffenen auftauchen. In der Psychologie ist es seit längerem bekannt, es wurde dem Phänomen jedoch früher nie eine besondere Bedeutung beigemessen. Man hielt es für eine Täuschung, ausgelöst im Zwischenbereich von Wachsein und Schlaf. Erst die zahlreichen Fälle im Zusammenhang mit Abduktionen lassen vermuten, dass das Bedroom-Visitor-Phänomen auch auf der physischen Ebene abläuft – also durchaus realen Charakter besitzt!

C 14-(Kohlenstoff 14-)Methode. Dieses auch Radiokarbon-Methode genannte Verfahren dient zur Altersbestimmung organischer Reste. Es beruht auf der Annahme, dass das Mengenverhältnis von stabilem Kohlenstoff C^{12} und dem durch

Höhenstrahlung aus dem Stickstoff erzeugten radioaktiven C^{14} konstant ist. Nach dem Tod des Organismus wird kein Kohlenstoff mehr aufgenommen, und das ursprüngliche Mengenverhältnis verschiebt sich durch das mit einer Halbwertzeit von 5589 Jahren zerfallende Isotop C^{14} zu Gunsten von C^{12}. Dieses Verhältnis kann bestimmt werden, woraus sich das Alter der Probe errechnen lässt.
Die C 14-Methode ist nicht unumstritten, da in früheren Zeiten das Mengenverhältnis C^{14} zu C^{12} ohne weiteres anders gewesen sein kann als heute. Auch kann das Ergebnis verfälscht werden: Am Rand einer Autobahn geschnittene Pflanzen, nach der Radiokarbon-Methode datiert, würden durch den »Überhang« an C^{12} ein Alter von vielen tausend Jahren vortäuschen. Altersbestimmungen nach dieser Methode sollten also stets mit Vorsicht behandelt werden.

Cargo-Kulte (von der englischen Bezeichnung für Fracht bzw. Ware). Weltweit anzutreffende, jedoch besonders häufig im asiatisch-pazifischen Raum registrierte Handlungsweisen eingeborener Populationen nach der Konfrontation mit Vertretern höher zivilisierter Kulturen. In den Vierzigerjahren waren dies überwiegend Kontakte mit Truppenteilen der alliierten Kriegsparteien im Zuge der Kampfhandlungen des Zweiten Weltkrieges. Das führte dazu, dass jene noch auf einer sehr primitiven Entwicklungsstufe stehenden Eingeborenen die Fremden imitierten, im Extremfall sogar die Ausrüstung wie Funkanlagen, Antennen, ja selbst Flugzeuge aus Bambus und Stroh nachbauten. Alles in der Hoffnung, dass auch ihnen die Reichtümer der fremden Wesen – jenes *Cargo* – zuteil würde.
Wenn nun unsere Vorfahren in grauer Vorzeit ihre Begegnungen mit Vertretern hoch entwickelter außerirdischer Zivilisationen ebenso falsch interpretiert hätten? Dann ließe sich die Entstehung scheinbar sinnloser Rituale – die ihre

Fortsetzung bis in die Liturgie heutiger Religionen gefunden haben – auf sehr reale Begebenheiten zurückführen. Nämlich auf missverstandene Technologie!

Decemvirn (oder Decemviri, lat. »zehn Männer«). Altrömisches Magistratkollegium, bestehend aus zehn gewählten Mitgliedern. Die Decemvirn besaßen im Imperium Romanum außerordentliche legislative wie auch exekutive Vollmachten.

Desoxyribonukleinsäure (DNS). Die DNS ist die Trägersubstanz aller genetischen Informationen. Phosphorsäure, Zucker und daran angekoppelte Phosphorsäurebasen bilden zusammen eine Struktur, die einer zur Doppelspirale (»Doppel-Helix«) verdrillten Strickleiter ähnelt. Die beiden »Stricke« der Leiter sind abwechselnd aus Phosphatgruppen und aus Zuckermolekülen aufgebaut. Die »Sprossen« hingegen bestehen aus organischen Basen und verbinden die sich jeweils gegenüberliegenden Zuckermoleküle. Die Abfolge der vier unterschiedlichen Basenarten (Adenin, Guanin, Cytosin und Thymin), von denen je zwei zur Paarbildung tendieren, liefert den genetischen Code. In diesem sind sämtliche Informationen für den Aufbau und die Entwicklung des betreffenden Lebewesens gespeichert.

Entropie. Physikalischer Begriff aus der Wärmelehre, der mit der Richtung des Verlaufs eines Prozesses zusammenhängt. Nach traditioneller Lehrmeinung kann die von Druck, Temperatur und Volumen abhängige Größe der Entropie bei einem in der Natur möglichen Vorgang nur zunehmen, nicht abnehmen, wodurch die Richtung derartiger Vorgänge festgelegt scheint. Die Entropie gibt den irreversiblen Anteil bei einer Zustandsänderung eines Systems an, hängt außerdem mit dem Begriff der Wahrscheinlichkeit physikalischer Zustände zusammen. Das Gesetz von der Zunahme der Entropie wird auf die (theoretische) Annahme gestützt, dass in der Natur stets der Zustand angestrebt wird, der unter sämtlichen denkbaren Möglichkeiten die größte Wahrscheinlichkeit besitzt: Der Zustand größter Ungeordnetheit.

Fortianische Phänomene. Nach Charles Hoy Fort (1874–1932), der in seinen Büchern als Erster den Versuch gemacht hat, nicht in das gültige Weltbild passende Erscheinungen zu sammeln und dem Leser zu präsentieren. Auf Grund seiner in lebenslänglicher Arbeit angelegten Dokumentation von Anomalien und Regelwidrigkeiten im naturwissenschaftlichen Paradigma gelang ihm die Definition vieler bis dahin verdrängter phänomenaler Realitäten, wie etwa Frosch- und Fischregen, der Teleportation und sogar unbekannter fliegender Objekte. In Forts Werken kam auch die Theorie des Besuches außerirdischer Intelligenzen in Vergangenheit und Gegenwart zur Sprache, sodass man ihn mit gutem Recht als frühen Vertreter der Präastronautik-Theorie bezeichnen könnte. Im angelsächsischen Sprachraum weiter verbreitet, erschließt sich das gesammelte Material dieses »kosmologischen Revolutionärs« erst in den letzten Jahren zunehmend auch den Lesern im deutschen Sprachraum.

Hallstattzeit. In der klassischen Archäologie die älteste Eisenzeit, welche auf die Bronzezeit folgte und der Latène-Periode vorausging. Sie wird zwischen 800 und 500 v. Chr. datiert und wurde nach dem ersten Fundort (Hallstatt im österreichischen Salzkammergut) benannt, der mit ungewöhnlich reichhaltigen Funden aufwarten konnte.

Hypnotische Regression. Um an vermutlich verschüttete Erinnerungsinhalte zu gelangen, werden UFO-Entführungsopfer mittels Hypnose zum Zeitpunkt ihrer Abduktion zurückgeführt.

Das Opfer lebt den Vorfall nochmals in allen Einzelheiten durch. Auf diese Weise kommen häufig weitere Details aus dem Unterbewusstsein zum Vorschein, an die sich die Zielperson im Wachzustand nicht mehr erinnern kann. Bedeutung erfuhr die Hypnoseregression bereits in vergangener Zeit bei der Rückführung in mutmaßliche frühere Leben der Versuchspersonen (Reinkarnation).

Immunreaktion. Speziell in der Transplantations-Chirurgie auftretendes Problem der Unverträglichkeit körperfremden Gewebes. Wird ein fremdes Organ, zum Beispiel ein Herz, verpflanzt, so kann durch Immunreaktion die Abstoßung des übertragenen Organs ausgelöst werden, was dann in der Regel zum Tode des Patienten führt. An dieser Unverträglichkeit scheiterten die ersten Herztransplantationen zu Ende der Sechzigerjahre. Heute wird meistens durch Verabreichung starker Medikamente diese Immunreaktion unterdrückt, wodurch dann allerdings das Immunsystem zum Teil gravierend geschwächt wird.

Implantate. Ein nicht unerheblicher Anteil der Entführungsopfer berichtet, während der von fremden Wesen an ihnen durchgeführten medizinischen Untersuchungen kleine, sondenartige Apparaturen in ihren Körper eingesetzt bekommen zu haben. Dies sei oft durch die Nase geschehen, wobei es nachgewiesenermaßen oft zu unerklärlichem Nasenbluten gekommen ist. Mittlerweile konnten einige dieser sehr sonderbaren Objekte auf Röntgenbildern dargestellt, ja, sogar herausoperiert und fotografiert werden.

Interstellare Raumfahrt bedeutet die Fortbewegung zwischen den verschiedenen Fixsternen (Sonnen) in den Weiten des Alls. Alle bisher von den Raumfahrt betreibenden Nationen durchgeführten, bemannten Missionen waren jedoch nichts anderes als Bewegungen im unmittelbaren erdnahen Raum, noch nicht einmal interplanetarische Flüge. Das (momentane) Unvermögen, interstellare Raumfahrt zu betreiben, führen Kritiker der Paläo-SETI-Theorie gerade als Argument gegen mögliche Besuche Außerirdischer ins Feld. Dabei wird jedoch nur unser momentaner Stand der Technik auch auf mögliche extraterrestrische Zivilisationen ausgedehnt, ohne in Betracht zu ziehen, dass jene über technische Möglichkeiten verfügen könnten, die jenseits unseres Vorstellungsvermögens liegen. Und das umso mehr, wenn diese Zivilisationen der unseren um Hunderte, wenn nicht gar Tausende Jahre voraus wären!

Isotope sind chemische Elemente derselben Ordnungszahl, jedoch verschiedener Massenzahlen, in vielen Fällen auch unterschiedlicher Radioaktivität. In chemischer Hinsicht verhalten sich die Isotope eines Elements gleich und werden mit dem gleichen Symbol bezeichnet. Die Erscheinung, dass die meisten Elemente eigentlich keine einheitlichen Stoffe sind, sondern Gemische von Isotopen, wird als Isotopie bezeichnet. Dies erklärt, warum die Atomgewichte der verschiedenen chemischen Elemente zueinander nicht im Verhältnis ganzer Zahlen stehen, wie etwa beim Uran (238,03), das als Isotop U^{235} wie auch U^{238} vorkommt.

Ordnungszahl. Auch Kernladungszahl genannt, gibt sie für chemische Elemente sowohl die Anzahl der Protonen (+) im Atomkern, als auch die der Elektronen (–) in der Elektronenhülle an. Die Ordnungszahl legt darüber hinaus die Position eines Elements im Periodensystem fest. Die niedrigste Ordnungszahl hat der Wasserstoff (H = 1), die höchste der natürlichen Elemente besitzt das Uran (U = 92). Höhere Ordnungszahlen belegen noch die so genannten Transurane, die jedoch in der Natur nicht vorkommen.

Paläo-SETI-Hypothese (SETI, von Search for Extraterrestrial Intelligence): Paläo-SETI ist die Suche nach Hinweisen, die den Besuch außerirdischer Intelligenzen in vor- und frühgeschichtlichen Zeiten belegen sollen. Es mehren sich zudem die Anzeichen, dass die Einflussnahme jener Enitäten sowohl bereits in erdgeschichtlichen Zeiten begonnen haben, als auch sich bis in unsere Tage fortsetzen.
Als prominentester Vertreter der Paläo-SETI-Hypothese gilt der Schweizer Bestsellerautor Erich von Däniken. Obwohl schon vorher von Desmond Leslie (Großbritannien) oder Professor M. Agrest (ehem. Sowjetunion) als spekulative Möglichkeit geäußert, gebührt Erich von Däniken unzweifelhaft das Verdienst, diese in keinerlei Widerspruch zu gültigen Naturgesetzen stehende Hypothese weltweit bekannt und diskussionsfähig gemacht zu haben.

Schlick (auch: *Schlich*), schlammartige Ablagerung im Meer und im Überschwemmungsbereich fließender Gewässer, meist mit Beimengungen von Feinsand, Kalk oder organischen Stoffen.
Die verbreitetste Variante ist der durch Pyrit und halbzersetzte organische Substanzen gefärbte Blauschlick.

Steinzeit. In der konservativen Archäologie die Zeit der vorgeschichtlichen Kulturen vor der Entdeckung der Metalle. Man unterteilt die Steinzeit in drei Hauptabschnitte: Paläolithikum (Altsteinzeit), Mesolithikum (Mittelsteinzeit) und Neolithikum (Jungsteinzeit). Der Beginn der Altsteinzeit wird etwa auf zwischen 1 Million und 600 000 Jahre v. u. Z. datiert, das Ende der Jungsteinzeit in Europa um etwa 1800 v. Chr. Zahlreiche, nicht in unser Weltbild passende Funde aus diesem Zeitraum lassen jedoch Zweifel an der traditionellen Betrachtungsweise angeraten sein. Nach der Theorie von außerirdischen Besuchen seit frühesten Zeiten dürften mehrere genetische Manipulationen in diese Periode fallen, deren Ziel die »Züchtung« des Homo sapiens aus den auf diesem Planeten heimischen Frühhominiden war.

Unheimliche Begegnungen der vierten Art (auch: CE-4-Erlebnisse oder Abductions). Im Gegensatz zu bloßen Begegnungen *mit,* handelt es sich hier um vollendet ausgeführte Entführungen durch offenbar nichtirdische Wesen. Diese werden in der Regel als grauhäutige und kleinwüchsige Humanoide beschrieben, nicht größer als ca. 1,20 bis 1,50 Meter. Derartige Entführungen erleben meist einzelne Personen, seltenen Berichten zufolge wurden auch mehrere Personen gleichzeitig (Familien) in ein offenbar außerirdisches Flugobjekt verschleppt. Symptomatisch für all diese Entführungs-Traumata sind medizinische Experimente, in deren Mittelpunkt oft künstlich durchgeführte Befruchtungen stehen, welche zur Schaffung einer Hybrid-(= Misch-)Rasse zwischen Außerirdischen und Menschen führen könnten. Diese Entführungen sind ein ebenso global wie schon sehr lange auftretendes Phänomen.

Zeitdilatation. Im Jahre 1905 erstmalig von Albert Einstein (1879 bis 1955) beschriebener Effekt, den ein Raumflug mit annähernder Lichtgeschwindigkeit (c = 300 000 km/sec) auf die Insassen des Raumschiffes haben würde. Die Zeit für die Raumfahrer verginge – relativ zu den auf der Erde Zurückgebliebenen – wesentlich langsamer. Und dies umso mehr, je länger dieser relativistische Raumflug dauern würde. Die nachfolgende kleine Tabelle soll dies verdeutlichen:

10 Jahre im Raumschiff	25 Jahre auf der Erde
15 Jahre im Raumschiff	80 Jahre auf der Erde
20 Jahre im Raumschiff	270 Jahre auf der Erde
25 Jahre im Raumschiff	910 Jahre auf der Erde
30 Jahre im Raumschiff	3100 Jahre auf der Erde

Nun gibt es in zahlreichen Mythen rund um die Erde verblüffende Beschreibungen dieses Zeitverschiebungseffektes, die alle übereinstimmend besagen, dass Personen, welche – für ihre Begriffe – nur eine kurze Zeit von den »Göttern« entrückt waren, nach ihrer Wiederkehr keine lebenden Verwandten oder Freunde mehr antreffen konnten. Woher stammt dieses präzise Wissen um Vorgänge, die erst bei Annäherung an die Lichtgeschwindigkeit auftreten?

Danksagung

Es gibt eine ganze Reihe von Personen, ohne die das vorliegende Buch sicher nicht zustandegekommen wäre. Ihnen hier meinen herzlichsten Dank auszusprechen, ist mir ein ganz besonderes Anliegen. Dies gilt vor allem für Dr. h.c. Erich von Däniken, Dr. Johannes Fiebag, der uns leider viel zu früh verlassen hat, Peter Krassa und Reinhard Habeck, Uli Dopatka, Walter-Jörg Langbein und Wolfgang Siebenhaar – Letzterem nicht nur für seinen Kompass …
Ich danke John Roy Robert Searl und Herbert Schneider für ihr Vertrauen und ihre bereitwillige Unterstützung des exklusiven Kapitels über die bahnbrechenden Techniken auf dem Sektor elektromagnetischer Antriebe; ebenso Martin Jurik und seinem Kollegen Peter, unserem »guten Geist« in Bratislava, für deren Hilfe bei meinen Recherchen rund um die Geheimnisse der Karpaten; sowie Dr. Johann Dorner für seine Detektivarbeit rund um den »alten Lateiner« Julius Obsequinus.
Tief in der Schuld stehe ich bei Werner L. Forster und Valerij Ouvarov, denen ich sensationelles Material über jene mysteriösen Nanotechnik-Funde vom Ostrand des Urals verdanke.
Last but not least möchte ich Lektorat und Herstellung des Knaur-Verlags danken sowie meinen immer zahlreicher werdenden Lesern in aller Welt für ihre unzähligen Zuschriften mit wertvollen Anregungen!

Hartwig Hausdorf

Zu guter Letzt …

… möchte ich Ihnen noch die A.A.S. (Forschungsgesellschaft für Archäologie, Astronautik und SETI) vorstellen. Dies ist eine gemeinnützige Gesellschaft nach Schweizer Recht. Ihr Ziel ist es, einen anerkannten Beweis für historische und prähistorische Besuche Außerirdischer auf der Erde zu erbringen. Die A.A.S. beachtet die Grundregeln wissenschaftlichen Erkenntnisgewinns, lässt sich jedoch nicht von bestehenden Dogmen oder Paradigmen eingrenzen.

Die Mitgliedschaft der A.A.S. steht jedermann offen. Im Abstand von zwei Monaten gibt die Gesellschaft ein Mitteilungsblatt heraus, das aktuell über neueste Erkenntnisse berichtet: »SAGENHAFTE ZEITEN«. Ebenso organisiert die A.A.S. Studienreisen zu den interessantesten archäologischen Fundplätzen und an die Stätten der Bücher ihrer Autoren. Es finden regelmäßig internationale Kongresse und nationale Tagungen statt.

Die A.A.S. besitzt im deutschsprachigen Raum bereits über 9000 Mitglieder. Weitere Informationen fordern Sie bitte an bei:

A.A.S.
CH-3803 Beatenberg
Schweiz

Quellennachweis

1 Michel, Aimé, *Paleolithic UFO Shapes*, in: »Flying Saucer Review«, Mai/Juni 1970

2 Hausdorf, Hartwig und Krassa, Peter, »Satelliten der Götter«, in: *Chinas verbotene Zonen,* München 1995 und Berlin 1997

3 Inman, Thomas, *Ancient Pagan and modern Christian Symbolism*, Maine/USA 1970

4 Branco, Renato C., *Pre-Historia Brasileira,* Sao Paulo 1972

5 Schneider, Adolf, *Besucher aus dem All*, Freiburg 1974

6 Kolosimo, Peter, *Sie kamen von einem anderen Stern,* Wiesbaden 1969

7 Schillings, Willi, *Der Heringer-Teufel vom Müllertal*, in: »Ancient Skies«, Nr. 1/1994

8 Hausdorf, Hartwig, *Die weiße Pyramide. Außerirdische Spuren in Ostasien*, München 1994 und 1998

9 Hadingham, Evan, *Ancient Carvings in Britain: A Mystery,* London 1974

10 McMann, Jean, *Rätsel der Steinzeit,* Augsburg 1990

11 Langbein, Walter-Jörg, *Das Rätsel der Steinverglasungen,* in: Däniken, Erich von (Hrsg.), *Kosmische Spuren,* München 1989

12 Däniken, Erich von, *Erinnerungen an die Zukunft,* Düsseldorf 1968

13 Baruffi, Carlo et al., *Naquane: A History etched in stone,* Bergamo 1989

14 Steinbauer, F., *Die Cargo-Kulte – Als religionsgeschichtliches und missionstheologisches Problem,* Erlangen 1971

15 Krassa, Peter und Habeck, Reinhard, *Die Palmblatt-Bibliothek – und andere geheimnisvolle Schauplätze dieser Welt,* München 1993

16 Homer, *Odyssee*, übertragen von A. Weiher, München 1955
17 Däniken, Erich von, *Auf den Spuren der All-Mächtigen,* München 1993
18 Benützt wurde hier die 1964 vom Rat der Evangelischen Kirche in Deutschland (EKD) genehmigte Fassung der Bibel. Württembergische Bibelanstalt, Stuttgart, o.J.
19 Däniken, Erich von, *Prophet der Vergangenheit,* Düsseldorf 1979
20 Trump, D., *Malta. An Archeological Guide,* London 1972
21 *Diskussion um »Vogelmännchen mit Antenne«,* in: »Passauer Neue Presse« vom 4. September 1976
22 o.V., *Rätselhafte Vergangenheit,* Augsburg 1992
23 Bushe, Karl-August, *Von den Anfängen der Schädeltrepanation bis zur Gehirnchirurgie heute,* in: Informationen der bayerischen Julius-Maximilians-Universität, Würzburg 1983
24 Hein, Peter, *Häufigkeit, Verbreitung und Lokalisation der Schädeltrepanation in der europäischen Vor- und Frühgeschichte,* Berlin 1959
25 Hillrichs, Hans Helmut (Hrsg.) *TERRA-X. Von den Steppen der Mongolen zu den Inseln über dem Regenwald,* München 1991
26 Meschig, Rolf, *Zur Geschichte der Trepanation unter besonderer Berücksichtigung der Schädeloperationen bei den Kisii im Hochland Westkenias,* Düsseldorf 1983
27 Feriz, Hans, *Schädelchirurgie im alten Peru,* k.A.
28 Kolosimo, Peter, *Woher wir kommen,* Wiesbaden 1972
29 Däniken, Erich von, *Aussaat und Kosmos,* Düsseldorf 1973
30 Fiebag, Johannes, *Die Anderen. Begegnungen mit einer außerirdischen Intelligenz,* München 1993
31 Fiebag, Johannes, *Kontakt. UFO-Entführungen in Deutschland, Österreich und der Schweiz,* München 1994
32 Mack, John E., *Entführt von Außerirdischen,* Essen 1995
33 Charroux, Robert, *Vergessene Welten,* Düsseldorf 1974
34 Wendt, Herbert, *Ehe die Sintflut kam,* Oldenburg 1965
35 Däniken, Erich von, *Die Spuren der Außerirdischen,* München 1990
36 Krassa, Peter, *Menschen vor 60 Millionen Jahren? Rätselhafter Fund in Rumänien stellt Geschichte auf den Kopf,* in: »Ancient Skies«, 1/1991
37 Günter, Martin, *Was uns die EU zwischen Messer und Gabel mogelt,* in: »raum & zeit«, Nr. 73/95

[38] o.V., *Diercke Weltatlas,* Braunschweig o.J.

[39] Gheorghita, Florin, *Das Objekt von Aiud,* in: »Ancient Skies«, 3/1992

[40] Bürgin, Luc, *Mondblitze. Unterdrückte Entdeckungen in Raumfahrt und Wissenschaft,* München 1994

[41] Schrick, Armin, *Rätselhafter Fund in der UdSSR,* in: Däniken, Erich von (Hrsg.), *Kosmische Spuren,* München 1989

[42] Dvorák, Pavel, *Odkryté Dejini. Dávnoveké Slovensko,* Bratislava 1974

[43] Jurik, Martin, *Götterkriege in den Karpaten? Spekulation einer Möglichkeit,* in: »Explorer«, 4/1994

[44] Jurik, Martin, Persönliche Korrespondenz mit dem Autor vom 15. Februar 1995 und folgende

[45] Jurik, Martin, Bisher unveröffentlichtes Manuskript über mögliche Entführungsfälle in altslowakischen Mythen

[46] Aus: »Zeitschrift für Geschichte«, Bd. VI/3, Bukarest 1967

[47] Fiebag, Johannes, *Sternentore. Sie sind hier,* München 1996

[48] *Nanotechnologie: Miniaturroboter können unsere Zukunft verändern,* in: »Faktor X«, Nr. 5/1997

[49] »Ein Rettungs-U-Boot auf Patrouille in unserem Körper«, in: »BILD« vom 9. Oktober 1999

[50] Ouvarov, Valerij: Persönliche Korrespondenz mit dem Autor vom 2. Oktober 1996

[51] Matwejewa, E.W. et al.: »Schlussfolgerungen zu den Funden an fadenförmigen Wolframspiralen in den alluvialen Ablagerungen des Flusses Balbanju.« Bericht 18/485 des Zentralen Wissenschaftlichen Forschungsinstitutes für Geologie und Erkundung von Bunt- und Edelmetallen, vom 29. November 1996

[52] Fuller, John, *Incident at Exeter,* New York 1968

[53] Telefongespräch des Autors mit John Searl vom 21. Dezember. 1995

[54] Michel, Aimé, *The Truth about Flying Saucers,* London 1958

[55] Schneider, Herbert, *Begegnung mit John R.R. Searl,* in: »raum & zeit«, Nr. 39, April/Mai 1989

[56] Seike, Shinichi, *The Principles of Ultra Relativity,* Uwajima 1972

[57] Buttlar, Johannes von, *Drachenwege. Strategien der Schöpfung,* München 1990

58 Marcus Tullius Cicero, *De Divinatione*, Leipzig 1975
59 Titus Livius, *Ab urbe condita. Liber I,* Stuttgart 1981
60 Titus Livius, *Ab urbe condita. Liber III,* Stuttgart 1981
61 Brookesmith, Peter (Hrsg.), *Lost and Found,* London 1987
62 Titus Livius, *Ab urbe condita. Liber XXII,* Stuttgart 1981
63 Droysen, Johann Gustav, *Geschichte Alexanders des Großen,* Leipzig 1833
64 o.V., *Lexikon der alten Welt,* Zürich/Düsseldorf 1965
65 o.V., *Pauly's Realencyclopädie der klassischen Altertumswissenschaft,* Stuttgart 1937
66 o.V., *Der kleine Pauly,* München 1979
67 Leslie, D. und Adamski, G., *Fliegende Untertassen sind gelandet,* Zürich 1955
68 Titus Livius, *Ab urbe condita. Liber IV,* Stuttgart 1981
69 Titus Livius, *Ab urbe condita. Liber V,* Stuttgart 1981
70 Fenoglio, A. und Pinotti, R., *Cronista su Oggetti Volanti nel Panato*, in: »Clypeus«, Anno III, Nr. 2, Turin 1967
71 Ritsch, V. und Tschernenko, M., *Waren Besucher von anderen Sternen auf der Erde?*, in: »Russischer Digest«, 5/1960
72 Lohse, Eduard, *Die Texte aus Qumran,* München 1964
73 Krassa, Peter, *Gott kam von den Sternen*, Berlin 1995
74 Krupkat, Günther, *Als die Götter starben,* Berlin 1967
75 Schlippe, Gunnar von, *Biblische Dokumente und die kosmische Astronautentheorie,* in: Khuon, Ernst von (Hrsg.), *Waren die Götter Astronauten?,* München 1970
76 Karst, Josef, *Eusebius' Werke – 5. Band. Die Chronik,* Leipzig 1911
77 Mariette, Auguste, *Le Sérapéum de Memphis,* Paris 1857, veröffentlicht von Gaston Maspera, 1882
78 Herodot, *Historia. Bücher I und II,* München 1963
79 Steinhardt, Martina, *Autoimmunkrankheiten: Spur prähistorischer Gentechnologie durch Außerirdische?*, in: Däniken, Erich von, *Wir alle sind Kinder der Götter,* München 1987
80 Däniken, Erich von, *Wir alle sind Kinder der Götter,* München 1987
81 Langbein, Walter-Jörg, *Das Sphinx-Syndrom,* München 1995

[82] Borries, Uta von, *Planet der Pyramiden,* aus der ZDF-Reihe »TERRA-X«, ausgestrahlt am 26. Dezember 1999
[83] »China: Deutscher entdeckt das Tal der Pyramiden«, in: »BILD« vom 23. Dezember 1999
[84] Hausdorf, Hartwig, *China's Pyramid Cover-Up*, in: »FATE Magazine«, Februar 1998
[85] Summers, David M. und Cathie, Bruce L., *No more Denials. Pyramids in China revealed,* in: »Exposure Magazine« Okt./Nov. 1995
[86] Coppens, Filip, *De piramides van China: Ze bestaar wel degelijk,* in: »Frontier 2000«, 1/1995
[87] Hausdorf, Hartwig, *X-Reisen. Lokaltermine an den geheimnisvollsten Stätten unserer Welt,* München 1998
[88] Hausdorf, Hartwig, *The Chinese Roswell,* Boca Raton 1998
[89] Hausdorf, Hartwig, *Die weiße Pyramide,* (Chinesische Ausgabe) Beijing 1999
[90] Vega, Garcilaso de la, *Primera Parte de los Commentarios Reales*, Madrid 1723
[91] Vega, G. de la, *Historia General de Perú*, Madrid 1722
[92] Däniken, Erich von, *Zurück zu den Sternen,* Düsseldorf 1969
[93] Charroux, R., *Phantastische Vergangenheit,* München 1966
[94] Bellamy, Hans S. und Allan, P., *The Calendar of Tiahuanaco,* London 1956
[95] Bellamy, Hans S. und Allan, P., *The Great Idol of Tiahuanaco,* London 1959
[96] Trimborn, H., *Das alte Amerika,* Zürich 1959
[97] Disselhoff, Hans-D., *Geschichte der altamerikanischen Kulturen,* München 1953
[98] Helfritz, Hans, *Südamerika. Präkolumbianische Hochkulturen,* Köln 1976
[99] Boschke, F. L., *Das Unerforschte,* Düsseldorf 1975
[100] Hausdorf, Hartwig, *Puma Punku – ist der Raumflughafen auf dem Altiplano noch immer in Betrieb?*, in: »UFO-Nachrichten«, 4/1996
[101] »In Gräbern aus uralter Zeit: Tote von anderen Sternen«, in »BILD« vom 29. April 1975
[102] Däniken, Erich von, *Reise nach Kiribati*, Düsseldorf 1981

103 Dünnenberger, Willi, *Außerirdische Leichen in Chile gefunden? Neue Recherchen zu einer alten Pressemeldung,* in: »Acient Skies«, 2/1993

104 Hausdorf, Hartwig, *Tote von den Sternen. Das unheimliche Vermächtnis des Padre LePaige,* in: »UFO-Nachrichten«, 5/1996

105 Holliger, Edith, *Schon in der Steinzeit rollten Pillen,* Bern 1972

106 Dopatka, Ulrich, *Das Spiegelbild der Götter,* Bad Godesberg 1975

107 Schröter, P., *Künstlich deformierte Schädel aus dem bajuwarischen Gräberfeld in Straubing-Alburg, Niederbayern,* in Christlein, R. (Hrsg.), *Das archäologische Jahr in Bayern 1981*, Stuttgart 1982

108 Däniken, Erich von, *Die Augen der Sphinx*, München 1989

109 Dopatka, Ulrich, *Lexikon der außerirdischen Phänomene. Das Standardwerk der Präastronautik,* Bindlach 1992

110 Lancelot, J. L. et al., *A prehistoric nuclear reactor?*, in »Earth and Planetary Science Letters«, Vol. 25, März 1975

111 Fiebag, Johannes, »Das Genesis-Projekt.« Vortrag anlässlich der Weltkonferenz der Ancient Astronaut Society in Bern am 18. April 1995

112 Achtnich, T., *Fremde Welt der Ediacara-Fauna,* in: »Süddeutsche Zeitung« vom 10. Mai 1984

113 Fiebag, Johannes, *Das Rätsel der Ediacara-Fauna,* in: Erich von Däniken (Hrsg.), *Kosmische Spuren,* München 1988

114 zitiert nach Erich von Däniken (Hrsg.), *Neue kosmische Spuren*, München 1992

115 Bylinski, Gene, *Life in Darwin's Universe. Evolution in the Cosmos,* New York 1981

116 »NASA-News«, Nr. 71 vom 9. Mai 1991

117 Däniken, Erich von, *Der jüngste Tag hat längst begonnen,* München 1995

118 Hennig, Edwin, *Gewesene Welten,* Zürich 1957

119 zitiert aus »Magazin 2000 plus«, Sonderheft 3/2000

120 Furduy, Rostislav, *Die Gene und die Außerirdischen,* in: »Sagenhafte Zeiten«, 6/1999

121 Adamson, Joy, *The spotted Sphinx,* London 1969

122 Macklin, John, *Die unheimlichsten Erlebnisse der letzten 100 Jahre,* in: »Das neue Zeitalter«, November 1975

123 Allen, John, *Biosphere,* New York 1991

124 Hain, Walter, *Das Marsgesicht – und andere Geheimnisse des Roten Planeten,* München 1995

125 Pinotti, Roberto, *ETI, SETI und die Öffentlichkeit heute,* in: »Die Sterne«, Band 67, Heft 5, Leipzig 1991

126 »Kirche: Auch Außerirdische dürfen auf Erlösung hoffen«, in: »Süddeutsche Zeitung« vom 22. August 1996

127 Interview mit Erich von Däniken vom 28. Januar 1996

128 Pauwels, Louis und Bergier, Jacques, *Aufbruch ins dritte Jahrtausend,* Bern und München 1962

Bildnachweis

Archiv Autor, 1, 2, 6, 7, 8, 10, 11, 12, 13, 14, 16, 19, 32, 33, 35, 37, 38, 39, 40, 41, 42, 43, 44, 47
BILD Hamburg: 20
Paul Bosman: 46
Peter Brookesmith: 15, 45
Reinhard Habeck: 3
Peter Kolosimo: 4, 5, 31
Walter-Jörg Langbein: 34
Jutta Ostermaier: 17, 18, 36
Valerij Ouvarov: 21, 22, 24, 25
Heinz Schaffer: 9
Herbert Schneider: 28
John Searl: 26, 27, 29, 30
ZNIGRI, Moskau: 23

Obwohl sich Verlag und Autor bemüht haben, zu sämtlichen Abbildungen des Buches die erforderliche Nachdruckerlaubnis einzuholen, ist es nicht in allen Fällen gelungen, die jeweiligen Inhaber der Rechte ausfindig zu machen. Sofern diese uns aber in Kenntnis setzen, sind wir selbstverständlich darum bemüht, die Inhaber der betreffenden Bildrechte in künftigen Buchausgaben namentlich zu nennen.